河北省教育厅人文社科重大项目

数字化
对高等教育高质量发展的影响机制及路径研究

省域与国际双重视角

刘紫玉 闫凯悦 许丽祺 高慧 刘子凡 张紫萱 ◎ 著

知识产权出版社
全国百佳图书出版单位
—北京—

图书在版编目（CIP）数据

数字化对高等教育高质量发展的影响机制及路径研究：省域与国际双重视角 / 刘紫玉等著. -- 北京：知识产权出版社, 2025. 8. -- ISBN 978-7-5245-0140-4

Ⅰ. G649.21

中国国家版本馆 CIP 数据核字第 2025EK4037 号

责任编辑：栾晓航　　　　　　　　责任校对：谷　洋
封面设计：邵建文　马倬麟　　　　责任印制：孙婷婷

数字化对高等教育高质量发展的影响机制及路径研究
——省域与国际双重视角

刘紫玉　闫凯悦　许丽祺　高慧　刘子凡　张紫萱　著

出版发行：知识产权出版社有限责任公司		网　　址：http://www.ipph.cn	
社　　址：北京市海淀区气象路 50 号院		邮　　编：100081	
责编电话：010-82000860 转 8382		责编邮箱：4876067@qq.com	
发行电话：010-82000860 转 8101/8102		发行传真：010-82000893/82005070/82000270	
印　　刷：北京九州迅驰传媒文化有限公司		经　　销：新华书店、各大网上书店及相关专业书店	
开　　本：720mm×1000mm　1/16		印　　张：15	
版　　次：2025 年 8 月第 1 版		印　　次：2025 年 8 月第 1 次印刷	
字　　数：270 千字		定　　价：85.00 元	
ISBN 978-7-5245-0140-4			

出版权专有　侵权必究

如有印装质量问题，本社负责调换。

本书受河北省教育厅人文社科重大项目"数字化转型赋能河北省高等教育高质量发展策略与实施路径研究"资助，项目编号：ZD202307。

前言 —————————————————— PREFACE

党的二十大报告明确提出"加快建设高质量教育体系",强调数字化转型是开辟教育发展新赛道的关键突破口。随着新一轮科技革命和产业变革加速演进,以大数据、人工智能、云计算为核心的数字化浪潮正深刻重塑高等教育的理念、模式、生态和治理体系。国家高度重视教育数字化战略行动,将其作为推动教育变革、建设教育强国的关键引擎。数字化作为推动高等教育高质量发展的关键因素,其作用和影响机制正成为学界关注的重要议题。基于此,河北科技大学刘紫玉课题组从数字化赋能与高等教育高质量发展的视角出发,旨在系统探究数字化赋能高等教育高质量发展的影响机制、组态路径及其动态演进规律,并提出数字化赋能高等教育高质量发展的对策建议。

首先,从我国省域和国际视角出发,构建了高等教育高质量发展水平评价指标体系。从我国省域视角出发构建的指标体系包括创新发展、协调发展、绿色发展、开放发展和共享发展 5 个一级指标以及 12 个二级指标,运用熵值法确定指标权重,并对我国 31 个省(自治区、直辖市)(不含港澳台地区)近年来的高等教育高质量发展水平进行了系统评估。结果表明,我国高等教育高质量发展水平在省域、区域和分维度层面均呈现出显著的差异性和动态变化,反映了各地区在资源投入、产出效益、创新能力、服务贡献等方面的不均衡发展格局。从国际视角出发,构建了适用于全球比较的高等教育高质量发展评价指标体系,对全球 64 个主要国家的高等教育高质量发展水平进行评估。结果表明,全球高等教育高质量发展水平呈现显著的梯度差异和不均衡性,六大洲区域间差异明显。

其次,分别从省域与国际视角识别数字化评价的核心因素。在省域视角下,基于扎根理论(Grounded Theory,GT)系统识别高等教育数字化评价的核心因素，通过对政策文本、公开报告等原始资料进行系统的开放式编码、主轴编码和选择性编码，提炼出影响高等教育数字化的13个主范畴，并进一步归纳凝练为3个核心范畴。同时结合物理层面、事理层面、人理层面（WSR）方法论识别出各层面的具体要素，并通过文献饱和度检验确保了范畴体系的完备性和理论合理性。在国际视角下，基于成熟的技术—组织—环境框架（TOE框架）构建数字化发展水平评价指标体系，并通过理论饱和度检验确保其合理性。利用构建的数字化评价体系，结合熵值法对我国31个省（自治区、直辖市）以及全球64个国家的数字化发展水平进行了全面评估与分析，揭示了数字化发展水平的区域差异、动态趋势及其与高等教育高质量发展的初步关联。

又次，围绕数字化赋能高等教育高质量发展的影响机制，运用结构方程模型方法进行实证检验。在省域视角下，基于WSR方法论，提出数字化在物理层面、事理层面、人理层面均对高等教育高质量发展具有正向影响的研究假设。选取我国31个省（自治区、直辖市）的面板数据，确定3个潜变量及对应的9个测量变量，运用偏最小二乘法构建结构方程模型，并进行信效度检验、多重共线性检验（multicollineanity test）等。研究结果表明，模型拟合效果良好，各变量间路径关系显著，在物理层面、事理层面、人理层面均对高等教育高质量发展有显著正向影响，假设得到支持。在国际视角下，基于TOE框架，提出数字化在技术层面、组织层面、环境层面均对高等教育高质量发展具有正向影响的研究假设。选取全球64个国家的数据，进行多重共线性检验、信效度检验，构建结构方程模型（Structural Equation Modeling, SEM）。实证结果表明，在技术层面、组织层面、环境层面均对高等教育高质量发展有显著正向影响，假设得到支持。这些研究为理解数字化赋能的内在机制提供了坚实的实证支撑。

再次，围绕数字化赋能高等教育高质量发展的影响路径，运用动态定性比较分析（Qualitative Comparative Analysis, QCA）方法、过程追踪（process tracing）法进行组态路径研究。在省域视角下，构建数字化影响高等教育高质量发展的组态模型，对条件变量（识别出的数字化核心因素）和结果变量（高等教育高质量发展水平）进行校准。通过充分性分析和稳健性检验，识别出驱动省域高等教育高质量发展的多条等效组态路径以及路径演化轨迹，揭示了不同地区数字化要素组合推动高等教育高质量发展的差异化模式。在国际视角下，基于TOE框架构建组态模型，并进行变量校准。不仅进行条件组态的充分性分析,更着重运用跨时段动态 QCA 方法,揭示数字化要素组态在不同时期对高等教育高质量发展的贡献变化规律及其动态影响机制,展现路径的演化特征。研究同样发现,单个数字化因素通常并非必要条件,存在多条能够引致高发展水平的复杂因果路径(组态),且这些路径具有显著的时空异质性。

最后,基于省域与国际双重视角下的研究,提出了数字化赋能高等教育高质量发展的全面且具针对性的对策建议。在全球高等教育竞争加剧和数字化转型深化的背景下,我国高等教育需抓住数字化机遇,破解发展难题,实现高质量发展。第一,基于省域与国际视角提出宏观普适性对策,强化数字化基础设施建设,推动教育教学与科研的数字化深度融合与模式创新,提升师生和管理者的数字素养与能力,优化数字化发展的制度环境与政策支持。第二,各地区或高校根据自身特点和可分配资源,选择适合的路径和差异化发展策略。结合动态 QCA 分析揭示的省域及不同类型国家的典型发展路径(组态模型),为不同发展基础、不同资源禀赋的地区或高校提供分类指导建议。

本书由河北科技大学刘紫玉、闫凯悦、许丽祺、高慧、刘子凡、张紫萱完成。本书整合我国省域与国际双重视角,通过系统研究数字化赋能高等教育高质量发展的内在机制与实现路径,为深入理解数字化赋能的复杂性和系统性提供了具有借鉴性的理论依据,为中国及至全球背景下数字化推动高等教育高质量发展的实践提供了理论支撑和实践指导。本书从时间和空间维度探索了数字化对高等教育高质量发展的组态效应、动态演化规律及地区差异,为国家和地方教育主管部门、高等院校制定差异化的数字化发展战略和政策提供了实证依据和决策参考。

目 录

第1章 绪 论 ·· 001

1.1 研究背景及意义 / 001

1.2 国内外研究现状 / 003

1.3 研究内容及研究方法 / 009

1.4 技术路线 / 013

1.5 研究创新点 / 014

第2章 相关理论基础 ·· 016

2.1 相关概念 / 016

2.2 理论基础 / 018

2.3 相关研究方法 / 020

2.4 本章小结 / 024

第3章 省域视角下数字化和高等教育高质量发展现状分析 ··· 026

3.1 基于扎根理论的数字化评价因素识别 / 026

3.2 中国省域数字化发展现状分析 / 031

3.3 高等教育高质量发展评价指标构建 / 040

3.4 中国省域高等教育高质量发展现状分析 / 045

3.5 数字化与高等教育高质量发展现状的关系 / 051

3.6 本章小结 / 052

第4章 省域视角下数字化对高等教育高质量发展的影响机制研究 …………………………………………… 054

4.1 变量测量 / 054

4.2 基于多重共线性检验的关键因素筛选 / 054

4.3 数字化对高等教育高质量发展的影响研究假设 / 056

4.4 基于结构方程的实证检验 / 058

4.5 本章小结 / 064

第5章 省域视角下数字化影响高等教育高质量发展的组态路径研究 …………………………………………… 065

5.1 数字化影响高等教育高质量发展的组态模型构建 / 065

5.2 变量测量与校准 / 066

5.3 单个条件的必要性分析 / 067

5.4 条件组态的充分性分析 / 070

5.5 组态分析结果的稳健性检验 / 079

5.6 组态路径的动态演化分析 / 081

5.7 动态演化分析结果的稳健性检验 / 085

5.8 本章小结 / 085

第6章 国际视角下高等教育高质量发展现状分析 ………… 087

6.1 数据来源 / 087

6.2 全球高等教育高质量发展现状分析 / 091

6.3 全球分维度高等教育高质量发展现状分析 / 101

6.4 综合分析 / 126

6.5 本章小结 / 128

第7章　国际视角下数字化发展现状分析 ……………………… 129

7.1 数据来源 / 129

7.2 各洲数字化发展水平分析 / 130

7.3 分维度数字化发展水平分析 / 144

7.4 综合分析 / 161

7.5 本章小结 / 162

第8章　国际视角下数字化对高等教育高质量发展的影响机制研究 ……………………………………………… 164

8.1 变量测量 / 164

8.2 基于多重共线性检验的关键因素筛选 / 164

8.3 数字化对高等教育高质量发展的影响研究假设 / 166

8.4 基于结构方程的实证检验 / 169

8.5 假设检验结果 / 176

8.6 本章小结 / 177

第9章　国际视角下数字化对高等教育高质量发展的影响路径研究 ……………………………………………… 178

9.1 数字化对高等教育高质量发展的组态模型构建 / 178

9.2 变量测量与校准 / 180

9.3 单个条件的必要性分析 / 183

9.4 条件组态的充分性分析 / 183

9.5 组态路径的动态演化分析 / 186

9.6 稳健性检验 / 190

9.7 本章小结 / 191

第10章 中国高等教育高质量发展对策研究 ········· 192
10.1 基于省域和国际双重视角的中国高等教育高质量发展对策 / 192
10.2 对于适合环境友好—人理驱动型发展地区的对策建议 / 199
10.3 对于适合资源—环境—人理三元驱动型发展地区的对策建议 / 204
10.4 对于适合资源支持—环境友好驱动型发展地区的对策建议 / 207
10.5 对于适合技术驱动的多元支撑型发展地区的对策建议 / 211
10.6 对于适合技术—组织—环境协同驱动型发展地区的对策建议 / 214
10.7 本章小节 / 219

参考文献 ········· 221

后　　记 ········· 228

第1章

绪　论

1.1　研究背景及意义

1.1.1　研究背景

在数字经济时代，数字化发展已成为推动全球经济和社会进步的重要引擎，同时也是促进各行业高质量发展的关键动力。随着信息技术的快速创新与普及，数字化正以前所未有的速度重塑各行业的运作模式，为经济社会的转型升级注入新的活力。各国政府高度重视数字化发展，并将其视为推动产业升级和社会进步的重要战略。例如，中国政府先后出台《数字中国建设整体布局规划》等政策文件，明确设定战略目标，旨在加速数字化进程，构建数字经济新优势。2024年《政府工作报告》进一步强调，要制定支持数字经济高质量发展政策，积极推进数字产业化、产业数字化。数字化通过优化资源配置、提升生产效率、创新商业模式等途径，显著推动了经济结构的优化升级，为各行业的转型提供了强有力的支撑。在工业领域，智能制造技术的应用实现了生产过程的自动化与智能化；在服务业，数字化平台打破了传统市场的时空限制，推动了精准营销与服务创新；在农业领域，物联网技术的普及促进了智慧农业的发展；数字化催生了大量新兴产业出现，不仅提升了行业竞争力，也为社会创造了大量就业机会。数字化发展能够有效打破行业壁垒，促进跨行业融合，推动产业链上下游的协同创新。在这一背景下，深入研究数字化在各行业中的应用及其影响，对于把握和实现高质量发展具有重要意义。

教育领域作为数字化应用的重要场景，同样经历了深刻的变革，数字化技术正在重塑传统的教学模式与学习方式，为教育质量的提升和教育公平的实现提供了新的可能性。探索数字化与教育结合的新路径，对于推动教育现代化具有重要意义。近年来，各国为推动高等教育的数字化及高质量发展做了诸多研究，并产生了许多极具参考价值的研究成果。此外，世界多国和国际组织也陆续出台数字化战略及教育领域的数字化战略计划。2019年经济合作与发展组织（OECD）发布《走向数字化：制定政策与改善生活》（*Going Digital*: *Shaping Policies, Improving Lives*）[1]，为全球共同构建数字化世界提供了可供参考的发展路线图。2021年，OECD发布《支持匈牙利高等教育的数字化转型》（*Supporting the Digital Transformation of Higher Education in Hungary*）[2]，将高等教育数字化上升为国家战略。2020年9月底，欧盟发布《数字教育行动计划（2021—2027）》；2021年，俄罗斯出台《高等教育与科技产业的数字化战略》[3]；2021年，联合国教科文组织（UNESCO）明确指出要将教育领域技术潜力转化为变革动力的实践路径，并充分利用数字技术带来的教育优势。[4] 我国为推进教育强国建设，陆续出台相关政策，其中，党的二十大报告提出要着力推进国家教育数字化和高质量发展。[5] 2024年，全球共有超70个国家和地区于上海参与世界数字教育大会，大会以"数字教育：应用、共享、创新"为主题开办多场平行会议和"数智未来"教育展，以数字化影响高等教育教学改革发展和质量提升。因此，要加快推进现代数字技术与高等教育深度融合，引领高等教育深刻变革，形成我国高校教育教学高质量发展总体格局。

基于上述背景，本书对组态视角下数字化对高等教育高质量发展的影响路径进行研究，探究数字化对高等教育高质量发展的影响机制及发展路径，为高等教育高质量发展提供参考性建议。

1.1.2 研究意义

1. 理论意义

（1）拓展了数字化的应用范围，丰富了数字化理论。将数字化相关研究拓展到高等教育领域，弥补现有单一角度或单一主体研究的不足，运用扎根理论对高等教育数字化的评价因素进行全面研究，从多角度、多主体出发探究高等教育数字化的评价因素。

（2）拓展了物理—事理—人理（WSR）理论的应用范围。基于WSR理论，构建数字化对高等教育高质量发展的多元驱动机制。本书在扎根理论的基础上，贴合WSR理论框架，构建数字化对高等教育高质量发展影响的分析框架，从资源、环境、人才三个角度探究各种因素之间的联动匹配关系。

（3）拓展了技术—组织—环境（TOE）理论的应用边界。基于TOE理论，构建数字化驱动高等教育高质量发展的多维作用机制。本书通过系统的文献梳理与实证分析，深度契合 TOE 理论架构，搭建起数字化对高等教育高质量发展的影响的研究框架。从技术创新、组织变革、环境支撑三个维度，深入剖析各要素间的协同互促关系，揭示数字化浪潮下高等教育发展的内在逻辑与关键路径。

（4）运用组态理论和动态定性比较分析（QCA）方法，探索时间纵轴和空间维度的组态效应，以揭示数字化对高等教育高质量发展的动态驱动作用。本书考虑变量间的相互作用关系，关注数字化与高等教育高质量发展之间的相互依赖关系，增强对覆盖度的探究，分析数字化影响区域高等教育高质量发展的差异化路径。

2. 实践意义

探究数字化对高等教育高质量发展的影响机理，为中国情境下数字化推动高等教育高质量发展的实践提供理论支撑。首先，选取我国省域发展情况进行实证研究，从时间纵轴和空间维度探索数字化对高等教育高质量发展的组态效应及地区差异，为理解数字化在不同时间和空间维度上的影响提供实证依据，为不同地区决策部门制定相关政策提供参考。其次，创新性地从时间纵轴切入，采用动态面板数据模型与纵向追踪分析方法，系统捕捉高等教育数字化转型过程中技术、组织、环境等要素间组态路径的动态演变特征。时间维度的动态分析能够帮助政策制定者把握数字化转型不同阶段的核心驱动要素与关键矛盾，制定分阶段、有侧重点的政策路线图；空间维度的组态效应分析则有助于识别区域间资源禀赋、发展基础的差异，为各地区因地制宜地制定数字化发展策略提供参考，避免"一刀切"政策导致的资源错配。最后，跨国比较研究的引入，更为我国借鉴国际先进经验、参与全球高等教育数字化治理提供了多元视角，有助于政策制定者和高等教育机构根据各地区的实际情况，制定差异化的数字化政策和措施，推动高等教育的现代化和国际化进程。

1.2 国内外研究现状

《中华人民共和国高等教育法》（以下简称《高等教育法》）界定高等教育为在完成高级中等教育基础上实施的教育，高等学历教育涵盖专科、本科及研究生层次。依据 2011 年版《国际教育标准分类法》，高等教育是建立在中等教育基础之上，在专业化的教育学科领域提供学习活动，既包含传统意义上的学术教育，又涵盖高级职业与专业教育，范畴更宽广。《现代汉语词典》定义实施高等教育的学校有大学、专门学院等。因此，本书在进行综述和因素识别时，将各学者对于高等职业教育等涵盖于高等教育领域中的研究也纳入了参考范围。

1.2.1　高等教育数字化水平评价研究现状

高等教育教学过程中的人才培养、高等院校管理、组织建构、技术变革等皆为数字化赋能高等教育的研究范畴，需要明确其改革要素及核心要素[6]。对于数字化水平评价指标的研究，国内外学者在研究角度、研究方法和手段运用等方面各不相同。

国内学者主要从关键领域、发展维度划分以及国际出台政策比较、区域比较等方面进行研究。关键领域研究方面，肖广德和王者鹤[7]综合高等教育系统各方面的研究，着重强调从人才构成、业务职能等多种角度考虑教育需求，同时结合其主要包含的四类主体，认为高等教育主要由人才培养、科学研究、管理及服务三大关键领域构成。发展维度划分方面，徐晓飞和张策[8]明确指出，应从课程建设、专业建设、高等院校管理、政府部门、教育生态（产业与社会）五个层面进行划分，涉及多领域研究。国际出台政策比较方面，吴砥等[9]对联合国教科文组织、经济合作与发展组织、欧盟及世界银行四大国际组织发布的数字化政策与报告进行梳理，发现国际关注热点聚焦于数字化人才培养、教学评价等9个方面，并分析比较了美国、英国和俄罗斯三个国家的相关战略规划文件。区域比较方面，黄方方和孙清忠[10]对粤港澳大湾区等的高等教育数字化情况进行对比分析，评估其数字化基础能力、治理体系、教学技术支持、校园建设、人才培养及高校集群发展等方面的水平。此外，张强和吴易林[11]以经济合作与发展组织的"目标—依据"的导航式思维为基础，从效率、质量和公平三个方面评估高等教育数字化绩效。

国外主要从不同的教育主体出发进行高等教育数字化水平评价研究。Bygstad等[12]针对数字学习空间的出现，将高等教育数字化分为教育数字化和学科数字化两个方面进行研究，他们以奥斯陆大学为例，通过分析数字化的三个阶段，明确了数字学习领域技术基础、角色定义及边界和互动三种潜在力量，促进数字教育与数字学科的对接，提供更新和更深层次的学习形式。Cattaneo等[13]利用瑞士1692名教师样本，在考虑职业教师教学相关的特异性前提下，分析其数字化教学能力差异，明确个人和环境相关因素在评估教师数字化能力过程中发挥的作用，验证了教师数字化能力评估工具十维结构的有效性，并使用多元回归分析方法强调对技术的态度和数字化工具的重要性。Orji 等[14]从教师的角度出发，研究数字技术在教学上的应用对高等教育部门学习成果的影响，其以尼日利亚高等教育部门为研究对象，提出一种多标准决策（MCDM）方法。研究表明，充分的预算分配、技术能力，足够的隐私水平和有效的政府监管框架是高等教育部门有效采用社交媒体进行数字化教学的重要前提条件，并评估其对具体教学成果的影响，为高等教育部门数字化决策提供指导。Nunez-canal 等[15]在以学生为中心的学习方法的背景下，采用更全面的教育数字能力评估方法，对新型混合教育模式进行研究，基于欧洲教育工作者数字能力框架在六个能力领域确定的 22 个能力这一验证工具，分析收集到的来自马德里大学的 251 份样本，将所有能力分为四个领域，并确定其分别对学生学习的影响程度。对国际高等教育数字化的总结与研究有助于探知其未来教育教学的宏观发展趋势和发展场景。

已有研究中，在高等教育数字化评价方面，国内研究主要聚焦于关键领域、发展维度划分以及国际与区域间的政策比较评价。相比之下，国外研究更倾向于以教师、学生等单一主体为对象进行数字化能力评价，或采用问卷调查的方式测度数字化水平。

1.2.2 高等教育高质量发展水平评价研究现状

高等教育在本质上是培养高素质人才的社会活动，而教育的主体是人，人的现代化是高等院校现代化的目的和核心，人的现代化由此也构成了高等院校教育改革和高质量发展的根本和旨归。[16]国内外对于高等教育高质量发展的研究略有差别。国内高等教育高质量发展水平评价研究现状从研究层次、指标构建和主要发展维度等方面考虑。值得注意的是，国外主要将高等教育的高质量发展定位在高等教育的可持续发展、教育改革、教育质量提升、强调以追求卓越为目标的发展等方面。

国内关于高等教育高质量发展水平评价的研究中，郑文龙和欧阳光华[17]指出，需要从不同层面分别考虑高等教育高质量发展问题，即资源分布不均衡、发展不充分、治理结构不完善和课程教学质量偏低、学科专业设置脱节、师资队伍匮乏等问题。朱德全和彭洪莉[18]基于创新、协调、绿色、开放、共享发展指数构建五位一体的评价指标体系。崔奎勇等[19]从社会适应、条件保障、过程符合、达成满意、产出贡献及品牌影响六个方面进行评价指标体系构建。中国式现代化背景下西部高等院校高质量发展主要体现在立体的高质量发展特征、科学的高质量发展理念、合理的高质量发展目标、扎实的高质量发展基础、多维的高质量发展动力、稳固的高质量发展模式六个维度。[16] 龚金花和刘素兰[20]采用的评估我国高等教育高质量发展水平的测度体系包含以下五个维度：人才培养、科学研究、社会服务、文化传承创新、国际交流合作。高等教育高质量发展需要兼顾多样性、创新性、开放性、集群性和智能化五个维度的发展。[21]

而国外主要针对高等教育的可持续发展、教育改革、教育质量提升等方面进行研究。在公共政策的引导下，美国高等教育体系逐步呈现出市场化发展特征，其质量保障问题引发了社会各界的持续关切。为构建客观评价体系，U.S. News通过多维指标对院校进行综合测评，具体涵盖学术声誉、师资力量、学术领域声誉度、生源情况、院校财政支撑能力、学生保留率以及校友满意度等核心维度，并每年公开发布美国最佳大学排名。[22] Manrique等[23]从充足的设备和资源、高质量的教学、员工能力、园区互联网和Wi-Fi接入等方面研究高等教育的可持续发展问题。Peng[24]指出高等教育机构的管理者需要负责统筹各项事务，合理配置财政经费、教学设施与人力资源要素，建立教学质量动态提升体系，确保教育治理体系的可持续发展。Liu和An[25]通过文献梳理和案例分析探讨了高等教育中优质服务、学生满意度和绩效评价三者之间的相互作用及其对可持续发展的影响，研究结果表明，有效的优质服务、满意的学生体验和科学的绩效评价是实现高等教育可持续发展的关键因素。

现有研究中，针对高等教育高质量发展评价，已深化了高等教育高质量发展领域的理论认知，并为该领域评价体系的指标构建提供了重要参照。就量化研究而言，国内研究涵盖了宏观与微观层次、评价指标构建及主要发展维度等方面，而国外研究则侧重于高等教育的可持续发展、改革及质量提升等目标。

1.2.3 数字化与高等教育高质量发展关系研究现状

围绕数字化如何影响高等教育高质量发展这个话题，国内的学者主要聚焦于二者之间关系的定性分析、数字化影响高等教育高质量发展的实践路径两个方面。关于二者关系的定性分析，于妍和蔺跟荣[26]认为，数字技术赋能研究教育高质量发展是信息技术不断更新迭代的必然趋势，既顺应新时代国际、国内的复杂环境和态势，也是技术创新的驱动和组织变革的需求。陈林[27]指出,数字化是直接影响甚至决定高等教育高质量发展的重要因素,数字化情境会促进课程教学的形态变革,并提出数字化赋能高等教育高质量发展的核心与关键在于以数字化理念、思维和方式赋能高等教育目标、模式等多维度创新。陈亮和叶明裕[28]认为,数字化赋能高等教育高质量发展的过程是将数字技术大规模融入高等教育实践中,以此促进教育质量的全面提升,推动高等教育在数字化浪潮中实现现代化。关于实践路径的研究,祁占勇和穆航[29]通过对内在机理的研究发现,驱动西部高等教育高质量发展需要实施革新其内生发展观念等措施。王兴宇[30]从加强顶层设计、推进内部变革、强化外部保障三个方面提出深化数字化转型促进高等教育高质量发展。黄荣怀[31]提出,可围绕立德树人根本任务和教育高质量发展的目标,从夯实信息化基础设施、强化优质数字资源应用、提升数字素养与技能、革新数字化教学模式、创新数字化评价、促进线上线下融合教学几个方面推进教育数字化。孙典等[32]研究了数字技术中人工智能赋能高等教育高质量发展的优化路径,并提出充分利用权威型、激励型、能力型、规劝型和学习型政策工具来调动教育主体积极性,落实高等教育院校的智能化建设。张敏等[33]在组态视角下,基于TOE框架对数字化转型驱动因素与高等教育高质量发展进行实证研究,将推进高等教育高质量发展的实践路径分为技术导向、政策导向和人本导向三种驱动类型。

国外关于数字化对高等教育高质量发展影响的研究主要聚焦于数字化对可持续发展、教育改革和质量提升的影响等方面。Shenkoya和Kim[34]指出,教育对可持续发展很重要,其能够推动国家创新体系内的创新,教育质量需要适应现代信息技术带来的数字化转型所引发的必要技术变革,高等教育部门的数字化转型正在导致可持续课程的发展、高等教育的数字化、创新能力的增强和学生成绩的提高、在决策中使用数据化工具的增加,以及人工智能的整合以改革高等教育。Chiyao等[35]认为,数字化为可持续发展提供了机会,培养研究生的数字技能是高等教育支持可持续发展的一项重要任务;作为培养数字技能的重要方式,高质量的在线学习过程对于实现2030年可持续发展议程的"优质教育"目标具有重要意义。他们基于学习预备—学习过程—学习结果(Presage-Process-Product,3P)模型,探讨研究生信息素养、在线平台、在线知识共享过程与其创新绩效之间的关系,表明高效的在线学习环境有助于更高质量地学习,从而提高创新表现,并提出政策制定者可以通过培养学生的信息素养、鼓励并支持高质量的在线学习过程、为高等教育的可持续性和韧性提供有效的共享平台等措施来促进数字时代高等教育的可持续发展。Linde 等[36] 表明，正在进行的数字化进程不仅要求教师在课堂上使用相关技术来提供高质量的学习机会，还要求教师通过这种形式进行学习，并研究了教师通过自身的在线学习对学生自主学习技能的影响。数据表明，教师的理论理解能力和发展学生自主学习技能的能力都可以通过这种形式的教师专业发展得到显著提高。Makhynia 等[37] 认为教育过程的创新是必要的，整个国家的未来福祉取决于年轻人的受教育水平，要持续不断地改进教学技术，以提供高质量的现代教育。他们研究了教育过程和教学技术创新的特点、危机和全球数字化对其影响以及全球趋势，并提出了形成教学（教育）集群的特征和算法。该研究提出，高校应寻求发展机会、提高教育质量和引入创新机会，表明如今形成教学（教育）集群的主要困难包括行政当局和教育组织在集群政策领域的活动协调问题，以及当局为教育领域集群项目提供财政支持的限制。

目前，国内大多数研究聚焦于数字化影响高等教育高质量发展实践经验的总结和描述性的定性分析，国外研究多集中在某一主体或某个群体的数字化能力，总体缺乏基于数据进行实证分析的深入研究。

1.2.4 研究述评

目前的研究中，在高等教育数字化评价方面，国内研究主要聚焦于关键领域、发展维度划分以及国际与区域间的政策比较评价。相比之下，国外研究更倾向于以教师、学生等单一主体为对象进行数字化能力评价，或采用问卷调查方式测度数字化水平。针对高等教育高质量发展评价，国内研究涵盖了宏观与微观层次、评价指标构建及主要发展维度等方面；而国外研究则侧重于高等教育的可持续发展、改革及质量提升等目标。在数字化与高等教育高质量发展的关系上，国内研究多集中于实践经验总结及二者关系的描述性定性分析，而国外则更关注特定主体或群体的数字化及高质量发展能力。

尽管现有研究已取得一定成果，但仍存在若干不足。在数字化与高等教育高质量发展关系的研究中，从省域角度出发，利用面板数据进行实证分析的研究较为稀缺，且研究路径相对单一，实践路径的探索不够丰富和全面。在定性比较分析方法的应用上，尽管该方法已被广泛用于探索复杂、非线性的因果关系，并在政府信息公开、供应链等领域展现了其解释联动效应的能力，但在高等教育领域，特别是在关于数字化对高等教育高质量发展影响的研究中，现有研究未能充分纳入时间维度，从而限制了对于评价因素组合及协同效应在时间轴上发展变化的深入理解。

针对以上不足，本书进行以下研究。首先，厘清高等教育数字化和高等教育高质量发展的概念，为后续研究奠定理论基础。其次，构建数字化对高等教育高质量发展的影响模型，通过深入分析关键指标与因变量的作用关系，揭示数字化在推动高等教育高质量发展中的重要作用。在此基础上，本书采用定性比较分析方法，特别强调了时间维度的纳入，以探索数字化影响高等教育高质量发展的组态，准确把握评价因素组合及协同效应在时间和空间维度的发展变化。最后，根据研究结果，本书提出了相应的数字化推动高等教育高质量发展的路径，以期为实践提供有益的参考和指导。

1.3 研究内容及研究方法

1.3.1 研究内容

本书针对目前数字化背景下如何促进高等教育高质量发展，通过扎根理论确定数字化评价因素，并根据动态 QCA 研究结果提出组态视角下的实现路径。主要研究内容有：构建高等教育高质量发展水平评价指标、数字化对高等教育高质量发展的影响模型及检验、组态路径分析等。具体研究内容如下：

第 1 章：绪论。介绍了本书的研究背景、研究意义，回顾了高等教育高质量发展与数字化相关内容、评价指标的国内外研究现状，并介绍了本书的主要研究内容、组织架构和技术路线。

第 2 章：相关理论基础。在理论部分，首先阐述了高等教育数字化和高质量发展的概念。随后，引入组态理论、WSR 系统方法和扎根理论，为理解高等教育发展的复杂性和系统性提供了理论支撑。在研究方法部分，详细介绍了四种主要的研究方法：定性比较分析方法、结构方程模型方法、多重共线性检验方法和自然间断点分级法。这些方法为后续深入研究高等教育数字化发展的评价因素及影响高质量发展的路径提供了理论支撑和科学的研究工具。

第 3 章：省域视角下数字化和高等教育高质量发展现状分析。本章首先确立评价因素识别的原则，识别高等教育数字化的关键因素，采用扎根理论方法对政策文本和公开文件的原始资料进行系统性编码，得到 13 个主范畴以及 3 个核心范畴，并辅以文献的饱和度检验；其次，构建高等教育高质量发展评价指标体系，并具体说明每个评价指标的测量指标；在数据来源方面，确保数据的权威性和可靠性。对我国数字化和高等教育高质量发展水平进行综合分析，尽管在某些年份，数字化指数略有下降而高质量发展指数保持稳定或略有下降，但整体上两者呈现出较为一致的上升趋势。

第4章：省域视角下数字化对高等教育高质量发展的影响机制研究。本章首先进行多重共线性检验，排除指标间的干扰，保证数据的独立性。其次，从 WSR 系统理论出发，根据文献分析和理论研究，诠释高等教育数字化评价因素的内涵，并提出研究假设：数字化物理层面（W）、事理层面（S）、人理层面（R）均对高等教育高质量发展具有正向的影响作用。最后，运用结构方程模型进行深入分析，包括数据方法的选择、描述性分析和信效度检验，确保模型的可靠性和有效性，并通过结构模型评估和假设检验，发现物理层面、事理层面、人理层面均对高等教育高质量发展有显著正向影响，假设 H1~H3 均得到数据支持。本章的研究为后续具体的路径研究提供了实证支撑。

第5章：省域视角下数字化影响高等教育高质量发展的组态路径研究。本章深入探讨数字化对高等教育高质量发展的影响路径，首先构建了数字化影响高等教育高质量发展的组态模型，并对模型中的条件变量和结果变量进行校准。其次，通过条件组态的充分性分析，从汇总结果、组间结果和组内结果三个层面详细进行探讨。再次，为确保研究结果的稳健性，进行了稳健性检验。最后，基于分析结果提出了组态路径的具体分析与建议，为促进数字化推动高等教育高质量发展提供了有益的参考。

第6章：国际视角下高等教育高质量发展现状分析。首先，本章根据建立的指标体系对全球 64 个主要国家 2009—2023 年的 9 个相关指标的数据进行收集处理，计算处理得到各个国家的高等教育高质量发展水平得分，并进行进一步的分析。其次，按照六大洲的划分方法，将 64 个国家依据地理位置划分为六个区域，通过得分结果对比了六个区域的高等教育高质量发展水平的变化趋势，从区域分布来看，高等教育高质量发展水平呈现明显的梯度差异。最后，分别从三大核心维度的 9 个指标分维度地对各区域的高等教育高质量发展情况做进一步分析，整体来看，全球高等教育高质量发展水平呈现显著的不均衡性。

第7章：国际视角下数字化发展现状分析。本章深入分析全球 64 个国家的数字化发展水平，首先构建了数字化发展水平评价指标体系，以技术—组织—环境（TOE）框架为分析框架，运用熵值法对2009—2023年全球64个国家的数字化发展水平进行系统评估。其次，从区域和维度两个层面对评价结果展开深入分析。最后，基于此结果，有针对性地提出推动世界各国数字化协调发展的策略建议，为各国在数字化浪潮中找准定位、提升数字化发展水平提供有益参考。

第8章：国际视角下数字化对高等教育高质量发展的影响机制研究。本章首先进行多重共线性检验，排除指标间的干扰，保证数据的独立性。其次，从TOE理论出发，根据文献分析和理论研究，诠释高等教育数字化评价因素的内涵，并提出研究假设：数字化技术层面（T）、组织层面（O）、环境层面（E）均对高等教育高质量发展具有正向的影响作用。最后，运用结构方程模型进行深入分析，包括数据方法的选择、描述性分析和信效度检验，确保模型的可靠性和有效性，并通过结构模型评估和假设检验，发现技术层面、组织层面、环境层面均对高等教育高质量发展有显著正向影响，假设H1~H3均得到数据支持。本章的研究为后续具体的路径研究提供了实证支撑。

第9章：国际视角下数字化对高等教育高质量发展的影响路径研究。本章深入探讨了数字化在推动高等教育高质量发展过程中的作用及其动态演进规律。首先，基于TOE理论框架，构建了数字化影响高等教育高质量发展的组态模型，并进行变量测量与校准。其次，通过条件组态的充分性分析，对组态路径进行动态演化分析。再次，通过跨时段动态QCA分析，揭示了条件组态在不同时期的贡献变化规律，以及数字化对高等教育高质量发展的动态影响。最后，为确保研究结论的可靠性，通过调整一致性阈值证实了研究结论的稳健性。

第10章：中国高等教育高质量发展对策研究。基于省域与国际双重视角下的分析结果提出了组态路径的具体分析与建议，为促进我国数字化推动高等教育高质量发展提供了有益的参考。

1.3.2 研究方法

本书在分析和论证过程中采用了文献分析法、定性比较分析等方法。

1. 文献分析法

借助信息检索方式，从各种信息资源库中搜索与课题相关的材料，并对其进行收集选择，深入了解以往相关研究的进展。一项研究工作的开始需要对大量的资料文献进行收集，这些资料对各类研究观点的形成而言是基础，而对结论的得出而言是重要依据。通过广泛收集相关文献及资料，定位研究问题，掌握目前关于高等教育数字化转型和高质量发展研究的相关理论、研究进展。

2. 定性比较分析方法

定性比较分析方法最早由美国社会学家查尔斯于20世纪80年代提出，不同于其他相关性分析方法，该方法是结合了定性与定量分析的混合型分析方法。运用该方法进行数字化对高等教育高质量发展的影响路径研究，通过R语言及相关软件运行得出多条组态路径，并从时间、覆盖度等不同角度分析数字化对高等教育高质量发展的影响路径。

3. 结构方程模型

结构方程模型依据变量间的相关性来检验研究假设。该模型通过整合路径分析技术与因子分析方法的优势，构建多变量同步建模的研究框架，不仅支持多元因变量的并行处理机制，还通过引入潜变量建模技术，有效包容观测变量中可能存在的系统测量误差，从而克服了传统分析方法的局限性，被广泛应用于社会学、心理学、经济学等多个领域。

结构方程模型阶段的主要目的是验证扎根理论阶段提出的核心范畴（物理层面、事理层面、人理层面）对高等教育高质量发展存在显著正向影响，即验证理论假设，提升研究结论的可靠性，增强模型支撑力度。通过扎根理论初步识别出高等教育数字化发展的评价因素，并基于多重共线性检验筛选出关键因素，构建包含测量模型和结构模型的SEM框架，验证各因素之间的假设关系，确保模型构建的科学性和结论的可靠性。

4. 过程追踪法

过程追踪法是致力于揭示因果过程机制的案例研究方法，由政治学家亚历山大·乔治（Alexander George）系统提出并发展。该方法通过深入追踪案例发展的时间序列和关键节点，能够有效解析多重因素如何随时间推移共同影响最终结果。在复杂社会现象研究中，单一时间截面的静态分析往往难以捕捉因果关系的动态性。整合过程追踪法与动态QCA方法，通过选取不同时间截面的TOE框架变量进行纵向比较分析，既能在宏观层面把握高等教育高质量发展的动态演进规律，又能在微观层面解析特定时期各要素的结构性组合对高等教育高质量发展的影响。这种双重分析视角有助于全面理解数字化转型赋能高等教育高质量发展的复杂因果机制，从而增强结论的解释力与普适性。

1.4 技术路线

本书的技术路线如图 1-1 所示。

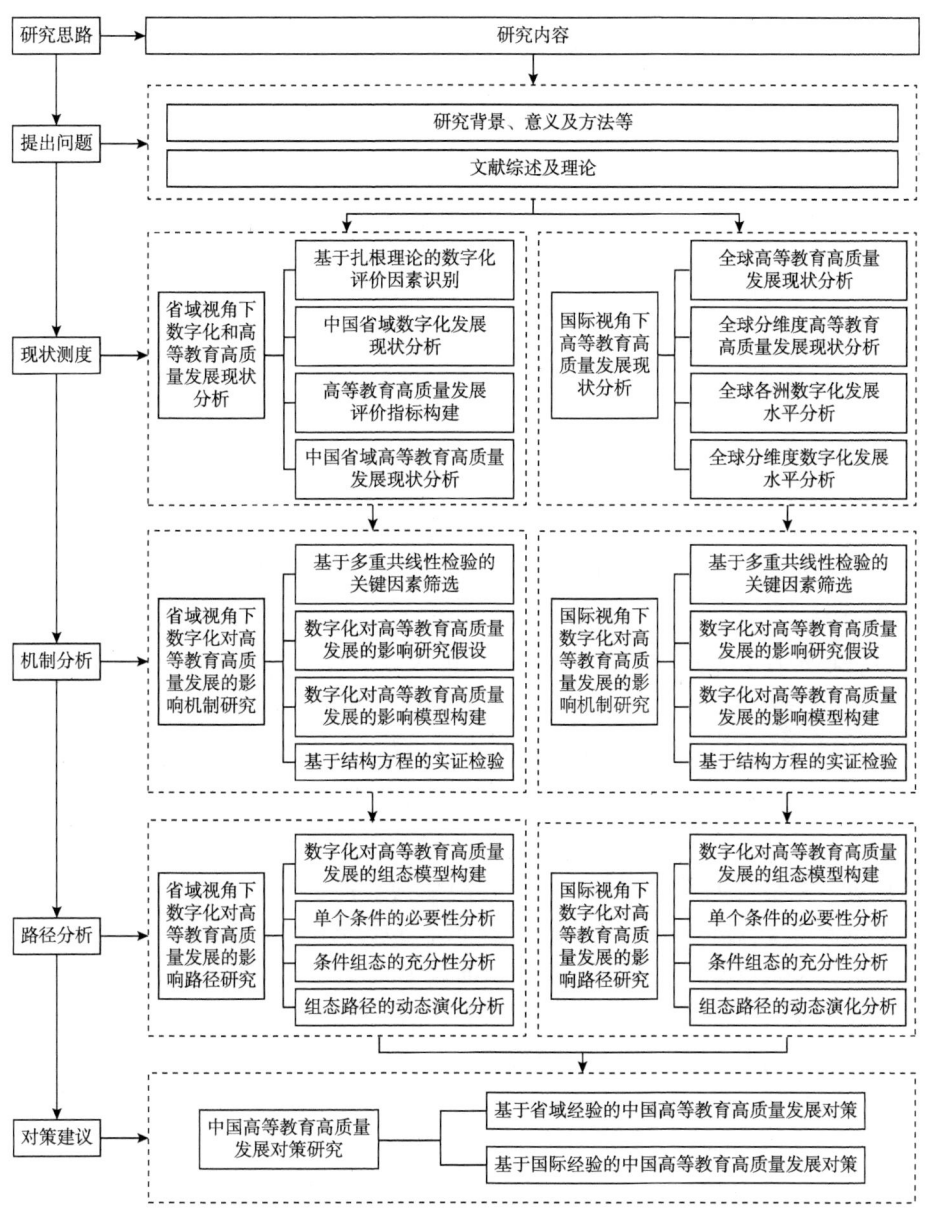

图 1-1 技术路线

1.5 研究创新点

（1）从理论分析到扎根理论的应用，实现了数字化评价因素确定方法的创新。以往数字化评价因素的确定多为文献分析和实践总结，本书在数字化评价因素识别过程中，采用扎根理论进行系统性的评价因素识别，避免了传统文献综述描述性分析的局限性，确保所选评价因素的全面性和客观性，弥补了多数研究中单一角度或单一主体研究的不足。

（2）通过拓展应用 WSR 理论，实现了数字化评价因素维度划分的创新。本书首次将 WSR 理论应用于数字化对高等教育高质量发展的影响研究，在扎根理论的基础上，贴合 WSR 理论框架，构建数字化对高等教育高质量发展的影响分析框架，从资源、环境、人才三个角度探究各因素之间的联动匹配关系。

（3）拓展了 TOE 理论的应用边界，基于 TOE 理论，构建数字化驱动高等教育高质量发展的多维作用机制。本书通过系统的文献梳理与实证分析，深度契合 TOE 理论架构，搭建起数字化对高等教育高质量发展的影响研究框架。从技术创新、组织变革、环境支撑三个维度，深入剖析各要素间的协同互促关系，揭示数字化浪潮下高等教育发展的内在逻辑与关键路径。

（4）在数字化对高等教育高质量发展的影响模型的确定过程中，创新性地采用结构方程模型进行检验，同时在路径分析环节引入动态 QCA 方法。以往文献对于影响模型的确定多集中于实践经验总结及二者关系的描述性定性分析，本书在数字化对高等教育高质量发展的影响研究中，利用多重共线性检验进行数字化关键因素筛选，并利用结构方程进行数字化影响模型验证，使模型的支撑力度更强。本书将动态 QCA 方法运用到数字化对高等教育高质量发展的影响研究中，引入时间和空间两个维度，不仅探索纵向时间维度下数字化影响高等教育高质量发展的组态效应，还从空间上进一步研究不同区域内不同类型条件组态的地区覆盖度差异，不再集中关注一致性，为通过数字化推动高等教育高质量发展等相关政策的制定提供了有力的数据支撑。

（5）突破传统静态分析的局限，创新性地引入历时比较分析框架，揭示数字化影响高等教育高质量发展的动态演进规律。区别于多数研究基于单一时间截面数据的分析，本书采用多时点纵向数据，结合历史事件分析，系统考察不同阶段数字化驱动高等教育高质量发展的关键因素及其作用机制的变化轨迹。此外,现有文献多以单一国家为研究对象,缺乏跨国比较的系统性分析,本书拓展了研究视野,选取多个具有代表性的国家或地区作为案例,进行比较案例研究,深入剖析不同情境下数字化转型的异同及其绩效差异。这种跨时间、跨空间的比较分析,不仅能够更好地捕捉高等教育数字化转型的动态性和复杂性,还能有效提升研究结论的普适性和政策参考价值,从而为我国制定符合自身特点的数字化转型战略提供更具针对性的借鉴。

第 2 章 相关理论基础

2.1 相关概念

2.1.1 高等教育数字化

在高等教育数字化领域，学者们的研究于 2022 年处于高峰时期，近两年进入迅速发展期。在高等教育数字化的内涵及阶段划分方面，尚无明确而统一的定义，概念也只有模糊的概念性指向——核心、元素、必要性等，以及考虑技术、培养等方面。黄方方和孙清忠[10]认为，高等教育数字化是一个通过数字技术赋能高等教育以期实现教育现代化的过程，要持续推进教育要素和教育功能的数字化，不断提升教育治理水平和治理能力，使高校人才培养功能发生由实向虚的模式变革。杨慧芳[38]指出，数字化在高等教育中的应用是依托数字化思维和理念，实现数字技术与高等教育的深度结合。对数字化发展阶段的划分不尽相同，对其特征表述也各有千秋，大致分为以下几类：肖广德和王者鹤[7]明确提出，我国高等教育正在进入普及化阶段；杨宗凯[39]支持将我国高等教育数字化过程大致分为三个阶段，即转换阶段、转型阶段和全面转型阶段，我国正处于转换阶段，我们的最终目标是通过教育技术的改革和教育体系的变革最终进入全面教育数字化阶段；李铭等[40]将高等教育数字化分为三个发展阶段：融合阶段主要指课程教学突破时空限制，初级阶段围绕专业和课程突破教育机构的边界，高级阶段则完全打破了高校之间的界限；程建钢等[41]从无意识、探索、早期实施三个阶段分析教学系统的数字化，结合教学数字化不同阶段的不同特征，剖析核心要素的特点，形成相关的治理体系。

基于上述文献研究，本书对相关核心概念作如下界定：高等教育数字化是指将信息技术、数字资源、网络平台及智能工具等深度融入高等教育的各个环节，从而推动教育模式、教学方法、学习资源、管理手段及评估体系的全面革新与转型。这一过程不仅实现了教育教学与数字技术的深度融合、打破了传统教育边界——将传统的面对面教学转化为线上线下融合的教学模式，还构建了丰富多样的数字化教学资源库，如在线课程、虚拟实验室、电子图书等，以满足学生个性化学习和终身学习的需求，促进教育资源与社会资源的共享与互动。高等教育数字化发展是一个长期且逐步迭代的过程，旨在打破地域、时间限制，提高教育质量和效率。

2.1.2 高等教育高质量发展

在内涵及意义方面，高等教育高质量发展是一个涉及教育理念、教学方法、资源配置等多方面的复杂系统工程。高等教育高质量发展是建设高质量教育体系不可或缺的重要内容，其理论内涵正处于持续深化阶段，涵盖了新的质量和发展两个相倚理念。[42] 在高等教育演进历程中，呈现出发展范式、质量表征及评价主体多维演进的特征。伴随中国经济由高速增长向高质量发展范式转型，高等教育亦完成了从规模化发展向高质量发展的战略转向，迈入以内涵建设、质量精进、特色培育为核心价值取向的新发展阶段。高质量发展已成为中国式高等教育现代化的首要命题，依托全球最大规模高等教育体系的规模优势，坚持以人民为中心的教育理念，既是新时代高校改革的基本遵循，也是满足民众优质教育需求的关键路径。[16] 在高等教育高质量发展的路径实施方面，学界从不同层面提出应对策略。有研究从立德树人、供给侧结构性改革、治理体系优化三个维度分析高质量教育体系[43]；亦有学者提出需统筹规模与质量、守正与创新、体制改革、能力培养、体系结构、特色发展、开放办学等关键要素[44]。部分学者基于高校五大职能展开系统研究，如赵岩和谭向阳[45] 指出，当前需重点突破人才培养质量、科研创新能力、社会服务效能、文化传承机制、国际交流水平等领域的提升瓶颈，构建多维动力机制以激发发展活力，该研究视角强调应通过要素整合与机制创新实现质量跃升的可持续发展。

基于上述文献研究，本书对相关核心概念作如下界定：中国高等教育高质量发展是一个动态过程，高等教育高质量发展综合指数不仅体现在办学水平上，还蕴含创新、协调、绿色、开放、共享等多维度内涵，其目标在于达成个人发展与社会经济进步的平衡和协调。总体而言，若高等教育既能全面助力个体成长，又能有效契合经济社会发展需求，则视为实现了高质量发展；反之，则是低质量发展或仅仅是数量上的增长。

2.2 理论基础

2.2.1 组态理论

组态理论，源自英文"Configuration"，指的是根据特定需求对设备功能进行设定和组织功能模块的过程，其起源于社会科学，特别是组织科学和公共政策研究领域的理论，它强调复杂社会现象并非由单一变量决定，而是由多个变量在特定配置下共同作用的结果。该理论运用整体的分析视角，结合案例研究与变量研究，采用集合分析的手段，阐释要素组态与结果之间的集合性联系，有效解析多种方案等效性等复杂现象。

组态理论最初作为分析工具应用于战略管理领域，这一理论的核心在于，其认为复杂系统中的组成部分相互关联，它们共同构成了系统的整体特性，不可以单一视角来分析整个系统。[46] 相较于传统理论，组态理论并不预设某一组态的优劣，而是在研究过程中展现各评价因素对结果因素的影响路径。[47] 总体而言，组态理论关注多条件互动和多种理论的融合，以揭示复杂的因果关系，构建理论体系。应用组态理论时，强调的是系统整体性分析，而非对单一因素的孤立考察。具体而言，组态分析视角就是与案例样本结合起来，探究条件与结果变量间的因果关系。[48] 在高等教育领域，数字化的影响是复杂且多元的，可能涉及教学方式的变革、学习资源的丰富、教育管理的智能化等多个方面。这些因素之间相互作用，共同构成了数字化影响高等教育高质量发展的复杂系统。因此，在研究数字化对高等教育高质量发展的影响时，运用组态理论能够更全面地揭示各种评价因素之间的复杂因果关系，这些路径代表了不同的数字化推动高等教育高质量发展的策略或模式。在动态视角下，组态理论进一步强调社会现象的动态性和互动性，认为多个因素在时间和空间中的变化和相互作用是理解社会现象的关键。组态理论常与QCA方法结合使用，为管理学、数字转型等多个领域提供了深入理解复杂社会现象内在机制的有效框架。

2.2.2 WSR方法论

WSR方法论是我国顾基发教授与朱志昌博士于1994年共同创立的原创性

理论框架。该理论体系既具有方法论层面的指导意义，又可作为解决复杂系统问题的实践工具。在处理具有复杂特性的系统问题时，其独特优势尤为凸显：一方面深度融合了中国传统哲学中的系统辩证思维，另一方面实现了多元分析方法的有机整合；通过方法论组群的层次化构建与结构化配置，有效实现了复杂问题的简约化处理；在方法论特征上，充分体现了东方系统思维中定性研判与定量分析的集成创新，形成了具有文化特色的系统性研究范式。WSR 方法论被广泛应用于系统科学、管理科学、工程设计等领域，可帮助人们解决复杂问题。在产品研发中，可以运用 WSR 方法论研究原理、技术可行性和性能优化；在企业管理中，可以运用 WSR 方法论优化流程、提高管理效率；在城市规划中，可以运用 WSR 方法论考虑人的需求和文化因素，制定更具人性化的规划方案。

本书将 WSR 方法论作为核心分析框架，贯穿于高等教育数字化关键因素的识别与影响模型的构建过程中。本书在扎根理论编码过程中，将高等教育数字化的评价因素系统地划分为物理层面（W）、事理层面（S）和人理层面（R），并以此为基础构建研究假设和影响模型。通过对 WSR 方法论的应用，不仅丰富了高等教育数字化的研究视角，还为数字化影响高等教育高质量发展的实践提供了更具系统性和科学性的理论支持，拓展了 WSR 方法论在该领域的应用范围。

2.2.3 扎根理论

扎根理论是一种以数据为基础构建理论的质性研究方法。其通常是以实际现象入手，再从原始资料中提炼出经验观点，进而形成理论体系。这一方法采用自下而上的方式，通过系统地收集数据，识别反映事物现象本质的核心概念，并借助这些概念间的联系来构建社会学理论。扎根理论的主要任务是在宏观与微观操作假说之间建立实质理论（即具体时间与空间上的理论），同时也不排除构建普遍意义上的形式理论。然而，形式理论的构建必须以实质理论为基础。只有先形成实质理论，才有可能在其基础上进一步构建形式理论。这是因为扎根理论将知识视为一种累积过程，先从事实到本质，再从本质到形式。形式理论的建立需要丰富的数据资源和实质性的理论支撑。

逐步编码是扎根理论的核心步骤，包括开放编码、主轴编码和选择编码三个层次。在此基础上，对收集到的数据进行分解和概念化，进而提炼出概念和类别，最终建立与实践相符的理论体系。本书利用扎根理论，采用系统的三级编码过程，对数字化相关政策文本进行概念归纳、范畴提炼及关系维度划分。

2.2.4 TOE 框架理论

TOE 框架，即技术—组织—环境框架，是一种系统性、多层次的理论分析框架，主要用于深入探究组织采纳和实施各类创新的复杂动因与内在机制。该框架的研究起点立足于组织面对特定创新决策时的具体情境与结果，如对新技术的采纳意愿、实施进度、应用深度及其最终成效的差异。其核心理论主张在于：组织的创新采纳行为是一种高度复杂的现象，绝非由单一因素线性驱动，而是技术层面特性、组织内部固有条件以及外部环境格局三个核心维度相互交织、共同作用的结果。

TOE 框架秉持一种整合性、动态化的系统分析视角。它要求研究者突破技术决定论的单一思维，将创新采纳行为置于组织内外部构成的生态系统中进行全景考察。这意味着需要同步审视技术维度所涵盖的创新本身的属性，组织维度所包含的内部结构、资源、文化与能力，以及环境维度所涉及的市场、法规、竞争与合作关系等多重外部压力与机遇。该框架的主要理论使命在于搭建起微观组织决策行为与中观行业趋势乃至宏观政策技术环境之间的实质性桥梁，揭示不同维度因素间复杂的互动机制，从而为理解创新扩散的规律、组织变革的动力以及实施效果的差异提供坚实的解释基础。其核心价值突出体现为强大的系统性、广泛的普适性以及深刻的解释力，使其成为跨越不同领域分析创新采纳问题的有力工具。

2.3 相关研究方法

2.3.1 定性比较分析方法

QCA 方法依据变量类别分为清晰集（csQCA）方法、多值集（mvQCA）方法和模糊集（fsQCA）方法三种。csQCA 方法适用于二元数据，遵循非此即彼的逻辑；mvQCA 方法适用于多元数据；fsQCA 方法适用于连续数据，可以处理渐变性和部分隶属的情况。选择哪种 QCA 方法取决于研究问题的性质、数据的类型以及分析的目的，研究者需要根据具体情况和研究目的来选择最合适的 QCA 方法。[49] 传统的定量研究方法依赖大量数据来确保统计有效性，而 QCA 方法对数据来源的需求则更为灵活，不仅可以对大样本进行分析，还可以用于中小样本的研究。QCA 方法不仅考察条件变量和结果变量的正、反两方面，还关注因果关系，其理论基础包括组态理论和集合理论。[50] QCA 方法强调条件的组合效应，而不是单个条件的影响，即存在多个同样有效的条件组合，最终产生相同的结果[51]，该方法有助于揭示哪些因素组合是导致特定结果的关键。传统 QCA 方法受限于研究工具和研究理论，多从截面数据出发，未能探究时间纵向的组态效应。[52] 动态 QCA 方法考虑了时间因素，可以分析随时间变化的条件组合和结果之间的关系，适合研究动态过程。

  QCA 方法主要依托组态理论，区别于其他相关性分析方法，不是传统研究中纯粹的定性或定量分析，而是一种融合了定性与定量特征的混合分析方法。与中国相比，QCA 方法在国际学界较早获得关注，国际学者对传统量化分析技术与 QCA 方法的适配性边界展开系统性比较，并持续推进该分析框架的实证应用。QCA 方法有效融合了定量与定性研究的优势，不再受限于案例研究数量的高要求；在方法论层面，它弥补了单一指标在分析影响路径时的不足，转而关注多种指标的条件组合；QCA 方法可用于传统研究中无法深入研究的少样本案例研究，用于构建结果变量与条件变量的因果联系，擅长分析多因素间的联合效应，并能直接识别出导致特定结果产生的因素组合。国外学者论证了 QCA 方法作为跨案例研究范式的创新价值，指出其通过布尔代数运算构建的因果推断机制，能够有效解析复杂社会现象中多重条件变量的交互作用机制。国内学界也同步关注到 QCA 方法的应用价值，在多个学科领域展开了本土化应用探索，该方法目前已被广泛运用于信息、工程、管理等各个领域。邓胜利和付少雄[53]采用 fsQCA 方法及相关性分析探讨网络社区健康信息搜寻的影响要素，强调 fsQCA 方法融合了定量与定性分析的优势。段尧清等[54]运用 fsQCA 方法识别公共卫生突发事件中公众持续使用政府信息的触发路径，并深入研究核心因素及其演变规律。范哲[55]运用 fsQCA 方法探究不同求职情境下求职信息搜寻行为的影响要素，以及这些要素构成的组态条件与搜寻行为间的复杂联系。陈晓宇等[56]从混合方法论视角，结合回归分析与 fsQCA 方法，分析社会化问答社区用户信息搜寻行为的影响要素，并考察这些要素的组合方式如何产生协同效应。在高等教育方面，QCA 方法主要应用于资源配置、新质生产力的影响、社会影响因素等方面的研究。

动态 QCA 方法考虑了时间因素，可以分析随时间变化的条件组合和结果之间的关系，适合研究动态过程。QCA 方法包含以下五个步骤：框架确定、案例选择、校准、必要性分析、充分性分析。[50] 动态 QCA 方法则是在充分性分析步骤中考虑了时间和空间维度，分析不同组态路径的时间效应和地区差异性。自党的十九大首次提出"高质量发展"并相继发布一系列政策开始，高等教育领域也开始逐渐步入高质量发展阶段，这是发生在时间维度上的连续事件。基于具有时间效应的面板数据进行研究，能够客观地阐明数字化影响高等教育高质量发展的因果与时间的互动关系。因此，动态 QCA 方法更适合探究诸多数字化因素影响高等教育高质量发展的作用机制，并且随着相关软件（如 R 语言的动态 QCA 包）的发展，进行动态 QCA 分析的难度和复杂性大大降低。本书尝试从组态视角出发，分析数字化影响高等教育高质量发展的多元复杂作用机制，采用动态 QCA 方法，运用 R 语言分析软件，从汇总、组间（时间）和组内（地区）三个层面进行全面分析。

2.3.2　多重共线性检验方法

多重共线性检验是检测回归模型中自变量之间是否存在高度相关性的过程。在对多维数据进行研究的过程中，各变量之间不可避免地会产生相互影响、相互作用，这种情况在数据维度较高时尤为显著。特别是当数据集中的多个变量之间存在共线性问题时，不仅会显著降低计算过程中的时间和资源效率，还可能引发模型结构的过度复杂化，进而影响建模的准确性。高度相关的变量可能会导致统计检验结果的波动性和不稳定性，同时也会扩大参数估计的置信区间，从而影响模型的稳定性和可靠性。因此，在建立模型之前，需要分析多元变量之间的多重共线性。有效识别和应对多重共线性问题的方法有多种，其中，简单相关系数判别法以其直观易懂的特点，成为初步判断变量间相关性的常用工具。然而，仅凭简单相关系数法往往难以全面揭示多重共线性的复杂程度，因此，方差膨胀系数（Variance Inflation Factor, VIF）检验法应运而生，它通过量化每个解释变量被其他变量解释的程度，来评估多重共线性的严重程度。此外，条件系数检验法、容忍度（Tolerance）判别法以及特征值判别法等也是识别多重共线性的有效工具。这些方法各有千秋，能够从不同角度、不同层面揭示变量间的多重共线性问题，为选择合适的变量组合、构建稳健的模型提供有力支持。多重共线性检验方法被应用于筛选数字化对高等教育高质量发展的关键因素。本书通过计算 VIF，识别并剔除存在严重共线性的变量,确保后续结构方程模型的稳健性,提高模型的解释力,同时为研究提供更为精确的变量选择依据。

2.3.3 结构方程模型

结构方程模型,也称为协方差结构模型,其依据变量间的相关性等指标来检验研究假设是否成立。该模型结合了因子与路径分析的优势,不仅支持多元因变量的并行处理机制,还通过引入潜变量建模技术,有效包容观测变量中可能存在的系统测量误差,从而克服了传统分析方法的局限性,被广泛用于社会学、心理学、经济学等多个领域。目前,常见的结构方程模型分析软件包括 LISERL、AMOS、Mplus、R、SmartPLS 等,其中,在数据最接近正态分布的情况下,LISERL 和 AMOS 软件使用最为广泛。LISERL 软件擅长多层次模型分析,适用于跨时间截面或不同层次的数据分析;AMOS 软件则通过图形化界面构建路径图,其操作简便,并能分析直接与间接效应;SmartPLS 采用偏最小二乘法作为主要的建模方法,构建复杂模型,并且不要求数据满足多元正态分布,对数据的要求较为宽松。结构方程模型被用于验证数字化对高等教育高质量发展的影响。本书基于多重共线性检验筛选出的关键因素,构建包含测量模型和结构模型的 SEM 框架,通过描述性分析、信效度检验以及结构模型评估,验证各因素之间的假设关系。该方法的应用为本研究提供了稳健的统计支持,可确保模型构建的科学性和结论的可靠性。

2.3.4 自然间断点分级法

自然间断点分级法(jenks natural breaks optimization)是统计学中一种用于数据分类的方法,它主要根据数据的分布特征自动确定最佳的分类界限,能够帮助识别出数据中的自然分组或模式,从而使数据的可视化和分析更加有意义。自然间断点分级法的核心思想是选择那些能够最大化组内同质性和组间异质性的分类界限,具体操作时会根据数据的自然分布情况,计算所有可能的分类界限,然后选择那些使组内方差最小、组间方差最大的界限作为分类阈值,可以有效避免人为分组的主观性,这种方法特别适用于地理信息系统(Geographic Information System,GIS)中的数据可视化,如将地图上的数值分成几个等级以便于展示。该方法的主要步骤包括数据预处理、数据排序、寻找间断点、分组。自然间断点分级法主要应用于地图制作和数据分析,在地图制作中，常用于将连续的数据（如人口密度、收入水平等）分成几个等级，以便于在地图上以不同的颜色或图案表示；在数据分析中，自然间断点分级法可以帮助研究者识别数据中的自然分组，从而更好地理解数据的结构和模式。自然间断点分级法被用于分析我国数字化和高等教育高质量发展水平，通过对 10 年间省域综合指数的分析，识别指数分布的自然断点，将省域划分为不同的发展水平等级，揭示省域间数字化和高等教育高质量发展的区域差异，为对策建议提供更具针对性的参考依据。

2.3.5 过程追踪法

过程追踪法是一种在案例研究中用于揭示因果机制和解释特定结果的深度质性研究方法。其研究起点通常是一个具体的、重要的结果或事件，然后追溯导致该结果发生的复杂过程链条。该方法的核心在于深入剖析事件发展过程中的关键节点、决策时刻、行为主体的互动以及背景条件的演变，旨在识别并验证连接原因与结果的内在机制。过程追踪法通过系统地收集和分析时序性证据，致力于在微观层面详细重构事件发展的因果路径，从而超越简单的相关性，建立更具解释力的因果叙事。过程追踪法的核心思想是通过详尽的证据链验证因果机制的存在与运作方式。它强调对"黑箱"的内部运作进行探索，即关注原因如何通过一系列可观察的、发生在特定情境中的中间步骤最终导致结果的产生。具体操作时，研究者需要基于理论或初步观察提出关于潜在因果机制的假设，然后沿着时间线收集丰富、多样的经验证据（包括"确证证据"、"证伪证据"和"线索证据"），检验这些证据是否支持所提出的机制性解释，是否能够排除其他可能的解释路径。其操作逻辑类似于在时间线上寻找关键的"因果节点"并验证其连接性。这种方法特别适用于解释复杂的、非线性的社会政治过程，能够有效避免过度简化因果关系的风险。

2.4 本章小结

本章主要介绍了与高等教育数字化及其高质量发展相关的理论基础和研究方法。在理论部分，首先阐述了高等教育数字化的概念，探讨了高等教育高质量发展的内涵与特征。随后引入了组态理论、WSR 方法论、扎根理论和

TOE框架理论，为理解高等教育发展的复杂性和系统性提供了理论支撑。在研究方法部分，本章详细介绍了五种主要的研究方法：定性比较分析方法、结构方程模型、多重共线性检验方法、自然间断点分级法和过程追踪法。这些方法为后续深入研究高等教育数字化发展的评价因素及影响高等教育高质量发展的路径选择提供了理论支撑和科学的研究工具。

第3章

省域视角下数字化和高等教育高质量发展现状分析

3.1 基于扎根理论的数字化评价因素识别

3.1.1 评价因素识别的原则

高等教育数字化进程的推进涉及多主体、多维度,因此在探究高等教育数字化关键因素的过程中,需要建立一些基本原则,确保分析的系统性与精准性,从而有效提炼核心要素。

1. 完整性原则

高等教育数字化发展是多方面因素综合作用的结果,它不仅涉及宏观的政策导向等外部要素,还深入高等教育机构内部的资源配置等细微层面。这就要求在识别评价因素的过程中,既要聚焦政府、教育机构及利益相关者的具体实践,又不可忽视技术基础、组织架构调整等基础条件的作用。这些因素,无论其影响力大小,共同塑造着我国高等教育数字化的面貌,应当进行全面、完整的考量。

2. 系统性原则

高等教育数字化涉及多方面因素,这些评价因素之间常常存在复杂的制约关系。因此,高等教育数字化评价因素的识别应当具有系统性,使其成为一个完整的评价因素系统,把握核心因素,有重点、有条理地推进高等教育数字化发展。

3. 普遍性原则

面对我国教育发展不均衡的现状,高等教育数字化的推进更需要强调普遍性原则的应用。这意味着,在考虑高等教育数字化评价因素的过程中,要从共性出发，坚持普遍性原则，寻找影响各地、各类机构的通用因素。通过这一原则，更有效地促进高等教育数字化的均衡发展，缩小地区间、机构间的差距，推动整体教育质量的提升。

3.1.2 开放性编码

本书在评价因素识别过程中，选取有关"教育数字化"及"高等教育数字化"的政策文件、教育部公开文件、国际政策文件等原始资料进行扎根理论研究。为保障识别结果的精确性和科学性，本书在识别评价因素时，按照扎根理论的编码程序，对评价因素进行三级编码扎根分析。基于政策文件的特点和要求，从相关政策文件涉及的战略规划、执行标准、要求、倡导等文字中，反向提炼高等教育数字化发展过程的评价因素。

开放性编码作为扎根理论研究的基础环节至关重要。这一阶段的核心任务是将广泛收集的原始资料进行简单的非结构化排列，并通过深入解析，为概念赋予新的含义，同时不断精炼和整合资料。在进行此类编码活动时，研究者需保持高度的客观性与开放性，摒弃既有观念或偏见，对原始文本实施逐字、逐词乃至逐句的详尽编码工作。此阶段的目的是深入挖掘并提炼出与数据内在本质最为契合的核心概念，确保编码的精确性。在此基础上，对于基础编码阶段识别出的诸多相似或相关联的概念采取进一步的深入分析与综合处理，通过细致的比较与对照揭示这些概念之间的共通点与差异性，这一步骤不仅有助于对这些概念进行有效分类，还能加深对原始资料的理解，进而构建一个更精确、更系统的知识体系。采用上述方法，编码工作得以忠实反映原始资料的真实面貌，同时，也为后续的深度分析与处理提供了稳固的支撑。鉴于实际采集到的资料数据量较为庞大，仅在表3-1中呈现部分开放性编码结果示例[53]，而其余资料的编码流程均严格遵循这一既定步骤，确保了研究的连贯性与一致性。通过这样的细致工作，不仅能够确保研究过程的科学性与严谨性，还能为后续的理论构建与实证分析提供支撑。对于有关高等教育评价因素、关键维度、评价指标等相关语句中可能涉及多个概念的情况，应该将这些概念分别归类，例如，"需要持续审查并更新数字战略，以解决基础设施与设备方面的技术差距"，将其划入"战略引领""基础设施建设"两个概念下。在探究高等教育数字化评价因素的研究中，通过手动编码方法，对查找及收集的文献和政策文本资料进行了再整理和概括，最终从中分析出技术支撑、互联网接入、数字资源等范畴，见表 3-2。

表 3-1 开放性编码结果

原始资料	概念化	范畴化
需要持续审查并更新数字战略，以解决基础设施与设备方面的技术差距	审查并更新数字战略，解决基础设施与设备方面的技术差距	战略引领、基础设施建设
提出推进"互联网+教育"的实施计划	推进"互联网+教育"	互联网+教育
应用新兴互联网教学技术，为教育机构和学习者提供快速、可靠、泛在的互联网连接服务	提供快速、可靠、泛在的互联网连接服务	互联网接入
优化教育数字化转型专业队伍建设	优化专业队伍建设	专业队伍建设

表 3-2 评价因素范畴

技术支撑	千兆互联	互联网接入	硬件基础	网络基础设施
电子学习资源支持	软件基础	数字资源	数字教育资源	资金保障
数字基础建设	数字设备	计算基础设施建设	基础设施建设	对外开放
专业设备	设备资源	基础教育资源	教育资源建设	基础资源保障
优化学科专业	推进学科建设	跨学科调整	学习方式转型	在线教育
充足的经费	专项经费投入	经费支持	投入力度	经费投入
信息安全保障	网络安全保障	政策支撑	发展规划	机制保障
教育人工智能应用	信息社会需求	就业赋能	就业环境	校企合作
专业队伍建设	多元融合	师资队伍建设	产教融合	人才团队支持
创新人才培养模式	培养高端人才	互联网+教育	网络教育	评价改革
合作培养	战略引领	市区校联动培养	协作联动	教育研究协同创新
应用和转化能力	成果转化	科研成果有效转化	教学产出能力	教学模式数字化
合作与交流	跨文化交流	国际化	开放融合	教育交流合作
网络基础环境	数字基座	网络保障	实验科研资源建设	物理办学空间
政策指导	体系建设	—	—	—

3.1.3 主轴编码

主轴编码的目的在于将开放性编码阶段所形成的各类范畴，在结构、因果、功能和时间等维度上进行衔接和联系，随后对这些范畴进行汇总，以揭示不同类别之间的深层逻辑关系，从而提炼出更为抽象、更具概括性的高级主范畴。具体而言，本书对 72 项开放性编码所导出的类别进行了整合与归类，依据各类别固有的属性特征及其内在的逻辑关联，对那些内容相近、相互关联度高的类别进行系统性的归纳与联结，成功地从庞杂的初始类别中提炼出 13 个具有鲜明特征和高度概括性的主轴范畴。主轴编码结果见表 3-3。

表 3-3 主轴编码结果

主范畴	范畴
接入条件	技术支撑、千兆互联、互联网接入、硬件基础、网络基础设施、网络基础环境、数字基座、网络保障
数字资源	电子学习资源支持、软件基础、数字资源、数字教育资源
数字基础设施	数字基础建设、数字设备、计算基础设施建设、基础设施建设
教育资源规模	专业设备、设备资源、基础教育资源、教育资源建设、基础资源保障、实验科研资源建设、物理办学空间
学科环境建设	优化学科专业、推进学科建设、跨学科调整
科研投入	充足的经费、专项经费投入、经费支持、投入力度、经费投入、资金保障
数字政策环境	信息安全保障、网络安全保障、政策支撑、发展规划、机制保障、政策指导、体系建设、战略引领
数字就业环境	教育人工智能应用、信息社会需求、就业赋能、就业环境
人力资源	专业队伍建设、人才团队支持、师资队伍建设
数字化人才培养	创新人才培养模式、培养高端人才、互联网+教育、网络教育、评价改革、教学模式数字化、学习方式转型、在线教育
协同育人	合作培养、市区校联动培养、协作联动、教育研究协同创新、多元融合、产教融合、校企合作
价值转化	应用和转化能力、成果转化、科研成果有效转化、教学产出能力
国际交流与合作	合作与交流、跨文化交流、国际化、开放融合、教育交流合作、对外开放

3.1.4 选择性编码

在对原始资料、概念、范畴以及特别关注的各类别间进行对比研究的过程中，扎根理论进入了第三个关键阶段——选择性编码（也称核心编码）。选择性编码作为一种在科研与实践分析领域内被广泛采纳的方法论，其核心在于对核心性概念或主导性主题的深度挖掘与聚焦，然后系统地将这些核心元素与其他相关的范畴或类别进行紧密的联结与整合。这个过程不仅要求研究者识别和确立这些核心概念与其他要素之间的相互作用和联系，还需要对那些尚未充分发展或不够清晰的概念进行进一步的探讨和丰富。在此基础上，通过对主轴编码中提炼出的主范畴进行汇总分析，并与原始数据资料进行对比，以深入地比较不同范畴与主范畴之间的关系。

通过对高等教育数字化评价因素进行深入分析，最终提炼出物理、事理、人理三个核心编码，与 WSR 方法论的三个维度较为一致，最终的选择性编码结果见表 3-4。

表 3-4 选择性编码结果

核心范畴	主范畴
物理层面（W）	接入条件、数字资源、数字基础设施、教育资源规模
事理层面（S）	学科环境建设、科研投入、数字政策环境、数字就业环境
人理层面（R）	人力资源、数字化人才培养、协同育人、价值转化、国际交流与合作

3.1.5 理论饱和性检验

扎根理论中的理论饱和是指数据收集和分析过程中达到了一个关键点，即新的数据不再为理论提供新的信息或观点，理论的构建达到了饱和状态。本节通过开放性编码得到的 72 个范畴，主轴编码下的 13 个主范畴以及选择性编码下的 3 个核心范畴，寻找《教育信息化标准化工作管理办法》《国家智慧教育平台数字教育资源入库出库管理规范》《国家智慧教育平台数字教育资源内容审核规范》等政策文本和官方文件，核实仅依靠现有的数据是否已经无法发现新的特征，也无法对新的理论有更深刻的认识。同样，对现有文献进行分析，将"高等教育数字化"作为关键词在中国知网（CNKI）数据库检索 2 年内的学术期刊论文，并筛选北大核心、CSSCI 来源期刊，共检索得到 141 篇文献，并从所检索的文献中一一提取、摘录。在此过程中，并未发现生成其他范畴，由此可知以上理论框架已经达到饱和状态。

3.2 中国省域数字化发展现状分析

3.2.1 具体测量指标及测度方法

本书选取我国31个省（自治区、直辖市）进行研究，未将港澳台地区纳入研究，研究时间范围为2013—2022年。数据来源于《中国统计年鉴》《中国教育统计年鉴》《高等学校科技统计资料汇编》《教育部 财政部 国家发展改革委关于公布世界一流大学和一流学科建设高校及建设学科名单的通知》以及各省市教育部或教育委员会官网。其中，本书关于年鉴类数据的统计年份皆为年鉴出版年份，采用时间序列分析补全缺失值，主要使用线性插值方法。线性插值是一种简单的方法，它假设数据在缺失的时间点之间是线性变化的，呈现一定的趋势，特殊的指标数据采用前向填充或者后向填充。

1. 物理层面

接入条件为使高等教育机构、师生以及社会公众能够方便、快速地访问数字化学习资源和服务的条件，因此，本书选择"互联网宽带接入端口数"作为接入条件的代表性指标。[57] 图书馆电子数据库拥有量也是重要的数字化育人资源，为师生的教学科研工作提供丰富的数字资源保障，因此本书选择"电子阅览室终端数（台）"作为数字资源的测量指标。[57] 数字基础设施主要是指基于信息网络的新基础设施实现生活各个领域数字化的基础设施，因此，在高等教育领域，本书选择"教学用计算机数量（台）"作为测量指标。[58] 教育资源规模主要指实体教育资源中用于科研等方面的设备设施条件，本书选择"固定资产值中教学、科研仪器设备资产与固定资产值的比值（%）"作为该变量的测量指标。

2. 事理层面

"双一流"建设是继"211工程"和"985工程"之后的又一重大国家战略部署，它的目标是建设世界一流大学和一流学科，为实现"两个一百年"奋斗目标，实现中华民族伟大复兴的中国梦提供有力支撑。"双一流"建设包括多个方面，如技术应用、教育模式创新、组织结构和文化变革等。它强调在教育过程中广泛应用数字技术，如大数据、人工智能等，来提高教育质量和效率，营造更具个性化和更加灵活的学习环境。因此，本书选择"一流建设学科数量"作为学科环境建设的代表性指标。科研投入是指为高等教育科研项目提供必要的资金支持和预算管理，以确保数字化进程的顺利进行，本书选取"高等学校科技经费投入（千元）"和"高校R&D成果应用及科技服务项目当年拨入经费（千元）"作为测量指标。在数字政策环境方面，高等教育数字化需要政府在政策上予以支持与监管，需要政府提供引领性的战略和倡议，因此，本书选择"战略规划"指标，聚焦政府关于人工智能和以5G、6G为代表的新兴技术的政策、战略和倡议，并考察国家层面针对网络信息安全管理的情况。[57] 在数字就业环境方面，数字产业是数字经济发展的有力支撑和重要依托，因此，本书将"人工智能企业数量（个）"作为测量指标。

3. 人理层面

专业人员的支持有助于高等教育数字化的可持续发展和专业性提升，本书选取"高等学校教学与科研人员（人）"作为人力资源的测量指标。数字化人才培养指的是通过数字化手段和方法进行教学活动，以培养具有数字化素养、创新能力和跨学科知识的人才。因此，本书选择"高等教育网络本科、专科生授予学位数（个）"来反映数字化教学模式的发展水平。协同育人是指高等教育院校与企业等机构协同培养具有创新精神和实践能力的高层次人才，以满足经济社会发展的人才需求[59]，包括校企合作、校际合作等多种形式。因此，本书选择"产学合作协同育人项目立项数量（项）"作为测量指标，该数据来源于中华人民共和国教育部发布的不同年份不同批次产学合作协同育人项目立项名单。价值转化是指将高等教育院校的研究成果、技术创新和知识产出转化为现实生产力，以实现其经济价值和社会效益[60]，本书选择"专利出售当年实际收入（千元）"和"技术转让当年实际收入（千元）"作为测量指标。国际交流与合作主要包括高等教育国际合作研究、国际学术会议的参与和主办两个方面，本书分别选择"派遣人员（人次）"与"接受人员（人次）"、"出席人员（人次）"与"主办次数（次）"作为合作研究和国际学术会议的测量指标。

多指标综合评价方法有多种，其中，熵值法在本质上能够有效避免主观性偏差，以及当指标存在非线性关系时的评价偏差，该方法是一种客观赋权方法，主要依据数据变异程度，不会受人为因素的影响，但不能减少指标维度的测量，适用于具有多个指标、多个样本的评价问题，能够有效地处理数据并给出各指标的权重。因此，本书选择熵值法来确定各指标的权重。首先，进行标准化处理以消除不同指标间的量纲影响。

1. 指标标准化处理

正向指标（值越大越好）：

$$z_{ij} = \frac{x_{ij} - \min(x_j)}{\max(x_j) - \min(x_j)} \quad (i = 1,2,\cdots,n; j = 1,2,\cdots,m)$$

负向指标（值越小越好）：

$$z_{ij} = \frac{\max(x_j) - x_{ij}}{\max(x_j) - \min(x_j)} \quad (i = 1,2,\cdots,n; j = 1,2,\cdots,m)$$

式中，x_{ij} 为第 i 个样本的第 j 项指标的原始值；$\min(x_j)$ 为所有样本中第 j 项指标的最小值；$\max(x_j)$ 为所有样本中第 j 项指标的最大值；n 为样本总数；m 为指标总数；z_{ij} 为标准化后的指标值（范围为 $[0,1]$）。

2. 指标比重计算

$$p_{ij} = \frac{z_{ij}}{\sum_{i=1}^{n} z_{ij}} \quad (i = 1,2,\cdots,n; j = 1,2,\cdots,m)$$

式中，p_{ij} 为第 i 个样本的第 j 项指标在总体系中的比重；$\sum_{i=1}^{n} z_{ij}$ 为第 j 项指标在所有样本中的总和。

3. 信息熵计算

$$e_j = -k \sum_{i=1}^{n} p_{ij} \ln p_{ij}, k = \frac{1}{\ln n} \quad (i = 1,2,\cdots,n; j = 1,2,\cdots,m)$$

式中，e_j 为第 j 项指标的信息熵（值域为 $[0,1]$）；k 为信息熵系数（确保 $0 \leq e_j \leq 1$）；ln 表示自然对数，当 $p_{ij} = 0$ 时，$p_{ij} \ln p_{ij} = 0$。

4. 信息效用值计算

$$g_j = 1 - e_j \quad (j = 1,2,\cdots,m)$$

式中，g_j 为第 j 项指标的信息效用值。信息熵 e_j 越小，效用值 g_j 越大，指标越重要。

5. 指标权重计算

$$w_j = \frac{g_j}{\sum_{j=1}^{m} g_j} \quad (j = 1, 2, \cdots, m)$$

式中，w_j 为第 j 项指标的权重（满足 $\sum w_j = 1$）；$\sum_{j=1}^{m} g_j$ 为所有指标的信息效用值之和。

6. 综合得分计算

$$s_i = \sum_{j=1}^{m} w_j z_{ij} \quad (i = 1, 2, \cdots, n; j = 1, 2, \cdots, m)$$

式中，s_i 为第 i 个样本的综合得分，值域为 $[0,1]$，得分越高，表示发展水平越好。

3.2.2 2013—2022 年中国数字化发展综合指数平均值

基于扎根理论数字化评价因素识别结果，采用熵值法和 STATA 软件测算出 2013—2022 年中国各省域数字化发展指数，并根据测算结果计算 10 年间各省域的发展指数平均值。数字化发展综合指数平均值如表 3-5 所示，在不同省市之间存在显著差异，中国数字化发展存在不均衡性。北京以 0.432 的平均值高居榜首，其在数字化发展方面具有显著优势；江苏（0.373）紧随其后，这些地区在数字化进程中处于领先地位；西藏（0.012）、新疆（0.036）、宁夏（0.086）和青海（0.082）等西部地区省份的数字化发展综合指数较低，这些地区在数字化进程中面临一定程度的挑战和困难。

表 3-5 2013—2022 年中国数字化发展综合指数平均值

省市	平均值	省市	平均值	省市	平均值
北京	0.432	安徽	0.172	重庆	0.169
天津	0.146	福建	0.162	四川	0.255
河北	0.148	江西	0.137	贵州	0.104
山西	0.131	山东	0.313	云南	0.115
内蒙古	0.102	河南	0.186	西藏	0.012

续表

省市	平均值	省市	平均值	省市	平均值
辽宁	0.205	湖北	0.277	陕西	0.239
吉林	0.142	湖南	0.235	甘肃	0.108
黑龙江	0.144	广东	0.318	青海	0.082
上海	0.307	广西	0.119	宁夏	0.086
江苏	0.373	海南	0.086	新疆	0.036
浙江	0.275	—	—	—	—

为了进一步探究高等教育数字化的差异性发展特征，本书运用 ArcGIS 软件及自然间断点分级法进行分级。该方法是一种用于数据分类的方法，它主要根据数据的分布特征自动确定最佳的分类界限，能够帮助识别出数据中的自然分组或模式，从而使数据的可视化和分析更加有意义。自然间断点分级法的核心思想是选择那些能够最大化组内同质性和组间异质性的分类界限，具体操作时会根据数据的自然分布情况，计算所有可能的分类界限，然后选择那些使组内方差最小、组间方差最大的界限作为分类阈值，可以有效避免人为分组的主观性。根据软件分析和方法测算结果，将中国 31 个省域分为三个梯队，分界点分别为 0.119 和 0.205，具体情况如图 3-1 所示。第一梯队的北京、江苏等城市多属于东部地区。综上，东部沿海省份普遍具有较高的数字化发展综合指数，如北京、上海、江苏、浙江等，中西部省份相对较低。

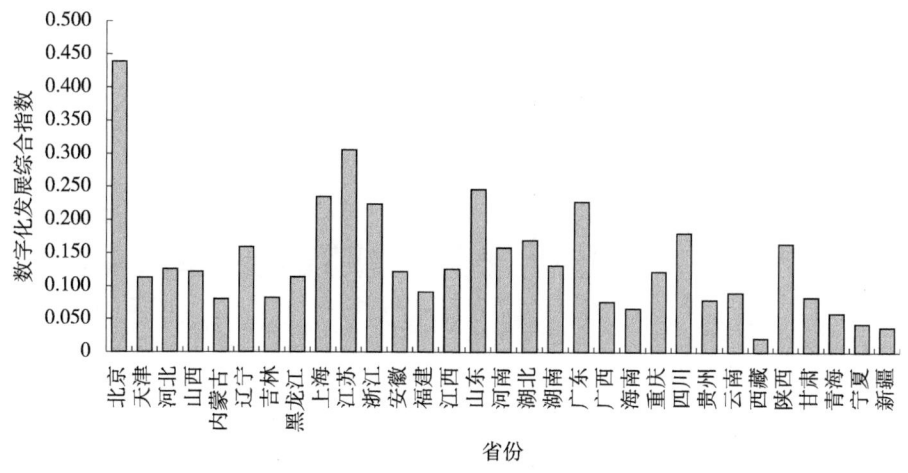

图 3-1　2013—2022 年中国数字化发展综合指数平均值柱状分布

3.2.3 2013—2022年中国高等教育数字化发展水平增长率

2013—2022年,青海和宁夏的数字化发展水平增长率相对于其他省份来说增长速度较快,分别为9.436和8.395。除上述两个省外,2013—2022年其他省份的增长率如图3-2所示,可以发现所有省份均为正向增长率,且增长率均为0~5。为探究2013—2022年数字化发展整体增长情况的空间演变特征,运用自然间断点分级法将各省份数字化发展水平增长率分为3个梯度进行可视化呈现,如图3-3所示,分界点分别为1.680和4.790,第一梯队两个城市为西部地区的青海和宁夏。

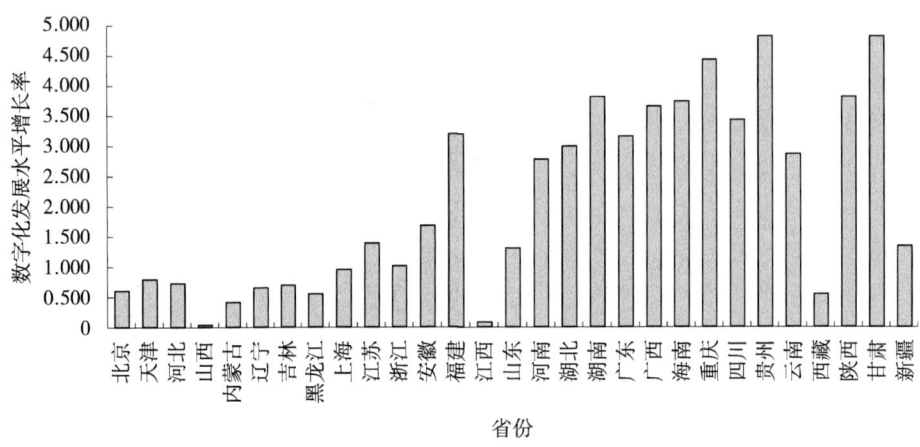

图3-2　2013—2022年中国高等教育数字化发展水平增长率(青海和宁夏除外)

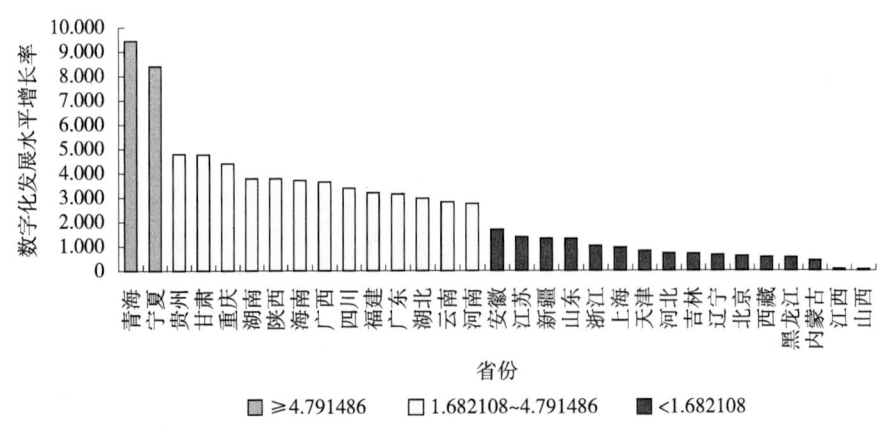

图3-3　2013—2022年中国高等教育数字化发展水平增长率等级分布

3.2.4 2022年我国高等教育数字化发展水平

2022年高等教育数字化发展水平测度结果见表3-6，排名前三的分别为东部地区的北京、江苏和广东。从地区分布来看，东部地区、东北地区、西部地区、中部地区的高等教育数字化发展综合指数平均值分别为0.256、0.164、0.119、0.190，其中平均值最高的为东部地区。由此可见，2022年东部地区整体数字化发展水平高于其他地区，而西部地区发展较慢，应向东部地区高等教育机构进行针对性学习。例如，北京、上海、广东和江苏等东部省份的数字化基础水平较高、基础设施较完善、数字化投入较多。为直观感受我国不同地区高等教育数字化发展水平，运用自然间断点分级法将各地区2022年高等教育数字化发展水平综合指数进行可视化呈现，对东部地区、东北地区、西部地区、中部地区进行可视化呈现，如图3-4~图3-7所示。

表3-6 2022年高等教育数字化发展水平测度结果

省份	综合指数	排名	省份	综合指数	排名
北京	0.432	1	天津	0.146	17
江苏	0.373	2	黑龙江	0.144	18
广东	0.318	3	吉林	0.142	19
山东	0.313	4	江西	0.137	20
上海	0.307	5	山西	0.131	21
湖北	0.277	6	广西	0.119	22
浙江	0.275	7	云南	0.115	23
四川	0.255	8	甘肃	0.108	24
陕西	0.239	9	贵州	0.104	25
湖南	0.235	10	内蒙古	0.102	26
辽宁	0.205	11	海南	0.086	27
河南	0.186	12	宁夏	0.086	28
安徽	0.172	13	青海	0.082	29
重庆	0.169	14	新疆	0.036	30
福建	0.162	15	西藏	0.012	31
河北	0.148	16	—	—	—

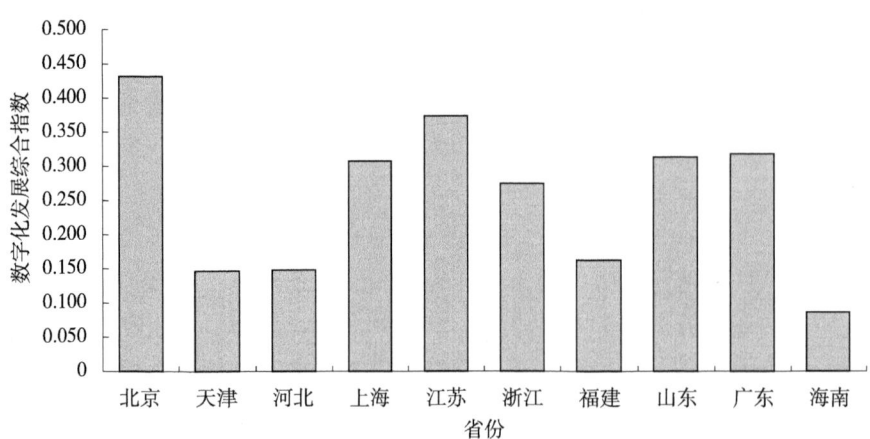

图 3-4　2022 年东部地区高等教育数字化发展水平柱状分布

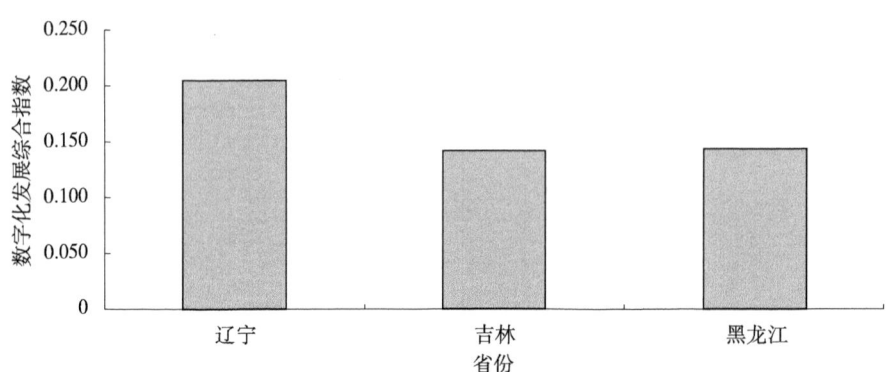

图 3-5　2022 年东北地区高等教育数字化发展水平柱状分布

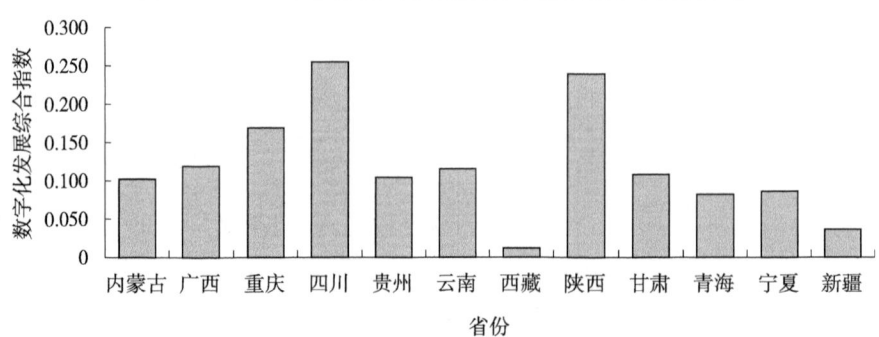

图 3-6　2022 年西部地区高等教育数字化发展水平柱状分布

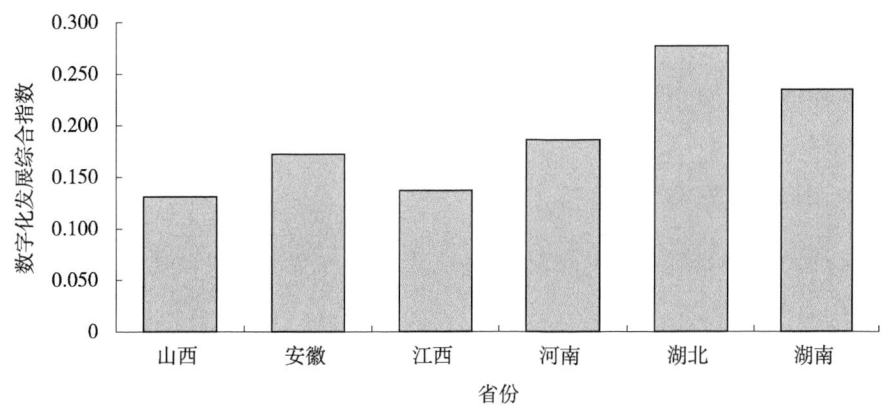

图 3-7　2022 年中部地区高等教育数字化发展水平柱状分布

3.2.5　我国数字化发展水平区域差异综合分析

在高等教育数字化发展方面，东部地区凭借其雄厚的经济实力、完善的基础设施、良好的政策环境以及丰富的人才资源始终走在前列。例如，北京拥有全国最密集的高等教育资源，其高校在科研实力、师资力量、数字化基础设施等方面均处于领先地位，使其能够率先探索新的教学模式、科研范式和管理方式。中部地区稳扎稳打，在高等教育发展中处于中间位置，一方面积极承接东部地区的产业转移，另一方面努力提升自身的数字化水平。中部地区的高等教育数字化发展也呈现出稳步提升的态势，部分高校在特定领域已经展现出一定的竞争力。西部地区奋起直追、潜力巨大，该区域由于历史、地理等原因，在数字化发展方面相对滞后。然而，近年来，西部地区也展现出强劲的发展势头。例如，2013—2022 年，青海、宁夏的数字化发展水平增长率位居全国前列，这主要得益于国家西部大开发战略的深入实施以及当地政府对数字化发展的重视。而东北地区作为老工业基地，虽具有一定的数字化基础，但近年来发展速度相对较慢，这主要与东北地区产业结构调整等因素有关。东北地区的高等教育数字化发展也面临着类似的挑战，需要进一步加大投入，提升创新能力。对于东部地区，应继续发挥其优势，加强数字化创新和应用，推动数字经济与实体经济的深度融合，进一步提升数字化发展水平。对于中部、西部地区，应加大政策支持和资金投入力度，加强数字化基础设施建设，培养和引进数字化人才，促进数字化技术在各行业的广泛应用，以缩小与东部地区的差距。

3.3 高等教育高质量发展评价指标构建

3.3.1 指标构建原则

本书构建高等教育高质量发展评价指标时，主要遵循以下基本原则。

1. 科学性原则

科学性原则强调在进行评价指标体系的构建时，必须严格遵循科学的逻辑与标准。这意味着在选取评价指标的过程中，要对每个指标的具体含义、作用范围及其背后的理论依据进行深入的剖析与理解，确保最终构建的评价指标体系能够真实、客观地反映被评价对象的实际情况。

2. 全面性原则

全面性原则要求指标选取的全面性与丰富性，选取的指标应能最大限度地反映全国省域高等教育高质量发展的实际情况。根据前文关于高等教育高质量发展的综述可知，若高等教育的发展既能全面促进个体的成长，又能有效满足经济社会发展的需求，则可被视为高质量发展。在评价高等教育高质量发展水平时，应考虑各方面因素，全面评价各地区高等教育发展的现实状况。

3. 可行性原则

由于本书采用公开面板数据，但部分数据未公开或已过数据公示期，对于这些指标，应学会取舍，以保证实证结果的可靠性。因此，本书从数据可得性出发，在已有研究的基础上，针对不同维度，合理建立评价指标体系。具体表现在三方面：指标的选择要具有代表性，指标之间不能有交叉重叠；指标数据的可得性；指标的普适性，部分指标需要考虑是否可以获得连续的观测数据。

3.3.2 评价指标构建

朱德全和彭洪莉[18]采用熵权TOPSIS法构建创新、协调发展指数等五位一体的职业教育高质量发展指数。崔奎勇等[19]从社会适应度、条件保障度等方面构建职业本科教育质量发展指数。美国高等教育体系逐步呈现出市场化发展特征，U.S. News通过多维指标对院校进行综合测评，具体涵盖学术领域声誉度、院校财政能力、学位授予完成率等核心维度，并每年公开发布美国最佳大学排名。众多研究都能够反映高等教育高质量发展的评价维度与评价重点，表3-7列举了部分文献。

表3-7 高等教育高质量发展评价指标的部分文献列举

学者	一级指标	二级指标/测量指标
翟洪江等[61]	创新发展 协调发展 绿色发展 开放发展 共享发展	创新投入、创新产出 结构协调、规模协调 校园环境、学习环境 国际交流、国际师生 机会公平、资源公平
苟兴朝[62]	资源条件 创新发展 协调发展 开放发展 共享发展	高等学校生均固定资产值 高等学校生均拥有博士学位师资 高等学校生均拥有教授师资 在校研究生占比、普通高校R&D人均当量 普通高校专任教师人均三种专利授权量等
朱德全和彭洪莉[18]	创新发展 协调发展 绿色发展 开放发展 共享发展	创新投入、创新产出 结构协调、规模协调 学习环境、生活环境 国际交流、国际输出 机会公平、资源公平、结果公平
祝丽云等[63]	创新发展 协同发展 绿色发展 开放发展 共享发展	创新投入、创新过程 创新产出、供需协同 区域协同、层次结构协同 信息化实物数量、信息化资产价值 国际合作、国际交流、普惠受益主体、多元办学主体
龚金花和刘素兰[20]	人才培养 科学研究 社会服务 文化传承创新 国际交流合作	教育经费投入水平、高校科研经费投入水平 校均科技论文发表数、校均出版科技著作数 校均技术市场成交金额、校均重点学科数量 高等教育学历培训毕（结）业数、高等教育为成年劳动者所做贡献 校均在读外国留学生数、校均出席国际会议人数、举办国际会议次数等
黄榕和丁晓昌[64]	要素 能力 功能	数量规模、质量水平、经费投入 师资投入、基础设施、知识生产 人才培养、入学机会、研发条件 人力资本、创新成就

续表

学者	一级指标	二级指标/测量指标
杨浩昌等[65]	创新发展	投入、过程、产出
	协同发展	内部多样化、外部协同化
	绿色发展	绿色校园、教育信息化
	开放发展	外籍教师人数、留华学生人数等
	共享发展	国家级精品资源共享课数等

新发展理念是一个包含创新、协调、绿色、开放、共享五个方面的系统性理论体系。本书认为我国高等教育高质量发展是一个动态过程，新发展理念不仅体现了经济高质量发展的特点，而且为高等教育高质量发展提供了参照标准。参考王姗姗和邱均平[66]、杨浩昌等[65]提出的评价维度，整合现有研究指标体系中的各级评价指标，兼顾相关统计数据的可获得性，本书从以下五个维度构建如图3-8所示的评价指标体系，共包含12个二级指标。

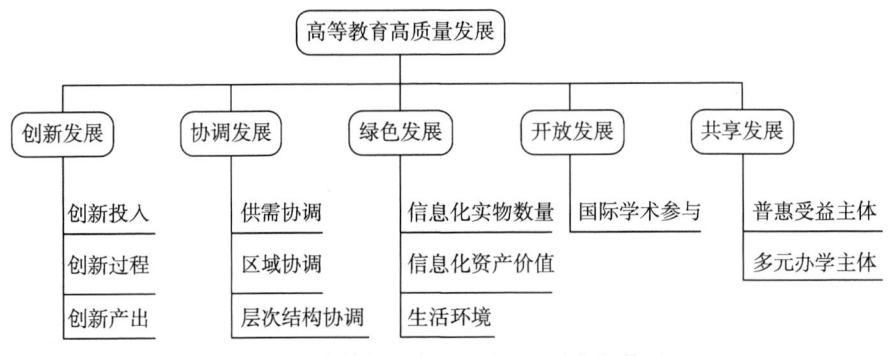

图3-8　高等教育高质量发展评价指标体系

第一，从创新发展维度来看。创新是促进高等教育从注重"速度和规模"向注重"质量和效益"转变的核心动力和主要推动力。本书将高等教育创新发展分为创新投入、创新过程和创新产出，彼此之间是相互关联、相互促进的，创新投入为创新过程提供了必要的资源和条件，创新过程是连接创新投入和创新产出的桥梁，而创新产出则是检验创新投入和创新过程成效的重要标准。创新投入是指为实现高等教育创新而投入的各种资源和条件，包括但不限于用于支持高等教育机构开展科技研究等方面的资金，以及包括高等教育机构的教师和研究人员在内的人力资源。本书选取"全时当量人员"和"各地区研究与试验发展（R&D）经费投入强度"作为创新投入的具体测量指标。创新过程是指高等教育机构将创新投入转化为创新产出的过程，本书选取"国家级项目验收数量"来衡量。创新产出是指高等教育创新活动所取得的结果和成效,该成果能代表世界一流的科技成果及其转化效益,故选取"专利出售当年实际收入"、"技术转让当年实际收入"和"发表学术期刊论文数"三个指标来衡量。

第二,从协调发展维度来看。本书从供需协调、区域协调和层次结构协调三个维度构建指标,只有在这三个方面都实现协调发展,才能推动高等教育的持续健康发展,为社会经济发展提供有力的人才支撑和智力支持。供需协调是指在社会经济发展过程中,通过合理配置和优化人才资源,以达到人才供给与市场需求之间平衡的状态。这涉及对人才培养、流动、使用和激励等方面的综合管理,目的是使人才资源得到最有效的利用,满足社会和经济发展对人才的各种需求。可通过就业率来反映高等教育人才培养与社会经济需求的协调程度,因此,选取"就业人口中本科生占比"和"就业人口中研究生占比"作为供需协调的代表性指标。区域协调主要关注的是高等教育在不同地区之间的均衡发展,如高等教育资源分配需要确保各地区都能够获得足够的教育资源支持,以缩小地区之间的教育差距。本书主要选取"高等学校专任教师博士化率""生均高等教育经费""生均公共财政预算教育经费支出"三个指标作为区域协调的代表性指标。层次结构协调主要关注的是高等教育内部不同层次之间的协调发展,本科、研究生等不同层次的高等教育需要协调发展,以满足不同层次人才的需求。因此,该方面选取"研究生数量"和"本科生数量"作为代表性指标。

第三,从绿色发展维度来看。高等教育高质量发展的绿色发展维度是一个全面、多层次的过程,关注学习者个体的全面和自由发展。因此,该维度主要包含信息化实物数量、信息化资产价值和生活环境三个指标,它们相互关联、相互促进,共同推动着高等教育机构在信息化和绿色化方面发展。在高等教育绿色发展中,信息化实物数量主要指的是与教育信息化相关的物理设备、设施的数量。在绿色发展的背景下,这些信息化实物数量的增加应伴随着能源利用效率的提升和环保性能的优化,以实现绿色化、低碳化的发展目标。本书选择"网络多媒体教室数量"作为信息化实物数量的代表性指标。信息化资产价值则是指高等教育机构在信息化方面的投入所形成的资产的总价值,本书选取"信息化设备资产值"来衡量信息化资产价值。生活环境在高等教育绿色发展中主要指的是校园环境的质量,良好的生活环境不仅有助于师生的身心健康,还能提升教学和科研活动的效率。在绿色发展理念下,高等教育机构应注重校园环境的改善和保护,通过绿化校园等措施,减少对环境的负面影响,提升校园环境的整体质量。因此,本书选取"校园绿化用地面积占比"和"校园运动场地面积占比"来衡量生活环境。

第四,从开放发展维度来看。高等教育开放发展维度的核心在于推动教育国际化,通过开放和合作,提升教育质量和国际竞争力,培养满足全球化需要的人才。因此,开放发展主要分析国家学术参与这一方面。国家学术参与是指不同国家之间在政治、经济、文化等领域进行的交流与合作,旨在促进国家间的相互了解、合作与发展。它影响着高等教育的质量和国际化水平,高等教育机构应积极寻求与国外高校和机构的合作,包括教师互访、合作研究等,以促进教育资源的共享和互补,吸引国际学生和教师来华学习、工作,同时鼓励本国学生和教师赴海外交流学习。因此,本书选取"主办国际会议数"和"出席国际会议人次"作为国际学术参与的代表性指标。通过国际学术参与,高校可以借鉴国际先进的教育理念、教学方法和管理经验,提高教育质量和学术水平,培养学生的跨文化交流能力和国际视野。

第五,从共享发展维度来看。高等教育的共享发展强调教育资源的普惠性,即教育资源和成果应惠及更广泛的社会成员。因此,本书分别从普惠受益主体和多元办学主体两个层面进行评价,通过实现教育资源的普惠共享和办学主体的多元化,可以进一步提高高等教育的质量和效益,为社会培养更多高素质的人才。高等教育的普惠受益是一个涉及教育公平、普及和质量提升的多维度概念。在我国,这个概念特别强调教育公平的重要性,即确保所有人都能享有受教育的机会并从中受益。这种普惠性教育不仅关注城市和发达地区的学生,也关注农村和贫困地区的学生,以及残疾儿童的教育需求。因此,本书选取"每10万人口高等教育平均在校生数"作为普惠受益主体的代表性指标。高等教育的多元办学强调办学主体的多元化,这不仅包括公办和民办教育的发展,还涉及政府、社会、学校等多方面关系的调整。因此,本书选取"民办的其他高校"、"普通高校"和"成人高等学校"三个官方统计数量作为多元办学主体的代表性指标。

3.4 中国省域高等教育高质量发展现状分析

3.4.1 数据来源及权重分析

本节的研究时间范围为 2013—2022 年。数据来源除包含上述数字化指标来源外，还包括《中国教育经费统计年鉴》《中国科技统计年鉴》《中国人口与就业统计年鉴》以及官方比赛获奖结果等文件。其中，本节关于年鉴类数据的统计年份皆为年鉴出版年份。运用 STATA 17 软件测算具体指标的权重系数可知，创新发展维度对高等教育高质量发展具有极大的影响，权重系数高达 0.349；开放发展和共享发展维度的影响较小，权重系数分别为 0.133 和 0.160。在高等教育高质量发展方面，创新发展中创新产出指标权重最大，在该维度中占有重要地位；协调发展中区域协调和层次结构协调两个二级指标的权重较大；绿色发展中生活环境指标的权重最大；共享发展中多元办学主体指标所占权重较大。

3.4.2 2013—2022 年中国高等教育高质量发展综合指数平均值

基于高等教育高质量发展水平测度指标体系，测算 2013—2022 年中国高等教育高质量发展综合指数。2013—2022 年，各省份综合指数平均值见表 3-8。其中，北京、上海的平均值远超 0.040，在高等教育领域遥遥领先，处于领先地位；海南、青海则与之相反，是全国仅有的两个平均值低于 0.010 的省份。为了进一步探究高等教育高质量发展的差异性特征，将我国 31 个省份分为三个梯队，分界点分别为 0.040 和 0.020，具体情况如图 3-9 所示。第一梯队为江苏、北京和上海，其能够成为最高梯队的主要原因在于，这些地区的高等教育能够获得大量的政府资金投入和政策支持；政府和相关机构对教育的重视程度高，投入的资源多，为高校提供了良好的科研和教学条件；拥有众多历史悠久、学术实力雄厚的高校，这些高校聚集了大量的优秀教师和研究人员，为学生提供了高质量的教育资源。2013—2022 年，高等教育高质量发展综合指数平均值最高的是东部地区，平均值排名前五的均为东部地区省份，东部地区整体高等教育质量一直处于领先状态。

表 3-8　2013—2022 年中国高等教育高质量发展综合指数平均值

省份	平均值	省份	平均值	省份	平均值
北京	0.086	安徽	0.019	重庆	0.018
天津	0.030	福建	0.018	四川	0.029
河北	0.017	江西	0.015	贵州	0.015
山西	0.017	山东	0.031	云南	0.011
内蒙古	0.011	河南	0.020	西藏	0.014
辽宁	0.030	湖北	0.030	陕西	0.029
吉林	0.019	湖南	0.025	甘肃	0.014
黑龙江	0.025	广东	0.034	青海	0.008
上海	0.067	广西	0.011	宁夏	0.010
江苏	0.040	海南	0.009	新疆	0.011
浙江	0.029	—	—	—	—

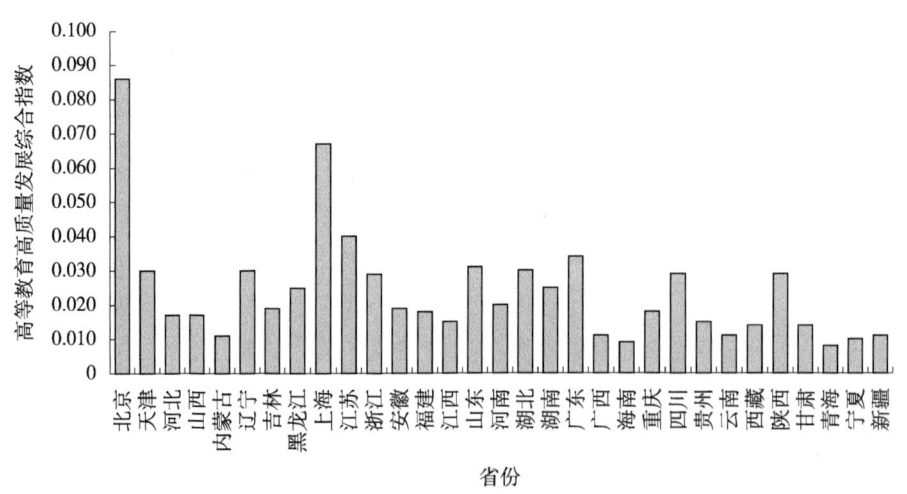

图 3-9　2013—2022 年中国高等教育高质量发展水平柱状分布

3.4.3　2013—2022 年中国高等教育高质量发展水平增长率

2013—2022 年，相对于其他省份来说，贵州高等教育高质量发展水平提升速度较快，通过对贵州各项具体测度指标的分析和整理，发现其增长率较大的原因主要是创新产出中的技术转让实际收入的大幅度提升，由 2013 年的 91.8 万元增长到 2022 年的 1127.5 万元，单项指标的增长率就达到了

1128.21%，而创新产出占比为 0.218，所占比重较高。贵州出台了多项政策和实施方案来促进专利技术转化和中小企业创新发展。例如，科技部办公厅、贵州省人民政府办公厅共同印发了《"科技入黔"推动高质量发展行动方案》；2022 年，贵州省技术合同成交额占贵州省 GDP 比重达 1.94%。该省强调要提升知识产权创造质量、加强知识产权运营服务体系建设等；除此之外，其还实施了技术转移体系建设方案，旨在通过建立需求导向的科技成果供给机制，加快技术转移体系的建设。在"十三五"期间，贵州省的科技投入显著增加，全社会研发经费投入持续增长，科技产出效率大幅提高，专利发明量大幅增加。2013—2022 年，除贵州外的其他省份的高等教育高质量发展水平增长率如图 3-10 所示，可以发现，所有省份均为正向增长率。为了探究 2013—2022 年高等教育高质量发展整体增长情况的空间演变特征，运用自然间断点分级法将各省份增长率分为三个梯度，借助 ArcGIS 软件进行可视化呈现，颜色由浅到深代表增长率由大到小，如图 3-11 所示，分界点分别为 1.035 和 2.927。从不同区域来看，东部地区、东北地区、西部地区、中部地区的平均增长率分别为 0.688、0.314、2.561、0.724，平均增长率最高的地区为西部地区，主要是因为贵州省的高增长率使该区域的平均增长率大幅提升。

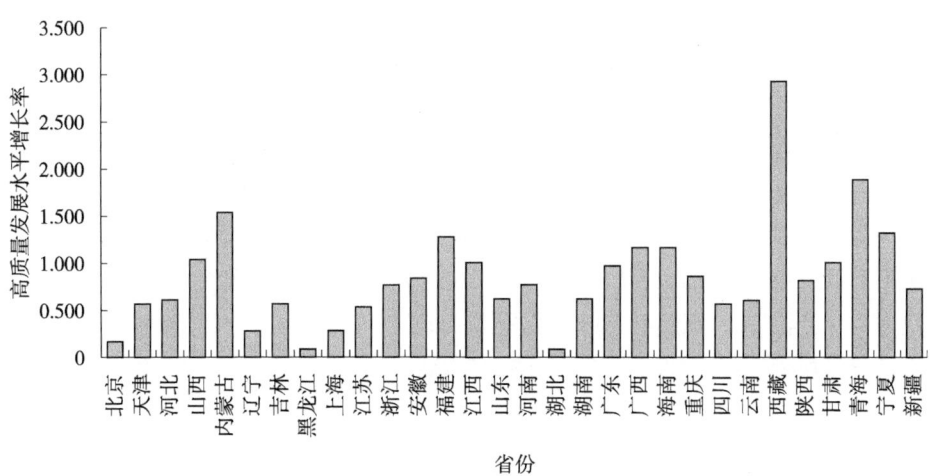

图 3-10　2013—2022 年中国高等教育高质量发展水平增长率（贵州除外）

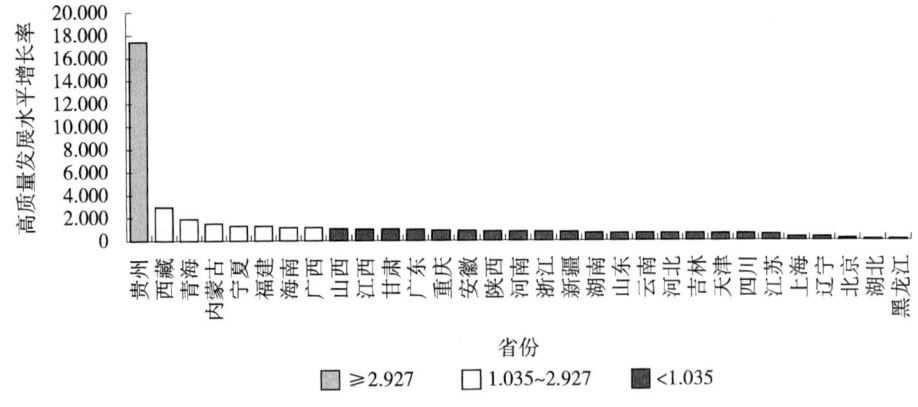

图 3-11　2013—2022 年中国高等教育高质量发展水平增长率等级分布

3.4.4　2022 年中国高等教育高质量发展水平

2022 年，综合指数排名前五的分别为东部地区的北京、上海、广东和江苏四个省份，另外一个则为在 10 年间突飞猛进的贵州。从不同区域来看，东部地区、东北地区、西部地区、中部地区 2022 年的平均值分别为 0.043、0.027、0.023、0.026，平均值最高的为东部地区。由此可见，2022 年东部地区整体发展水平高于其他地区，而其他三个地区发展较均衡，应向东部地区高等教育机构和政府进行针对性学习。例如，北京、上海、广东和江苏等东部省份的高等教育机构在学术声誉、科研影响力、教育资源投入等方面表现突出；这些省份的高校不仅地理位置优越，而且经济支持强劲，有助于吸引和保留高水平师资，提升教育质量。为了直观地感受我国不同地区高等教育高质量发展水平，运用自然间断点分级法将各地区 2022 年高等教育高质量发展水平综合指数分为三个梯度，借助 ArcGIS 软件对东部地区、东北地区、西部地区、中部地区进行可视化呈现，如图 3-12~图 3-15 所示。

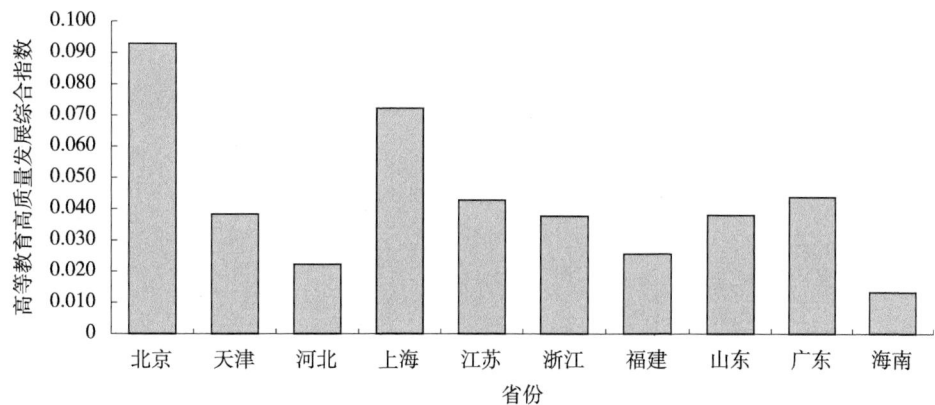

图 3-12 2022 年东部地区高等教育高质量发展水平柱状分布

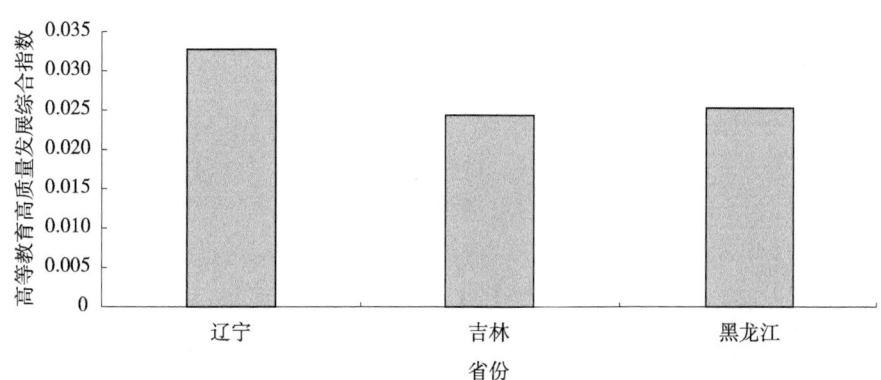

图 3-13 2022 年东北地区高等教育高质量发展水平柱状分布

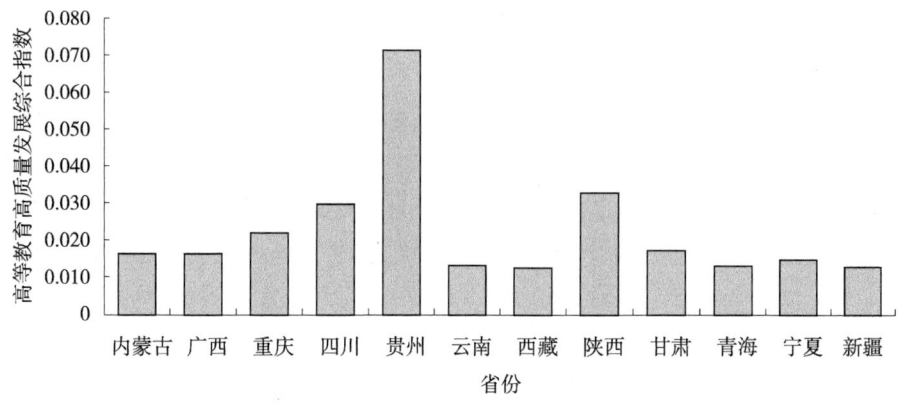

图 3-14 2022 年西部地区高等教育高质量发展水平柱状分布

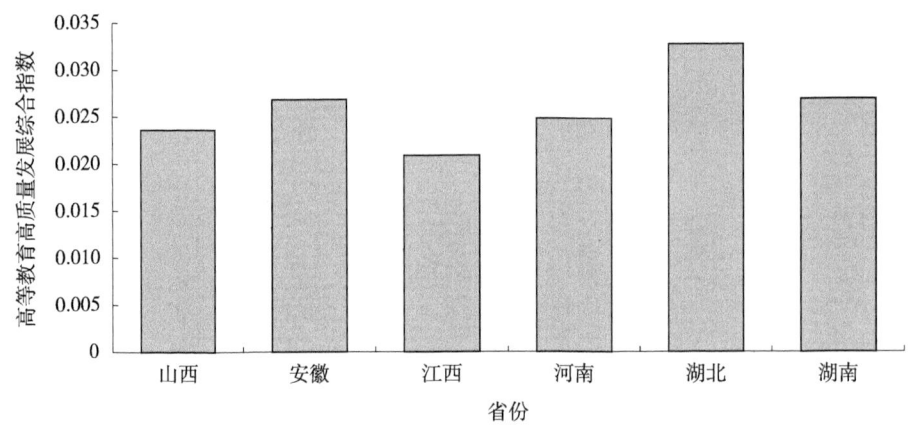

图 3-15　2022 年中部地区高等教育高质量发展水平柱状分布

3.4.5　中国高等教育高质量发展水平区域差异综合分析

我国东部地区资源集聚、质量领先，该区域凭借其经济优势和开放的政策环境，吸引了大量优质高等教育资源，高等教育高质量发展水平远超其他地区，且在各个维度上均表现出显著优势。北京、上海等地集中了全国顶尖的高校，这些高校在学术声誉、科研影响力、教育资源投入等方面均处于领先地位。中部地区高等教育的发展相对均衡，各省之间差距不大，部分省份在特定领域已经形成一定的特色和优势，例如，湖北省在高等教育领域一直处于中部领先地位，拥有众多"双一流"建设高校。西部地区的高等教育高质量发展基础相对薄弱，但近年来也取得了显著进步。例如，贵州省在创新产出方面的快速增长，使其高等教育高质量发展水平增长率位居全国前列，这主要得益于贵州省在"十三五"期间对科技创新的高度重视以及一系列促进科技成果转化政策的实施。东北地区底蕴深厚、亟待振兴，该区域拥有较为深厚的高等教育底蕴，但近年来面临一些挑战，需要进一步深化改革，提升创新能力，以适应新时代的发展需求。为了提高全国高等教育高质量发展水平，应加强区域间的合作与交流。东部地区应发挥示范引领作用，分享其高等教育发展的经验和资源，帮助中部、西部地区提升高等教育质量。中部、西部地区应结合自身实际情况，制定适合本地区的高等教育发展战略，加大对高等教育的投入力度，加强师资队伍建设，提高教育教学质量，以实现高等教育的高质量发展。同时，政府应出台相关政策，引导资源向中部、西部地区倾斜，促进区域间高等教育的均衡发展。

3.5 数字化与高等教育高质量发展现状的关系

结合前文对数字化和高等教育高质量发展的概念的分析可知，高等教育数字化是指将信息技术、数字资源、网络平台及智能工具等深度融入高等教育的各个环节，从而推动教育模式、教学方法、学习资源、管理手段及评估体系的全面革新与转型，若高等教育既能全面助力个体成长，又能有效契合社会经济发展需求，则视为实现了高质量发展。数字化是直接影响甚至决定高等教育高质量发展的重要因素，数字化情境会促进课程教学的形态变革。本书根据第3.4节省域数字化和高等教育高质量发展综合指数分析两者之间可能存在的联系。2013—2022年高等教育数字化和高质量发展水平综合指数如图3-16和图3-17所示。其间，高等教育数字化呈现出明显的上升趋势，从2013年的0.074增长至0.190（2021年峰值），虽然在2022年略有下降，但整体增长趋势依然显著。与此同时，高等教育高质量发展综合指数也呈现出稳步增长的态势，从2013年的0.018增长至2020年的0.030。

将数字化与高质量发展综合指数进行对比分析，可以发现两者之间存在一定的正相关关系。尽管在某些年份（如2022年），数字化综合指数略有下降而高质量发展综合指数保持稳定或略有下降，但整体上两者均呈现出较为一致的上升趋势，表明高等教育的数字化进程在一定程度上促进了其高质量发展。数字化技术的应用不仅提升了教学效率和质量，还促进了科研创新和国际合作，为高等教育的高质量发展提供了有力支撑。在图3-17中，折线图为不同区域高质量发展综合指数平均值，柱状图为不同区域数字化综合指数平均值，数字化与高等教育高质量发展在不同区域同样呈现出趋势一致的特点，两者之间存在一定程度的正相关关系。东部地区的数字化和高质量发展指标均处于领先地位，且增长速度相对较快，中部、西部和东北地区虽然起点和增长速度有所差异，但数字化与高质量发展指标的整体趋势均保持一致，进一步表明了数字化与高等教育高质量发展之间的正相关关系。

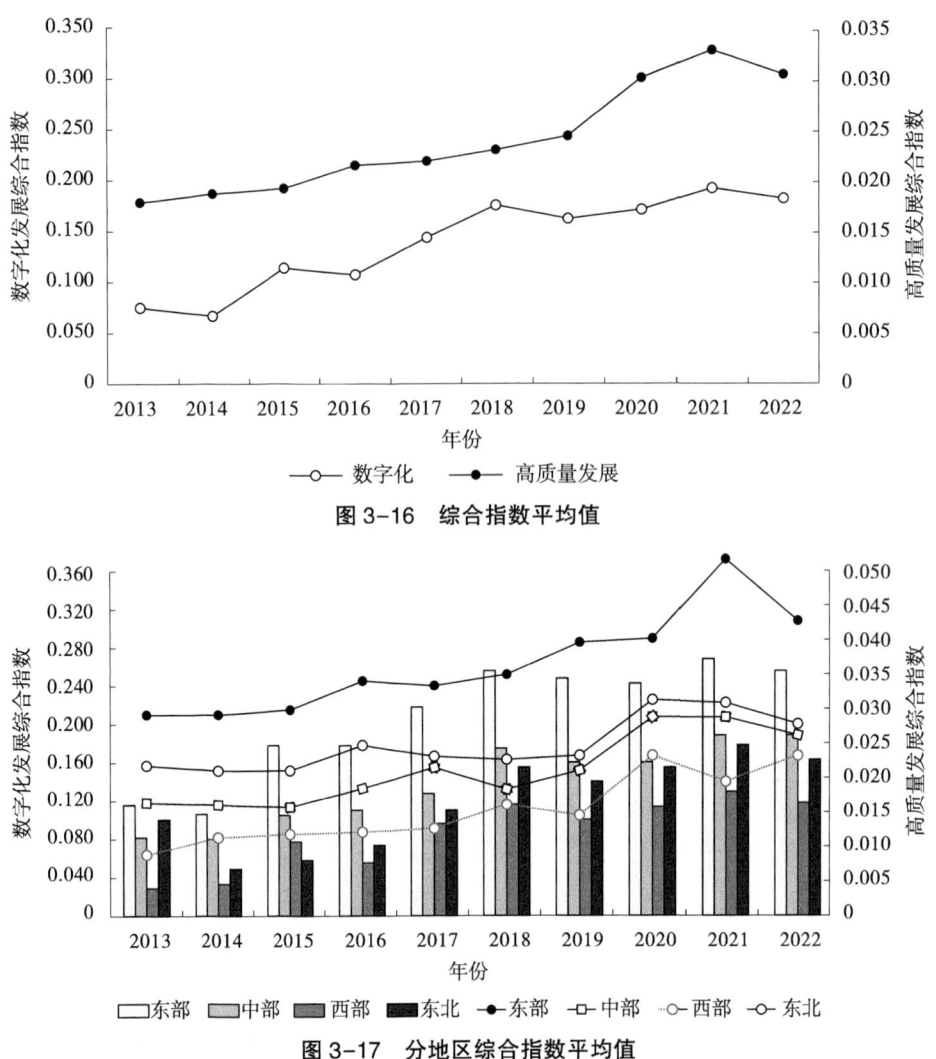

图 3-16 综合指数平均值

图 3-17 分地区综合指数平均值

3.6 本章小结

本章首先确立评价因素识别的原则，并识别出高等教育数字化的关键因素，采用扎根理论进行系统编码，得到 13 个主范畴以及 3 个核心范畴；其次，构建高等教育高质量发展评价指标，并具体说明了每个评价指标的测量指标。在数据来源方面，确保了数据的权威性和可靠性。通过对我国数字化和高等教育高质量发展水平的综合分析，发现在数字化方面，北京的平均值高居榜首，西藏、新疆、宁夏和青海等西部地区省份的数字化发展综合指数较低，东部沿海省份普遍具有较高的数字化发展综合指数；2013—2022年，相对于其他省份来说，青海和宁夏的数字化发展指数增长速度较快；2022年平均值最高的为东部地区。在高质量发展方面，各省份整体均呈上升趋势，但自2019年起存在波动。2013—2022年，北京、上海的平均值远超0.050，处于领先地位；贵州高等教育高质量发展水平增长率最高，增长速度较快的主要原因在于创新产出中的技术转让实际收入的大幅度提升；2022年高等教育发展水平综合指数排名前五的省份为北京、上海、广东、江苏和贵州，东部地区平均值远高于其他地区，其他三个地区发展较均衡。将数字化与高质量发展综合指数进行对比分析可知，尽管在某些年份（如2022年），数字化指数略有下降而高质量发展指数保持稳定或略有下降，但整体上两者均呈现出较为一致的上升趋势，说明高等教育的数字化进程在一定程度上促进了其高质量发展。

第 4 章
省域视角下数字化对高等教育高质量发展的影响机制研究

4.1 变量测量

本章数字化对高等教育高质量发展的影响机制研究中，接入条件、数字基础设施、教育资源规模、学科环境建设、科研投入、数字政策环境、数字化人才培养、协同育人、价值转化 9 个变量的具体测量指标见第 3.2 节。在结构方程模型中，潜在变量是指不能直接观测到的抽象概念，通常是通过观察多个相关的指标或显变量来推断其存在和水平的，可以有一个或多个潜在变量；观测变量是可以直接观测和测量的变量；误差变量代表显变量的测量误差，或者在结构方程中，代表模型中未能解释的变异；路径系数表示潜在变量与显变量之间关系的强度和方向。观测变量理论上可以只有一个，但在实践中，为了更准确地估计潜在变量的水平，通常每个潜在变量会有多个显变量作为指标。因此，在结构方程检验部分，结果变量——高等教育高质量发展，以新发展理念为出发点，兼顾相关统计数据的可得性构建评价指标（具体指标情况见第 3.4 节），选取创新发展、绿色发展等五个方面作为观测变量。

4.2 基于多重共线性检验的关键因素筛选

多重共线性指的是某些自变量之间高度相关的现象，共线性是指某个变量能通过其他变量的线性组合得到，其本质是加入了额外的变量。共线性问题主要出现在输入的自变量之间存在较高线性相关度的情况下，其会导致回归模型的不稳定和参数的置信区间估计不准确，回归系数的标准误增大，影响参数的显著性，进而导致在此基础上计算的统计结果不准确，甚至可能导致变量间的关系与实际情况和理论不符，并且可能浪费计算资源。因此，本节在构建结构方程模型之前，首先进行多重共线性检验，以去除对因变量影响效应较一致的多余变量，提升模型的有效性。

多重线性检验是用于检测回归模型中自变量之间是否存在高度相关性的过程，主要关注容忍度和方差膨胀因子两个方面：容忍度是一个变量的方差与其他所有变量方差的比例，容忍度越低，多重共线性越严重；方差膨胀因子（VIF）用于检测多重共线性，VIF 值越大，表示模型中共线性问题越严重。在进行多重共线性检验前，先构建多元回归模型，设定因变量 Y 和自变量 W_1、W_2、W_3、W_4、S_1、S_2、S_3、S_4、R_1、R_2、R_3、R_4、R_5。多元回归模型的基本形式为：

$$Y = \beta_0 + \beta_1 W_1 + \beta_2 W_2 + \beta_3 W_3 + \beta_4 W_4 + \beta_5 S_1 + \beta_6 S_2 + \beta_7 S_3 + \beta_8 S_4 + \beta_9 R_1 + \beta_{10} R_2 + \beta_{11} R_3 + \beta_{12} R_4 + \beta_{13} R_5 + \varepsilon$$

式中，β_0 是截距项；β_1，β_2，…，β_{13} 是各自变量的回归系数；ε 是误差项，使用统计软件对模型进行估计。

一般情况下，认为 VIF>5 时，自变量间的多重共线性比较严重，因此考虑对 VIF 值较高的变量进行处理，如选择移除 VIF 值最高的变量，以减少共线性问题，然后重新运行回归模型，并检查 VIF 值是否有所降低。移除数字资源、数字就业环境、人力资源、国际交流与合作四个变量后的 VIF 结果如表 4-1 所示，VIF 最大值为因变量的观测变量 Y_1，VIF=3.564，小于 5，其他变量也均远小于 5，说明模型的多重共线性问题并不严重。

表 4-1　最终方差膨胀因子（VIF）结果

变量	VIF
Y_1	3.564
Y_2	2.075
Y_3	1.019
Y_4	2.419
Y_5	2.225

续表

变量	VIF
价值转化	2.485
协同育人	1.449
学科环境建设	2.216
接入条件	2.300
教育资源规模	1.047
数字化人才培养	1.892
数字基础设施	2.354
数字政策环境	1.129
科研投入	2.324

4.3 数字化对高等教育高质量发展的影响研究假设

在数字化背景下，高等教育高质量发展水平的提升是多资源要素协同作用的结果。WSR 理论三个层面的相关要素主要包括客观条件（物理）、运行情况和逻辑（事理）以及具有主观能动性的主体（人理）。基于上述分析，本书整合了不同层面的异质性评价因素，从物理、事理和人理三个角度对数字化推动高等教育高质量发展水平提升的评价因素展开研究。

4.3.1 物理层面与高等教育高质量发展

物理层面主要是指系统演化过程中客观存在的因素[67]，重点关注"是什么"的问题。在高等教育数字化发展背景下，其物理因素是指区域数字化发展过程中客观存在的因素。由第 3.1 节的扎根结果可知，客观物理因素包括接入条件、数字基础设施、教育资源规模。

首先，接入条件包括网络速度、网络带宽、网络连接稳定性、接入设备的普及率等，这些条件不仅决定了技术能否被有效应用于教育场景，还直接影响到教育资源的可及性和教育质量的提升。良好的网络接入条件能够支持在线课程、虚拟实验室等数字化教学模式，从而为学生提供更加丰富和个性化的学习体验。接入条件的不平等可能导致教育机会的进一步分化，而高质量的接入条件目标为通过优化信息传输通道，推动教育资源的普惠性应用。[68] 其次，资源依赖理论（resource dependency theory）强调，教育机构依赖高质量的数字资源来提升教学效果，资源的可访问性和质量直接影响学习效果。[69] 在高等教育数字化转型中，数字基础设施是实现技术有效应用的前提条件，良好的基础设施能够降低技术使用的难度，增强用户对技术的接受度和使用意愿。此外，基础设施的完善与否还直接影响到教师和学生对数字化教学资源的可及性和使用体验，进而影响教育质量。[70] 教育资源规模和质量（如教学和科研仪器设备资产的投入）能够直接影响教育技术的有效应用和教育质量的提升，通过优化教育资源的配置和投入，可以缩小教育差距，提升教育的整体质量。这与高等教育高质量发展的目标一致，即通过资源的合理分配和利用，推动教育的创新和可持续发展。[68]

基于以上已有研究的结果与理论分析讨论，本书提出以下假设。

H1：数字化物理层面对高等教育高质量发展具有正向的影响作用。

4.3.2 事理层面与高等教育高质量发展

"事理"是指通过总结实践中的道理及客观规律指导人们认识和改造环境的因素以及人们对环境的改造情况。[71] 由扎根结果可知，事理层面因素包括学科环境建设、科研投入、数字政策环境。

在数字技术的支撑下，高等教育需要动态优化学科结构，以增强与国家战略、经济社会发展的契合度，并提升教育服务能力。[26] 高等教育机构应该寻求发展的机会，提高教育质量和引入创新的机会。[37] 具体而言，政府要参与数字项目的顶层设计，统筹资源要素分配并提供经费保障；学校在顶层设计的框架设置下，应提供足够的科研服务人员开展数字化项目的实施；而企业则应基于社会责任和自身发展的需求，为数字化人才提供就业资源保障。

基于以上已有研究的结果与理论分析讨论，本书提出以下假设。

H2：数字化事理层面对高等教育高质量发展具有正向的影响作用。

4.3.3 人理层面与高等教育高质量发展

人的力量和主观能动性不可忽视，在实践中需要充分依靠人的能力。本书选取的人理因素主要包括数字化人才培养、协同育人、价值转化和国际交流与合作，人作为环境和实践活动的参与者、决策者和创造者，在数字化背景下不断塑造和改变着环境。

高等教育高质量发展的一个关键方式是培养能够创造新知识和应用新技术以实现可持续发展目标的人才，这些创新个体是促进高等教育高质量发展的关键。高等教育学习者是能够促进国家创新和发展的高技能劳动力，他们的创新表现对于实现可持续发展目标具有重要意义。[35] 高等教育需要提高教育者和学习者的数字技能，以充分利用数字化育人的潜力，教学人力资源的完善在确保专业发展和实践可持续性方面发挥着重要作用。[36] 协同育人强调打破教育与产业、学校与社会之间的壁垒，形成教育共同体，该机制能够有效整合各方资源，提升教育资源的利用效率，促进教育公平与质量提升。协同育人可以更好地满足学生多样化的需求，培养适应社会和产业发展需求的高素质人才。数字化发展不仅涉及技术的嵌入，还需要通过组织结构创新和育人生态的塑造来实现教育的高质量发展，科技成果转化应用在这一过程中起着关键作用，它能够促进教育与产业的深度融合，推动教育模式的创新和人才培养质量的提升。国际交流与合作能够促进知识共享、资源互补和创新能力的提升，高校可以引进先进的教育理念、教学方法和科研资源，提升教育质量和国际竞争力。同时，跨文化交流有助于培养学生的全球视野和跨文化沟通能力，增强其综合素质，推动高校参与全球学术网络，提升科研水平和国际影响力。

基于以上已有研究的结果与理论分析讨论，本书提出以下假设。

H3：数字化人理层面对高等教育高质量发展具有正向的影响作用。

4.4 基于结构方程的实证检验

偏最小二乘结构方程模型（Partial Least Squares-Structural Equation Modeling，PLS-SEM）和基于协方差的结构方程模型（Composite-Based Structural Equation Modeling，CB-SEM）是结构方程模型的两种主要形式。本书选择PLS-SEM而非CB-SEM，其原因如下：首先，PLS-SEM能够最大化内生潜在变量的解释方差，而CB-SEM则是基于仅考虑测量指标共同变异的公因子模型进行计算。因此，在复合模型适用且基础总体模型未定的情况下，PLS-SEM是估计概念变量间关系的更稳健选择。其次，PLS-SEM专注于预测理论和检验变量间的交互作用，尤其是在处理多构面的复杂模型方面，其展现出其他方法难以比拟的优势。再次，CB-SEM对数据分布和样本量要求更为严格，而 PLS-SEM 在小样本和非正态分布数据研究中表现更佳。最后，PLS-SEM 是一种因果预测方法，允许研究人员评估结果的预测质量。基于以上特点，PLS-SEM 更符合本书需求，本书采用 Smart PLS v3.2.6 统计软件进行分析，并依据两阶段法（测量模型和结构模型）对研究假设进行验证。[72]

在结构方程模型潜在变量的观测变量选择中，统计学角度要求至少需要两个观测变量来估计潜在变量的方差和协方差，从而确保模型的可识别性；测量学角度指出多个观测变量可以提高潜在变量的测量信度和效度，减少测量误差的影响。因此，本书中高等教育高质量发展这一潜在变量的观测变量就以第 3.2 节的指标构建考虑，选择创新发展、协调发展、绿色发展、开放发展、共享发展五个维度的综合测量值作为高等教育高质量发展的观测变量。

4.4.1 影响模型构建

依据相关文献，本章提出了三条研究假设，假设数字化物理层面（W）、事理层面（S）、人理层面（R）均对高等教育高质量发展具有正向的影响作用，研究模型如图 4-1 所示。

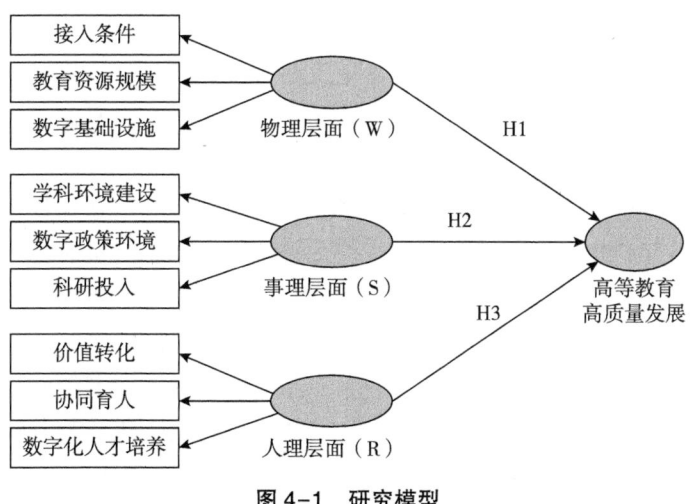

图 4-1 研究模型

4.4.2 描述性分析和信效度检验

由表 4-2 可知，事理层面（S）→高等教育高质量发展的初始样本值（0.493）和样本均值（0.480）两者接近，表明样本数据在事理层面的集中趋势较为明显；标准差（0.091）较小，表明样本数据的离散程度较小，数据分布集中，且样本均值与初始样本值之间的差异显著；95% 置信区间为 [0.339，0.637]，偏差为 -0.013，偏差修正的 95% 置信区间为 [0.375，0.686]，置信区间较宽，初始样本值位于区间内，偏差较小，估计较为可靠。人理层面、物理层面同样数据分布集中，样本均值与初始样本值之间的差异显著，偏差较小。

表 4-2　描述性分析

路径	事理层面（S）→ 高等教育高质量发展	人理层面（R）→ 高等教育高质量发展	物理层面（W）→ 高等教育高质量发展
初始样本（O）	0.493	0.324	0.120
样本均值（M）	0.480	0.316	0.168
标准差（STDEV）	0.091	0.089	0.072
5.0%	0.339	0.166	0.064
95.0%	0.637	0.458	0.282
5.0%（偏差修正）	0.375	0.179	0.021
95.0%（偏差修正）	0.686	0.470	0.233

组合信度（CR）为结构方程首选信度指标，用于评估内部一致性的可靠性。CR 值范围通常为 0~1，值越大，表示信度越好，即测量结果的稳定性和一致性越高，一般标准为 $CR \geq 0.7$，$CR \geq 0.8$ 时为优秀。由图 4-2 可知，事理层面为 0.834，人理层面为 0.834，物理层面为 0.780，高等教育高质量发展为 0.865，即 CR 均在 0.750 以上，大于一般标准门槛，且有三个变量大于 0.8，说明变量的内部一致性很高。基于 AVE 对收敛效度进行分析，由图 4-3 可知，所有变量的 AVE 均大于 0.5，表明其具有较好的收敛效度。弗奈尔-拉克准则（Fornell-Larcker criterion）是用于评估结构方程模型中区分效度的一种方法，该准则认为如果每个潜变量的 AVE 的平方根大于其与其他潜变量的相关系数，则区分效度良好。各变量的 AVE 平方根如表 4-3 所示，分别为 0.894、0.892、0.861、0.879，比较 AVE 的平方根与相关系数可知，事理层面的 AVE 平方根（0.894）大于与其他所有潜变量的相关系数（0.816，0.735，0.845）；人理层面的 AVE 平方根（0.892）大于与其他所有潜变量的相关系数（0.816，0.642，0.803）；物理层面的 AVE 平方根（0.861）同样大于与其他所有潜变量的相关系数（0.735，0.642，0.690）；高等教育高质量发展的 AVE 平方根（0.879）大于其与其他所有潜变量的相关系数

(0.845，0.803，0.690)，均满足准则。这表明这些潜变量之间具有良好的区分效度，也意味着这些潜变量在概念上是有所区别的，不是简单地测量同一构念的不同方面。综上所述，本书所使用的变量具有较好的信度与效度，在进一步的分析和模型构建中，可以放心地使用这些潜变量。

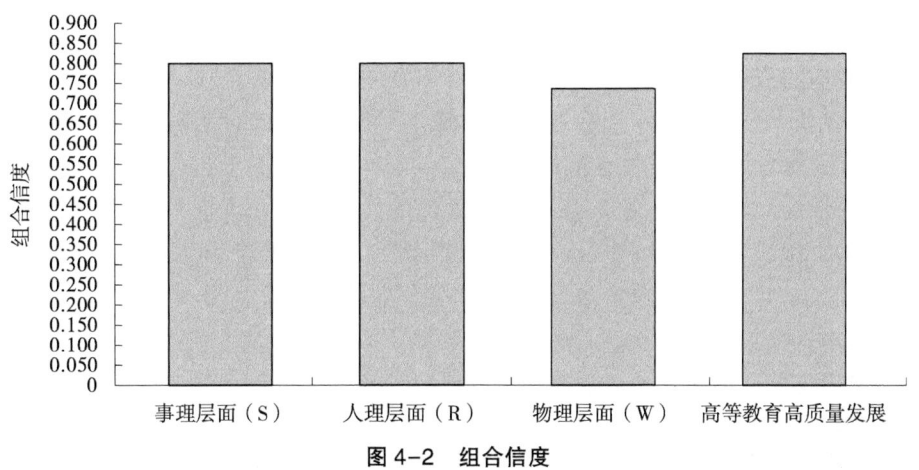

图 4-2　组合信度

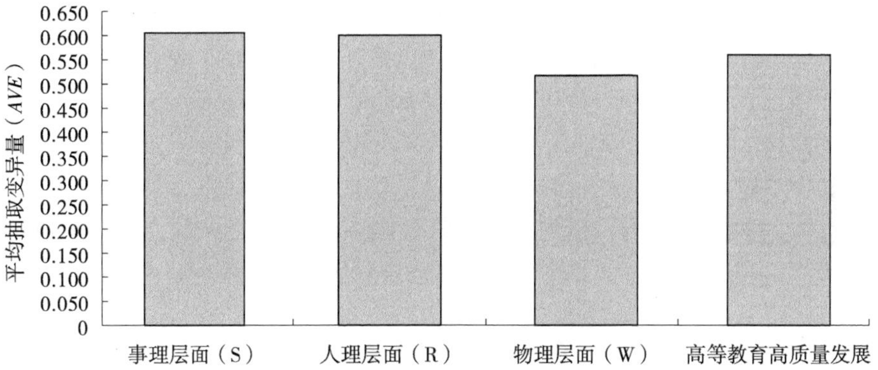

图 4-3　平均抽取变异量

表 4-3　弗奈尔-拉克准则

变量	事理层面（S）	人理层面（R）	物理层面（W）	高等教育高质量发展
事理层面（S）	0.894	—	—	—
人理层面（R）	0.816	0.892	—	—
物理层面（W）	0.735	0.642	0.861	—
高等教育高质量发展	0.845	0.803	0.690	0.879

4.4.3 结构模型评估

决定系数（R^2）、调整后的决定系数（调整后的 R^2）、预测相关性（Q^2）用于评估模型的拟合程度。其中，R^2 代表因变量的变异可被自变量所能解释的比例。[73] 其值为 0~1，数值越大，代表解释能力越强；越接近 1，表示模型的拟合度越高。通常来说，R^2 在 0.250 附近被认为解释力稍弱；在 0.500 附近被认为模型具有中等程度的解释力；在 0.750 附近时被认为模型具有较强的解释力。在结构方程模型验证中，Q^2 统计量用于量化观测变量的预测关联强度，其评估过程是基于非参数统计估计方法。该指标通过偏最小二乘结构方程模型软件（Smart PLS）实施样本外预测验证程序，具体采用 blindfolding 与 PLS 预测程序来计算残差变异数的估计值。当 Q^2 统计量大于零时，表明预测关联具有统计显著性；其数值大小与预测精度呈正相关关系，即 Q^2 值越大，预测模型对观测变量的解释力越强，预测结果与实际情况的相关性越强。

由表 4-4 可知，R^2 为 0.760 表示模型解释了约 76% 的因变量变异，调整后的 R^2 为 0.757 则是在考虑了模型中自变量数量影响后的调整值。调整后的 R^2 略小于 R^2，但仍然高于 0.750，说明在考虑了自变量数量后，模型的解释力仍然较强。SSO 表示，残差平方和（Sum of Squares for Error，SSE）小于观测值的总变异性（Sum of Squares for Observed，SSO），且两者之间存在明显差异，说明模型在一定程度上减少了预测误差；Q^2 为 0.610，即模型拟合了观测值变异的 61%，说明该模型能够较好地捕捉数据的变异性。这两个数值都表明模型的拟合度较高，并且能够较好地解释因变量的变异。

表 4-4　结构方程模型结果

变量	R^2	调整后的 R^2	Q^2
事理层面（S）	—	—	—
人理层面（R）	—	—	—
物理层面（W）	—	—	—
高等教育高质量发展	0.760	0.757	0.610

4.4.4 假设检验

在上述模型拟合度检验结果良好的基础上，本书通过统计软件进行假设检验，运用 PLS Algorithm 法和 Bootstrap 技术分别计算路径系数 β、模型的 p 值以及 f^2 值。模型运行、预测之后得到如图 4-4 所示的路径分析图，相关的检验结果如表 4-5 所示。物理层面（$\beta=0.120$，$p<0.05$）、事理层面（$\beta=0.493$，$p<0.001$）、人理层面（$\beta=0.324$，$p<0.001$）对高等教育高质量发展有显著的正向影响，H1~H3 均得到数据支持。本书还计算了效果大小 f^2，$0.02 \leqslant f^2 \leqslant 0.15$ 时，称为小效果解释力；$0.15 < f^2 \leqslant 0.35$ 时，视为中效果解释力；$f^2 > 0.35$ 时，视为大效果解释能力。[72] 事理层面、人理层面、物理层面对高等教育高质量发展的解释效果值 f^2 分别为 0.261、0.144、0.027，其中，事理层面对高等教育高质量发展的解释效果属于中效果解释力。

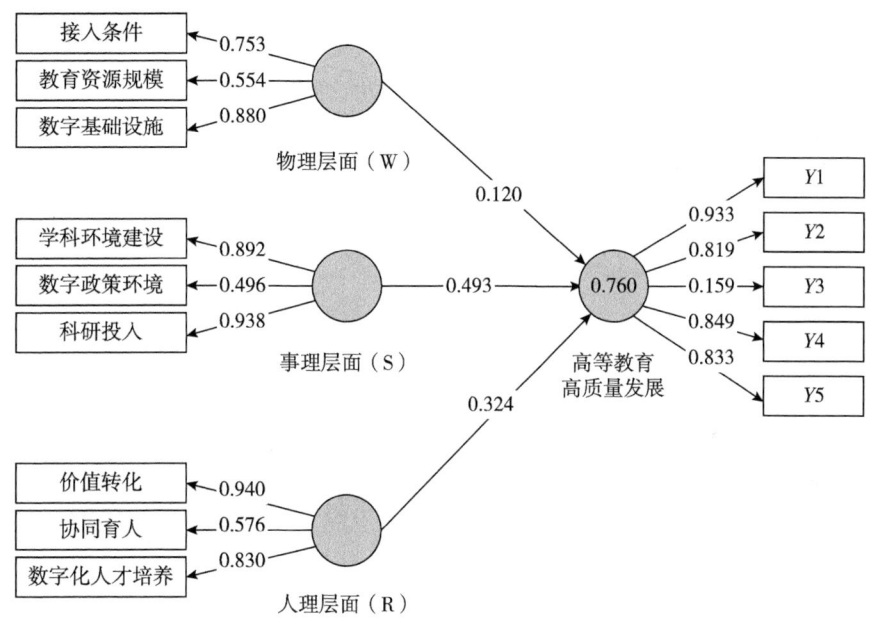

图 4-4　结构方程模型路径

表 4-5　检验结果

变量	路径系数 β	显著性 p	f^2
事理层面（S）	0.493	0.000***	0.261
人理层面（R）	0.324	0.000***	0.144
物理层面（W）	0.120	0.047**	0.027

注：** 表示 $p<0.05$；*** 表示 $p<0.01$。

4.5 本章小结

本章首先进行多重共线性检验,排除指标间的干扰,保证数据的独立性。其次,从 WSR 理论出发,根据文献分析和理论研究,诠释高等教育数字化评价因素内涵,并提出研究假设:数字化物理层面(W)、事理层面(S)、人理层面(R)均对高等教育高质量发展具有正向的影响作用。最后,运用结构方程模型进行深入分析,包括数据方法的选择、描述性分析和信效度检验,确保模型的可靠性和有效性,并通过结构模型评估和假设检验,发现物理层面、事理层面、人理层面均对高等教育高质量发展有显著正向影响,H1～H3 均得到数据支持。本章的研究为后续的具体路径研究提供了有力的支撑。

第 5 章

省域视角下数字化影响高等教育高质量发展的组态路径研究

5.1 数字化影响高等教育高质量发展的组态模型构建

本书研究对象选取 2013—2022 年我国 31 个省（自治区、直辖市），未将港澳台地区纳入研究。根据 QCA 方法的要求，当变量数量为 n 时，应选取案例数量为 $2^{n-1} \sim 2^n$。[73] 依据前文的检验结果，本书选取 9 个变量条件，共 310 条案例，符合定性比较分析的案例选择要求。数字化影响高等教育高质量发展的组态模型是基于前面章节的实证检验和机制研究构建的，具体的变量选取及理论依据见第 4 章。数字化影响高等教育高质量发展的组态模型如图 5-1 所示。

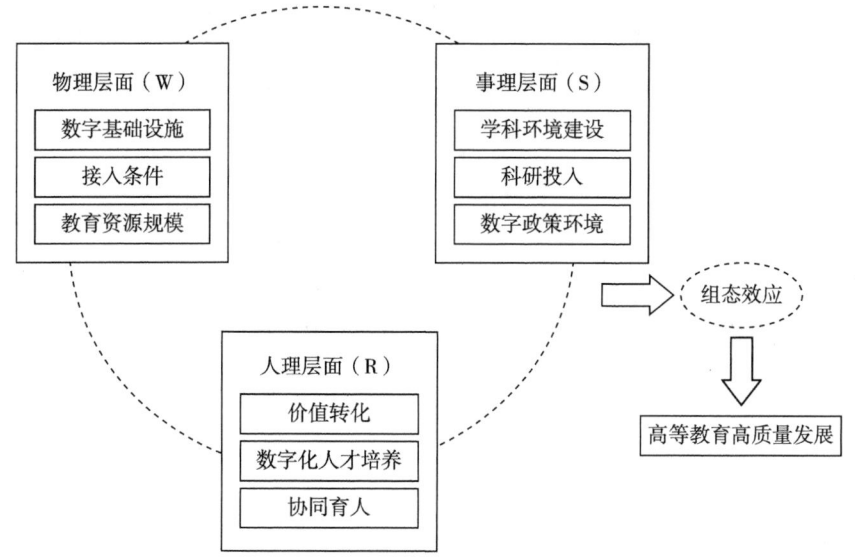

图 5-1 数字化影响高等教育高质量发展的组态模型

5.2 变量测量与校准

本章组态模型中接入条件、数字基础设施、教育资源规模、学科环境建设、科研投入、数字政策环境、数字化人才培养、协同育人、价值转化9个变量的具体测量指标见第3.2节。结果变量为高等教育高质量发展,本书以新发展理念为出发点,兼顾相关统计数据的可得性构建评价指标,具体指标情况见第3.4节,并运用熵值法和STATA 17统计软件测算高等教育高质量发展水平。

校准是指把数据转换为带有集合特点的数值,用直接校准法对数据进行校准。交叉点、完全不隶属、完全隶属的校准标准分别为0.500、0.050和0.950分位点。其中,数字政策环境为清晰集数据,无须校准。变量校准结果见表5-1。

表5-1 变量校准结果

变量名称		校准		
		完全隶属	交叉点	完全不隶属
结果变量	高等教育高质量发展	0.070170	0.019000	0.006445
条件变量	接入条件	6379.10	1780.00	204.15
	数字基础设施	620835.65	272069.00	30559.20
	教育资源规模	33.255	22.150	15.845
	学科环境建设	43	1	0
	科研投入	23326531.55	4052851.50	179851.05
	数字化人才培养	6138.35	176.50	0
	协同育人	1217.1	126.5	0
	价值转化	656237.2	62365.0	287.9

5.3 单个条件的必要性分析

必要性分析是要找到结果变量存在的必要条件,判断标准为汇总一致性高于 0.900。[74] 当汇总一致性较高,且调整距离小于 0.100 时,可以作为判断是否为必要条件的依据,大于 0.100 时要进一步探究其必要性。[75] 利用 R 和 RStudio 软件进行代码实现,分别输出不同条件变量与高等教育高质量发展、非高等教育高质量发展的详细必要性分析信息,如一致性（Consistencies）、汇总结果（Pooled）、覆盖度（Coverages）、一致性欧氏距离（Distances: Between to Pooled）,通常也会用到一致性调整距离。一致性欧氏距离与一致性调整距离的转换公式如下：

$$BECONS\ adjusted\ distance = \frac{BECONS\ distance}{\sqrt{\dfrac{n}{n^2 + 3n + 2}}} \quad (5-1)$$

$$WICONS\ adjusted\ distance = \frac{WICONS\ distace}{\sqrt{\dfrac{n}{n^2 + 3n + 2}}} \quad (5-2)$$

接入条件这一变量与高等教育高质量发展的聚类分析部分结果如下所示,指定单元标识符为 CITY,意味着聚类是按城市进行的;指定聚类标识符为 YEAR,意味着聚类是按年份进行的。

Consistencies：

Pooled: 0.801
Between 2013 (31):0.595
……
Between 2022 (31):0.884
Distances：

Between to Pooled:0.045
Coverages：

Pooled：0.771

Between 2013（31）：0.845

……

Between 2022（31）：0.784

输出结果提供了不同年份（2013—2022年）之间的聚类一致性指标，这个指标衡量的是在不同年份，基于城市和年份的聚类在解释接入条件与高等教育高质量发展之间关系时的一致性或稳定性。例如，Pooled为0.801，意味着合并所有年份的数据后的一致性指标为0.801；Between 2013（31）为0.595，表示2013年（共有31个单元，即31个省份）的一致性为0.595。一致性指标的取值范围通常为0~1，值越接近1，表示一致性越高。从这些数值来看，聚类的一致性随着时间的推移而有所提高，从2013年的0.595增长到2022年的0.884，这可能意味着随着时间的推移，数据中的模式或关系变得更加清晰或稳定，或者聚类方法在分析这些数据时变得更加有效。距离（Distances）指标衡量的是聚类结果与总体结果之间的差异。Between to Pooled为0.045，表示按年份划分的聚类结果与总体结果之间的平均差异为0.045，较小的距离值表明各年份的聚类结果与总体结果较为接近，差异不大。覆盖率（Coverages）指标衡量的是聚类结果对数据的覆盖程度，其值越接近1，表示聚类结果覆盖的数据越多，Pooled为0.771，表明聚类结果覆盖了大部分数据。

关于不同省份在~[①]高等教育高质量发展指标的聚类分析过程及结果同理，对所有运行变量间结果进行整理，必要条件分析结果见表5-2和表5-3。对于高等教育高质量发展，所有变量的汇总一致性均低于0.900，无须进行进一步探究，且不构成高等教育高质量发展的必要条件。对于~高等教育高质量发展，除~科研投入外，其他变量的汇总一致性均低于0.900，无须进行进一步探究，~科研投入的汇总一致性为0.934，且汇总覆盖度为0.920，高于0.900，有可能成为~高等教育高质量发展的必要条件。对于~高等教育高质量发展，~科研投入组间调整距离为0.036，小于0.100，但组内调整距离为0.175，大于0.100，通过绘制散点图进一步分析，发现对角线上方并未满足空集，未通过一致性检验，不构成必要条件。因此，各前因条件中没有变量构成高等教育高质量发展和~高等教育高质量发展的必要条件。

[①] 符号"~"表示"非高"，即该条件变量的缺失状态或低水平状态。

表 5-2 高等教育高质量发展必要性分析结果

结果变量	高等教育高质量发展					
条件变量	汇总一致性	汇总覆盖度	组间一致性欧氏距离	组间一致性调整距离	组内一致性欧氏距离	组内一致性调整距离
接入条件	0.801	0.771	0.045	0.163	0.05	0.292
~接入条件	0.608	0.493	0.081	0.294	0.068	0.397
数字基础设施	0.886	0.79	0.01	0.036	0.032	0.187
~数字基础设施	0.551	0.478	0.03	0.109	0.082	0.479
教育资源规模	0.794	0.734	0.02	0.073	0.055	0.321
~教育资源规模	0.671	0.563	0.034	0.124	0.059	0.344
学科环境建设	0.676	0.753	0.201	0.730	0.044	0.257
~学科环境建设	0.666	0.484	0.108	0.392	0.048	0.280
科研投入	0.897	0.914	0.011	0.040	0.049	0.286
~科研投入	0.565	0.437	0.045	0.163	0.075	0.438
数字政策环境	0.71	0.53	0.135	0.490	0.072	0.420
~数字政策环境	0.289	0.31	0.263	0.956	0.155	0.905
数字化人才培养	0.725	0.833	0.096	0.349	0.083	0.484
~数字化人才培养	0.603	0.429	0.076	0.276	0.068	0.397
协同育人	0.713	0.75	0.173	0.629	0.035	0.204
~协同育人	0.587	0.443	0.143	0.520	0.058	0.339
价值转化	0.814	0.86	0.019	0.069	0.057	0.333
~价值转化	0.619	0.467	0.048	0.174	0.066	0.385

表 5-3 ~高等教育高质量发展必要性分析结果

结果变量	~高等教育高质量发展					
条件变量	汇总一致性	汇总覆盖度	组间一致性欧氏距离	组间一致性调整距离	组内一致性欧氏距离	组内一致性调整距离
接入条件	0.509	0.623	0.091	0.331	0.090	0.525
~接入条件	0.813	0.839	0.037	0.134	0.046	0.268
数字基础设施	0.528	0.600	0.049	0.178	0.094	0.549

续表

结果变量	~高等教育高质量发展					
条件变量	汇总一致性	汇总覆盖度	组间一致性欧氏距离	组间一致性调整距离	组内一致性欧氏距离	组内一致性调整距离
~数字基础设施	0.815	0.901	0.021	0.076	0.057	0.333
教育资源规模	0.591	0.696	0.042	0.153	0.080	0.467
~教育资源规模	0.774	0.827	0.019	0.069	0.048	0.280
学科环境建设	0.442	0.628	0.218	0.792	0.055	0.321
~学科环境建设	0.826	0.764	0.062	0.225	0.022	0.128
科研投入	0.429	0.557	0.053	0.193	0.119	0.695
~科研投入	0.934	0.920	0.010	0.036	0.030	0.175
数字政策环境	0.495	0.470	0.171	0.621	0.096	0.560
~数字政策环境	0.505	0.690	0.198	0.719	0.113	0.660
数字化人才培养	0.371	0.544	0.075	0.272	0.140	0.817
~数字化人才培养	0.860	0.804	0.017	0.062	0.052	0.303
协同育人	0.422	0.565	0.195	0.708	0.074	0.432
~协同育人	0.813	0.783	0.077	0.280	0.027	0.158
价值转化	0.444	0.598	0.033	0.120	0.111	0.648
~价值转化	0.896	0.860	0.018	0.065	0.031	0.181

5.4 条件组态的充分性分析

组态分析是 QCA 方法中的关键部分，在进行组态分析前，首先要构建真值表，依托统计分析工具生成包含 2^k 个条目的真值表（k 为研究中采用的前因变量总数，本书设定 $k=9$），每个条目对应一个完整的因果条件组合序列。在真值表评估部分，需要同步考察两个核心指标：频数与一致性水平。[47] 其中频数指标反映各条件组合在实证观测中的出现次数。为确保分析效度并控制统计噪声，应设置频数阈值，小样本频数阈值应设置为 1，大样本频数阈值可以设置为 2 或 3，一般样本数分界点为 50[76]，该阈值设定机制能有效过滤低频异常组合，在保证必要分析精度的同时，可确保推论结果的稳健性。本书的样本数量为310，属于大样本研究，阈值设定为3。在一般情况下，一致性阈值设置为0.750。[47] 近年来，学者们又提出应该在分析中考虑 PRI 一致性。[74] 结合既有研究与本研究的具体背景，本书在构建真值表时，设定一致性阈值为0.900，频数阈值为3，PRI 阈值为0.750。[77] 根据必要性分析结果，所有变量均无须确定为存在或缺失。R 软件会输出复杂解、简单解和中间解，通常选择中间解作为主要分析对象，同时利用简单解来区分核心条件和辅助条件。

5.4.1 汇总结果

根据 Ragin[47] 提出的呈现形式绘制条件组态充分性分析结果，见表5-4。其中，⊗和●表示存在与缺失，大的符号表示核心条件，小的符号表示辅助条件，覆盖度表示该条件组合能够解释案例的比例。通过整合分析，列出如表5-4所示的导致高等教育高质量发展结果的8个组态，其中，总体一致性为0.974，总体 PRI 为0.944，总体覆盖度为0.606，可解释大部分案例。

通过对8个推动高等教育高质量发展的组态进行分析，可以发现以下四个特征：第一，组态1~组态8均具有较高的一致性水平和 PRI，单个组态的一致性均高于0.970，PRI 均高于0.800。第二，组态1和组态4具有相同的核心条件，即事理层面的科研投入、数字政策环境和人理层面的价值转化，组态2、组态3和组态5同样具有相同的核心条件。而且，除组态7外，所有组态均具有相同的核心条件，即科研投入。第三，单个组态的组内与组间一致性调整距离均小于0.100，一致性精确度较高，8个组态可视为高等教育高质量发展产生的充分条件。第四，组态1的典型案例涵盖湖南省（2022年）、重庆市（2022年）、四川省（2022年）和浙江省（2022年）。组态2的典型案例涵盖湖北省（2017年）、广东省（2017年）和福建省（2018—2019年）。组态3的典型案例涵盖广东省（2014—2016年）和湖北省（2016年）。组态4的典型案例涵盖浙江省（2013年）、山东省（2013—2015年）和江苏省（2014年）。组态5的典型案例涵盖上海市（2017年）、天津市（2021年）和广东省（2018年）。组态6的典型案例涵盖黑龙江省（2014—2015年）和天津市（2015—2016年）。

表5-4　条件组态充分性分析结果

组态	组态1	组态2	组态3	组态4	组态5	组态6	组态7	组态8
接入条件	•	•	•	•		⊗	•	
数字基础设施	•	•	•	•	•	⊗	•	⊗
教育资源规模		●	●		●		●	
学科环境建设	•	•	⊗	⊗		•		
科研投入	●	●		●	●		●	
数字政策环境	●		•	●	•	⊗	•	
数字化人才培养		•	•	•		•	•	
协同育人	•		⊗	⊗		⊗		
价值转化	●	●	●	●	●	⊗	●	⊗
一致性	0.974	0.996	0.993	0.992	0.997	0.987	0.992	0.997
PRI	0.944	0.987	0.941	0.955	0.993	0.805	0.982	0.982
覆盖度	0.418	0.342	0.267	0.161	0.281	0.138	0.264	0.139
唯一覆盖度	0.146	0.016	0.026	0.013	0.017	0.036	0.002	0.024
组间一致性欧氏距离	0.008	0.003	0.003	0.003	0.001	0.003	0.004	0.001
组间一致性调整距离	0.029	0.011	0.011	0.011	0.004	0.011	0.015	0.004
组内一致性欧氏距离	0.005	0.003	0.003	0.002	0.001	0.010	0.002	0.001
组内一致性调整距离	0.029	0.018	0.018	0.012	0.006	0.058	0.012	0.006
总体一致性	0.974							
总体PRI	0.944							
总体覆盖度	0.606							

注：●和•表示条件存在，⊗表示条件不存在；●表示核心条件，•表示辅助条件；空格表示存在或者不存在。下同。

1. 环境友好—人理驱动型（组态1和组态4）

组态1和组态4的核心驱动要素为事理层面的科研投入、数字政策环境和人理层面的价值转化，以其他条件为辅助条件，形成环境友好、人才配合推动高等教育高质量发展模式。该类型的典型案例之一为浙江省，该省人民政府颁布了经费管理实施意见，简化了预算调整程序，对于一些因科研实际需要而发生的预算调剂，如仪器设备采购、测试化验加工等，科研人员可以直接进行调剂，无须层层审批，极大地提高了科研经费的使用效率。其目的在于优化科研经费管理体系，激发科研人员的创新思维与活力，促进高质量科技成果的产出。该意见提出的具体举措涵盖简化预算流程、增强科研项目经费管理的自主权等方面。该意见设立普通高等教育学科建设专项资金，支持省内本科高校的人才引育、科研探索及国际合作等项目，进而提升学科建设层次。此外，浙江省教育厅还出台了《浙江省教育领域数字化改革方案》，公布创新试点项目，通过数字化手段提升教育质量和效率。浙江省构建"四个体系"推动高校科技成果转化，针对"没得转""不愿转""不会转""没人转"四大难题，持续深化高校科技成果转化集成改革。近年来，浙江省高校院所转化规模逐年扩大，合同项数和转化金额分别从2018年的1011项、2.7亿元增加到2021年的2257项、7.54亿元。浙江省通过一系列举措不断提升区域高等教育高质量发展水平，建设了浙江省教育大数据平台，实现了对全省教育数据的实时监测和分析，开发了"教育决策支持系统"，为教育管理者提供决策支持。

2. 资源—环境—人理三元驱动型（组态2、组态3、组态5和组态7）

三个组态具有相同的核心条件，即物理层面的教育资源规模和人理层面的价值转化，组态5在此基础上，还以数字化政策环境为核心条件，仅边缘条件有所差异，资源—环境—人理三方面共同推动高等教育高质量发展。该类型的典型案例之一为广东省，《广东省高等教育"冲一流、补短板、强特色"提升计划（2021—2025年）资金管理办法》确立并强化了高等教育资金管理的规范性，旨在提升资金运用的效率与效益，促进高校内涵式发展，优化科研经费管理机制，激发科研工作者创新潜能；出台系列政策文件，强化成果转化政策引领，不断提高科技成果转化水平。2023年，广东省高校以专利转让、许可、作价投资等方式转化科技成果1821项，合同金额达11.2亿元，学校与省内各地市联合共建了14个协同创新研究院，与省内外企业共建了200多个校企创新平台，形成"一平台一特色"协同发展格局，助力学校科技成果转化落地。学校各协同创新平台获认定4家国家级科技孵化器和5家国家级众创空间，累计孵化科技型企业900余家，其中培育高新技术企业超100家，国家级、省级专精特新企业27家。在资源—环境—人理三元驱动型策略下，广东省通过一系列组态条件协同实现高等教育高质量发展水平稳步提高。

3. 资源支持—环境友好型（组态6和组态8）

在该路径中，接入条件、数字基础设施、学科环境建设、数字政策环境、价值转化和协同育人作为辅助条件缺失，教育资源规模和科研投入作为核心条件，配合数字化人才培养这一辅助条件，实现较高的高等教育高质量发展水平。该类型的典型案例之一为天津市，《天津市教育现代化"十四五"规划》提出以下措施：提升教育信息化水平，营造良好的区域教育环境，加速信息技术与教育教学的全面融合，革新人才培养范式，优化教育资源分配结构，推动优质教育资源的高效共享。天津市财政局等六部门联合发布《关于改革完善本市财政科研经费管理的若干举措》的通知，其中强调扩大科研项目经费管理的自主权，精简预算编制流程，并支持在津中央级科研院所申请从中央稳定支持的科研经费中提取最高20%作为奖励经费的试点方案。在高等教育发展过程中，天津展现出强大的资源和环境优势，为区域高质量发展提供了有力支撑。

通过分析不同组态间的相似性与差异性，发现对于组态1和组态2，接入条件、数字基础设施、学科环境建设、协同育人能力较强的省份同时拥有较高的科研投入、价值转化水平时，教育资源规模、数字化人才培养可以和数字政策环境的条件组合相互替代。说明三个维度通过条件组合能"殊途同归"地实现高等教育的高质量发展。

综上所述，物理、事理和人理三个层面的前因条件能够通过协同组合促进高等教育高质量发展水平的提升。本书进一步提炼出三条路径：一是环境友好—人理驱动型（组态1和组态4）；二是资源—环境—人理三元驱动型（组态2、组态3、组态5和组态7）；三是资源支持—环境友好型（组态6和组态8）。从三条路径的核心因素分布情况来看：首先，科研投入作为核心要素几乎出现在每一条路径中，说明科研投入力度是提升高等教育高质量发展水平的重要保障；其次，事理层面因素占比较大，表明我国高等教育发展不再过分依赖客观存在的物质条件，转而更加注重环境的影响，但物理层面客观物质基础和人才发展培养的重要性仍不容忽视。在我国省域高等教育数字化发展水平参差不齐的情况下，不同地区应因地制宜，根据自身实际情况采取相应策略，强化因素间的联动效应，推动本地区高等教育的高质量发展。

5.4.2 组间结果

组间分析是在时间维度上，哪些因素组合对省域高等教育高质量发展的影响存在等效性，这些因素组合是否存在时间效应。组间一致性是指因素组合在地区固定的情况下，在时间维度上的一致性，可以用来说明这些因素组合对案例是否具有较强的解释力。由上述组态分析结果可知，8个组态的组间一致性调整距离均小于0.100，不存在明显的时间效应。因此，需要考虑组态的一致性水平，8个组态的组间一致性变化如图5-2所示，2013—2022年一致性水平均在0.928以上，各组态一致性较高，并不会对整体解释力产生影响，所以研究结果对于常态下数字化推动高等教育高质量发展仍具有较强适用性。

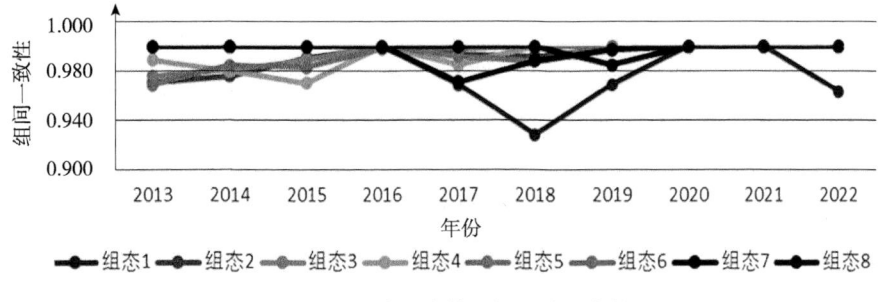

图5-2　8个组态的组间一致性变化

与其他组态相比，组态1的一致性波动较大，且无规律性，在2017年和2018年骤降，主要原因可能是受到数字化人才培养方面的影响。除组态1外，其他组态均包含数字化人才培养因素。《中国在线开放课程发展报告（2017）》从课程建设、应用等角度出发，立足各级各类高校，极力优化配置，提高教育质量和效益，推动高等教育的普及化和高质量发展。我国教育主管部门自2017年起着力深化信息技术与教学体系的有机融合，通过典型引领推动开放式在线课程体系构建及实践应用的深入发展。2018年1月15日的在线开放课程体系建设推进会指出，教育部系统推进优质数字教育资源共建共享工程，高等院校积极作为，社会各界广泛参与，促使我国在线开放课程体系呈现蓬勃发展态势。目前已构建完成十余个国家级慕课资源集成平台，依托跨地域、跨校际、跨学科三方协作模式，慕课发展共同体覆盖范围持续拓展，对推动高等院校人才培养模式改革产生了实质性作用，有效实现了优质教育资源的规模化辐射效应。面对教育信息化2.0时代的新要求，应当把数字化课程资源建设与教学模式创新作为深化教学改革、提升育人质量的关键突破口，持续完善在线开放课程的建用结合机制，形成推进发展的良好政策环境。该推进会宣布了首批国家精品在线开放课程认定结果，首次正式推出490门国家精品在线开放课程。这些举措不仅提升了教学效果，还推动了教育模式的创新，促进了教育公平，提高了人才培养质量。《关于服务全民终身学习　促进现代远程教育试点高校网络教育高质量发展有关工作的通知》着重指出，需强化高等继续教育治理体系现代化建设，系统推进网络教育规范化发展进程，全面提升复合型人才培养效能。2017—2018 年，国家大力推进数字化人才培养和网络教育，并取得了较好成效，因此，拥有这一条件变量的组态发展良好，组态 1 在此期间有大幅度地下降。

5.4.3 组内结果

组内分析的是在空间维度上，哪些因素组合对高等教育高质量发展的影响存在等效性，这些因素组合是否存在地区差异。组内一致性是指因素组合在时间固定的情况下，空间维度上的一致性，可以用来说明这些因素组合对于案例的解释力是否具有地区差异性。

8 个组态的组内一致性调整距离皆小于 0.100（见表 5-4），解释力在我国各省份间不存在明显的差异，可以通过组内的覆盖度差异来分析各组态所能解释案例的地区分布情况。研究不同地区覆盖度是否存在差异主要采用的方法是单因素方差分析与克鲁斯卡尔-沃利斯（Kruskal-Wallis）秩和检验。首先进行正态性检验，31 个省份覆盖度（小于 50）视为小样本，使用夏皮罗-威尔克（Shapiro-Wilk，S-W）检验，检验结果见表 5-5。

表 5-5 正态性检验结果

名称	样本量	平均值	标准差	偏度	峰度	S-W 检验	
						统计量 W 值	p
组态 1	31	0.373	0.198	-0.017	-0.713	0.974	0.636
组态 2	31	0.336	0.147	0.081	-1.443	0.916	0.019**
组态 3	31	0.290	0.134	0.435	-0.902	0.936	0.063*
组态 4	31	0.165	0.119	0.720	-0.226	0.939	0.080*
组态 5	31	0.233	0.151	0.361	-0.817	0.956	0.224
组态 6	31	0.157	0.154	1.026	0.659	0.881	0.003**
组态 7	31	0.225	0.152	0.627	-0.136	0.125	0.250
组态 8	31	0.148	0.112	1.023	0.908	0.914	0.016**

注：* 表示 $p<0.1$；** 表示 $p<0.05$。

由表 5-5 可知，组态 2、组态 3、组态 4、组态 6、组态 8 呈现出显著性（$p<0.1$ 或 $p<0.05$），意味着这 5 个组态不满足正态性检验，采用 Kruskal-

Wallis 秩和检验；另外，组态 1、组态 5 和组态 7 没有呈现出显著性（$p>0.1$），满足正态性检验，进行方差齐性检验后没有呈现出显著性，可采用单因素方差分析。具体检验结果见表 5-6（Kruskal-Wallis 秩和检验）、表 5-7（方差齐性检验）、表 5-8（单因素方差分析）。

表 5-6 Kruskal-Wallis 秩和检验结果

组态	地区（中位数）				Kruskal-Wallis 检验统计量 H 值	p
	东部（$n=10$）	东北（$n=3$）	中部（$n=6$）	西部（$n=12$）		
组态 2	0.376	0.454	0.241	0.296	1.529	0.676
组态 3	0.211	0.304	0.214	0.296	1.672	0.643
组态 4	0.141	0.063	0.130	0.162	1.328	0.723
组态 6	0.016	0.331	0.064	0.193	7.608	0.055*
组态 8	0.092	0.158	0.161	0.143	1.904	0.593

注：* 表示 $p<0.1$。

表 5-7 方差齐性检验结果

组态	地区（标准差）				F	p
	东部（$n=10$）	东北（$n=3$）	中部（$n=6$）	西部（$n=12$）		
组态 1	0.21	0.12	0.10	0.22	1.030	0.395
组态 5	0.16	0.11	0.18	0.13	0.539	0.660
组态 7	0.15	0.12	0.20	0.13	0.624	0.606

表 5-8 单因素方差分析结果

组态	地区（平均值±标准差）				F	p
	东部（$n=10$）	东北（$n=3$）	中部（$n=6$）	西部（$n=12$）		
组态 1	0.38±0.21	0.31±0.12	0.53±0.10	0.31±0.22	1.888	0.155
组态 5	0.30±0.16	0.22±0.11	0.26±0.18	0.17±0.13	1.626	0.207
组态 7	0.27±0.15	0.22±0.12	0.27±0.20	0.17±0.13	1.058	0.383

由表 5-6 可知，在 Kruskal-Wallis 秩和检验中，不同区域样本对于组态 6 呈现显著性，表明该组态省域覆盖度分布有显著的地区差异。地区组态覆盖度均值如表 5-9 所示，组态 6 对应的解释案例主要分布在东北地区，其中，东北地区的吉林省覆盖度最高，为 0.560。作为典型代表省份之一，《吉林省

"十四五"教育发展规划》中强调加强高校信息基础设施和智慧校园建设,支持高校与信息技术行业企业通过产教融合、校企合作加强数字化基础建设,并明确提出为系统性优化高等教育质量建设,需构建高校"智力"资源与技术创新能力向现实生产力转化的长效机制;在科研管理体制改革层面,应赋予科研主体更大的经费配置自主权,通过制度创新激发基础研究与应用研究的协同效能,激励科研人员多出成果、快出成果。该省推动高校创新链与重点企业链有效衔接,发展智慧农业、智能制造、智慧能源、智慧物流等领域相关专业,开展拔尖创新型人才培养,加大研究生培养数量;深入推进数字技术的规模化应用。通过这些政策和措施,吉林省不断扩大教育资源规模,提升科研投入和数字化人才培养的能力,助力高等教育高质量发展。组态6的地区覆盖度如图5-3所示。

表5-9 地区组态覆盖度均值

地区	组态1	组态2	组态3	组态4	组态5	组态6	组态7	组态8
东部	0.380	0.372	0.290	0.187	0.303	0.118	0.272	0.123
东北	0.309	0.396	0.346	0.101	0.221	0.363	0.216	0.233
西部	0.307	0.309	0.301	0.171	0.166	0.174	0.167	0.148
中部	0.526	0.299	0.241	0.150	0.256	0.087	0.266	0.147

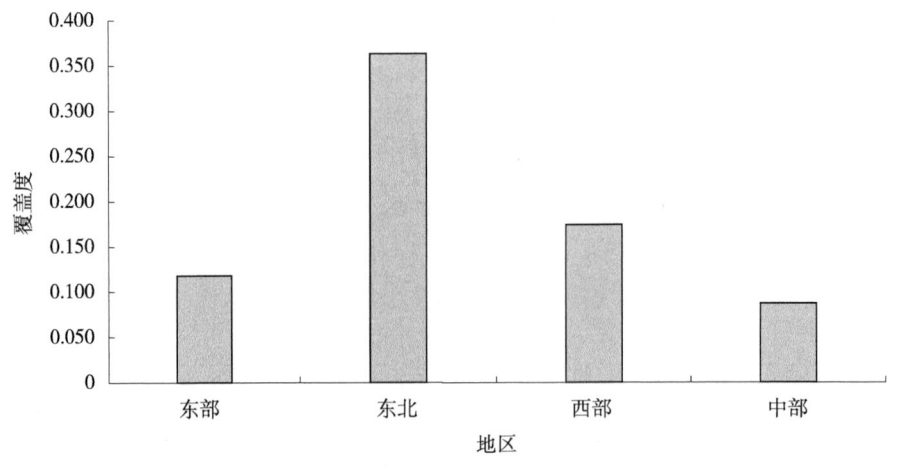

图5-3 组态6的地区覆盖度

由表5-7和表5-8可知,与组态6不同,不同地区样本对于其他几个组态均不会表现出差异性,即其他组态所能解释的案例分布并未呈现显著的地区差异。但由图 5-4 可知，组态 1 对各区域的覆盖度都较高，尤其是该组态对中部地区的覆盖度达到了 0.526，说明大部分案例都可以被组态 1 所解释。以中部地区的河南省为例，2013—2022 年，该省通过提升教育质量和普及率，推动了社会的整体发展和进步。河南省在推进高等教育高质量发展的过程中，采取了一系列对策，如大力推进高校分类发展，优化高等教育布局结构，大力提升各级各类高校的科学研究和创新服务能力等，各级各类学校数量和教育人口在此期间持续增长；持续投入和优化教育资源，增加研发经费投入；建设国家级创新平台，不断提升创新能力；精准把握"互联网+"技术革命与教育产业深度融合的演进方向，充分发挥智能化教学范式对高等教育改革的内在驱动效能，着力构建覆盖教学全流程、融合多维技术要素的新型智慧教育生态系统。

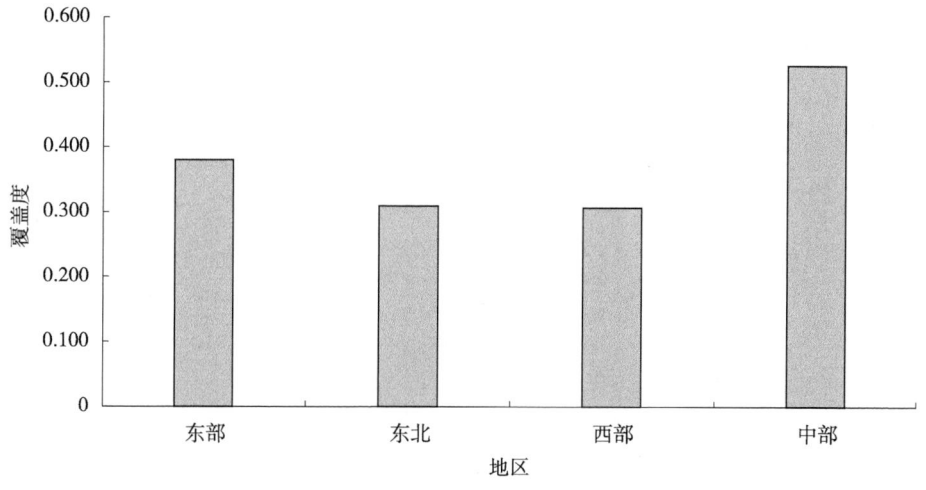

图 5-4　组态 1 的地区覆盖度

5.5　组态分析结果的稳健性检验

稳健性检验的目的是评估 QCA 结果的可靠性和一致性，增强研究的外部有效性和普适性；可以通过改变分析中的一些关键参数或条件（如案例频数阈值、一致性阈值、PRI 阈值），来观察这些变化是否会导致分析结果（解项数量）发生显著变化。如果结果在不同条件下基本保持一致，那么可以认为所得分析结果具有较强的稳健性，意味着结论具有较高的可信度。本书将 PRI 阈值由 0.750 提高至 0.850，如表 5-10 所示，与原组态相比，虽然产生的组态数量由于 PRI 阈值的提高而有所减少，但经稳健性检验后的组态仍属于原始组态的子集，且一致性、PRI 和覆盖度与原组态基本一致。同理，将一致性阈值由 0.900 提高为 0.950 或者将案例频数阈值提高为 4，改变后产生的组态同样属于原始组态的子集，且一致性、PRI 和覆盖度均未发生明显变化。综上所述，稳健性检验显示组态结果稳健。

表 5-10 稳健性检验结果

组态	组态 1	组态 2	组态 3	组态 4	组态 5	组态 6
接入条件	•	•	•		•	
数字基础设施	•	•	•	•	•	⊗
教育资源规模		●		●	●	●
学科环境建设	•	•	⊗	•		•
科研投入	●	●	●	●	●	●
数字政策环境	●		●	●	●	●
数字化人才培养		•			•	•
协同育人	•	•	⊗			
价值转化	●	●	●	●	●	⊗
一致性	0.974	0.996	0.992	0.997	0.992	0.997
PRI	0.944	0.987	0.955	0.993	0.982	0.982
覆盖度	0.418	0.342	0.161	0.281	0.264	0.139
唯一覆盖度	0.080	0.002	0.013	0.017	0.002	0.024
组间一致性调整距离	0.029	0.011	0.011	0.004	0.015	0.004
组内一致性调整距离	0.029	0.018	0.012	0.006	0.012	0.006
总体一致性	0.974					
总体 PRI	0.944					
总体覆盖度	0.544					

5.6 组态路径的动态演化分析

为深入分析不同条件组合在时间维度上对高等教育高质量发展的动态影响，本书在模糊集定性比较分析（fsQCA）方法的基础上，对样本省份进行跨时段动态 QCA 分析，以揭示条件组态在不同时期的贡献变化规律。在时间段的划分上，将整体周期分为三个时段（2013—2016 年、2017—2019 年、2020—2022 年），每 3 年作为一个独立分析单元，具体分析结果见表 5-11。

表 5-11 分时段的组态分析结果

变量	第一时段（2013—2016 年）			第二时段（2017—2019 年）		第三时段（2020—2022 年）
	组态 1	组态 2	组态 3	组态 1	组态 2	组态 1
接入条件	•	•		•	•	•
数字基础设施	●		●			
教育资源规模	●		●			
学科环境建设	⊗	⊗	⊗	●	●	
科研投入	•	●	●	●	●	●
数字政策环境		●	●		•	
数字化人才培养	•					
协同育人	⊗	⊗	⊗	●	●	•
价值转化	●	●	●			●
原始覆盖度	0.465	0.208	0.200	0.580	0.523	0.632
唯一覆盖度	0.299	0.041	0.033	0.136	0.079	0.632
一致性	0.988	0.984	0.996	0.995	0.977	0.986
总体覆盖度	0.540			0.659		0.632
总体一致性	0.985			0.981		0.986

5.6.1 单时段组态路径分析

如表 5-11 所示，第一时段（2013—2016 年）共出现 3 种组态。该时段主要存在两种驱动类型：资源支持—人理驱动型和资源—环境—人理三元驱动型，反映出该阶段多元探索的特征。其中组态 1 的核心条件为物理层面的数字基础设施、教育资源规模和人理层面的价值转化，称为资源支持—人理驱动型。这种组态表明，高等教育高质量发展主要依赖数字基础设施的完善、教育资源规模的扩大以及价值转化的实现。这种模式在短期内能够显著提升高等教育的发展水平，如江苏省通过"智慧教育示范区"建设完善数字化平台，同时推动高校科技成果转化激励政策。然而，由于其过度依赖资源投入，可能存在中后期发展动力不足的问题。当资源投入达到一定数量后，缺乏内生动力和创新机制可能会阻碍高等教育的持续发展。组态2和组态3的核心条件为物理层面的数字基础设施、事理层面的科研投入和数字政策环境以及人理层面的价值转化，称为资源—环境—人理三元驱动型。这种组态在资源支持的基础上，进一步融入了科研投入和数字政策环境，形成了更加多元化的驱动模式，能够在一定程度上解决资源依赖带来的问题，但仍需进一步优化各要素之间的协同效应。

第二时段（2017—2019年）共出现2种组态。其中组态1和组态2的核心驱动要素为事理层面的科研投入，以其他条件为辅助条件，形成环境友好、人才协同配合推动高等教育高质量发展的模式，称为环境友好—人理驱动型。这种组态表明，高等教育高质量发展逐渐从资源驱动转向环境驱动，科研投入成为主要驱动力，而数字化政策环境和价值转化则起到辅助作用。这种模式反映了数字化技术的快速普及对高等教育发展的深远影响，暴露了科研投入效率下降的问题，因此需要进一步优化科研资源配置。例如，浙江省在该时段深化数字化改革，颁布《科研经费"包干制"试点方案》，赋予高校更大的经费使用自主权。但与第一时段相比，该时段教育资源规模的作用显著弱化，反映出政策驱动的短期效应可能掩盖资源禀赋差异，导致欠发达地区发展动力不足。

与前两个时段的探索进步式组合相比，第三时段（2020—2022年）的条件组合更加完善。该时段的核心条件为物理层面的数字基础设施、事理层面的科研投入、人理层面的价值转化，称为资源—环境—人理三元驱动型。该时段在保持前两时段优势要素的基础上，进一步优化了各要素之间的协同效应，形成了更加多元化和可持续的驱动模式，展现出"系统协同型"新特征。这种模式表明，我国高等教育发展生态环境逐渐优化，为高等教育高质量发展提供了长效机制。

通过分析不同时段的组态特征，可以看出我国高等教育高质量发展路径呈现出清晰的演化逻辑：从初期的资源驱动主导，到中期的环境驱动转型，最终形成系统协同型发展模式。要素间的关系从简单叠加向深度协同转变，系统效应日益显著，最终从探索型、过渡型模式向稳定、可持续模式演进。这一演进过程不仅反映了我国高等教育发展模式的逐步成熟，也为未来进一步优化发展路径提供了重要启示。

5.6.2 多时段动态演化分析

为了动态地理解数字化影响高等教育高质量发展的演进过程，采用整体化和系统性的视角，对不同时段的分析结果进行演化分析。本研究对2013—2022年三个时段的组态核心条件进行动态追踪，通过显影处理，得到表5-12所示的分时段对比结果。观察发现，核心条件在第一时段显影呈现高度一致性，发展趋势呈现收敛稳定的态势。在第二时段，显影则呈现出单核驱动模式，整体发展趋势表现为相对稳定的状态。然而，到了第三时段，显影呈现出多核散发的特征，发展趋势进入散发期。

表5-12 分时段核心条件组态分析显影结果

变量	第一时段 (2013—2016年)			第二时段 (2017—2019年)		第三时段 (2020—2022年)
	组态1	组态2	组态3	组态1	组态2	组态1
接入条件	●	●	●	●	●	●
数字基础设施				●	●	
教育资源规模				●		
学科环境建设	⊗	⊗	⊗	●	●	
科研投入	●					
数字政策环境					●	
数字化人才培养	●			●		●
协同育人	⊗	⊗	⊗	●	●	●
价值转化				●		
原始覆盖度	0.465	0.208	0.200	0.580	0.523	0.632
唯一覆盖度	0.299	0.041	0.033	0.136	0.079	0.632
一致性	0.988	0.984	0.996	0.995	0.977	0.986
总体覆盖度	0.540			0.659		0.632
总体一致性	0.985			0.981		0.986

注：阴影部分表示核心条件，下同。

在具体演化分析方面,现有研究已构建了多元化的理论视角。例如,王颖和刘艺扬[78]运用演变轨迹方法,深入剖析了高人力资本贡献率组态的动态演进规律;王世权和王向淑[79]则采用区域经济象限分析法分析了各时段组态的变化轨迹。在此基础上,本研究借鉴了Litrico和David[80]所提出的基于演变轨迹的分析方法,旨在系统地分析在三个不同时段,构成高等教育高质量发展的不同类型组态所展现出的演化轨迹。

具体而言,物理层面及人理层面从第一时段显现的整合主导轨迹,逐步向第三时段过渡为缓冲主导轨迹,呈现出一个清晰的、随时间推移的演化轨迹。在第一时段,系统整体展现出"整合主导轨迹"的典型特征,说明其发展态势和依赖模式较为稳定和持续。各个层面都依赖核心要素的稳定、基础性作用。物理层面强调数字基础设施和教育资源规模,人理层面强调数字化人才培养和价值转化。进入演化的第二时段,先前在第一时段作为支柱的核心要素,在各个层面上的作用均出现了不同程度的减弱甚至消失,表明在其发展的中间时段,经历了一个偏离原有稳定轨道的调整期,呈现出一定程度的"偏离"特征,但整体仍保持稳定。而在第三时段,各个层面核心要素的作用随时间推移逐渐回到了原有贡献轨道上,其中物理层面的数字基础设施重新成为核心要素,人理层面的价值转化重新发挥作用。这一跨越多时段的演化轨迹深刻地揭示出,高等教育的发展策略已从初期的全面铺开、要素并重,转向更加注重策略性聚焦。系统不再追求所有要素的同步、同等强化,而是根据现实条件、发展目标和前期经验,有选择地、有所侧重地强化或调整关键要素的作用。这种"缓冲"机制体现了高等教育在面对复杂性和不确定性时,通过灵活调整内部结构和资源配置,以维持稳定并实现特定目标的成熟适应能力,标志着其发展进入了一个更加精细化和更具韧性的新阶段。

与此同时,事理层面对高等教育高质量发展的影响力则呈现出逐渐增强的态势,从初期的混合轨迹逐渐向整合主导轨迹演变,其中科研投入在高等教育高质量发展中的贡献不断增加,成为提升高等教育高质量发展水平的重要保障,表明我国高等教育发展不再过分依赖客观存在的物质条件,转而更加注重环境的影响,但物理层面客观物质基础和人才培养的重要性仍不容忽视。这一变化趋势表明,我国高等教育的发展重心正从过去对物质条件的较强依赖,转向更加关注和利用政策、制度、创新文化等软环境的影响力。当然,这并非意味着物理层面的客观物质基础和人理层面的人才培养的重要性降低,其作为发展根基的关键地位依然不容忽视。

在单变量动态演化视角下，各要素对高等教育高质量发展的作用机制呈现出差异化的演变特征。科研投入在三个时段均稳定地发挥核心作用，呈现出典型的整合主导轨迹，凸显其作为持续性、基础性动力的长期价值。相较之下，数字政策环境与价值转化则遵循缓冲主导轨迹，在第一时段作用显著，在第二时段作用暂时减弱或消失，但在第三时段随着数字化深化而重新恢复其影响力，反映了其作用发挥可能受到外部环境（如政策周期、市场需求）的阶段性影响。教育资源规模、数字政策环境和数字化人才培养在第一时段和第二时段中影响显著，但在第三时段中作用消失，呈现出转折轨迹。这种变化可能反映了这些变量在数字化进程中的阶段性特征，即它们在前期和中期发挥了重要作用，但在后期可能因其他因素的介入或环境变化而逐渐退出核心地位。尽管如此，这些变量在前期和中期的作用仍然不可忽视，为高等教育高质量发展奠定了重要基础。此外，尽管物理层面的接入条件、事理层面的学科环境建设以及人理层面的协同育人作为核心变量的显著性时段相对有限，但其表现总体稳定，这表明物理层面的接入条件是数字化转型的基础保障，事理层面的学科环境建设和人理层面的协同育人虽非始终起主导作用，但在关键阶段仍发挥了支撑作用。

5.7 动态演化分析结果的稳健性检验

在检验方法上，通过调整一致性阈值对创新贡献知识主体组态进行稳健性检验。首先，对拟合参数进行分析，当分别把2013—2016年、2017—2019年、2020—2022年的分析一致性阈值提高到0.800时，2013—2016年、2017—2019年、2020—2022年的结果一致性和覆盖度均未发生变化；其次，对条件组态进行分析，2013—2016年、2017—2019年、2020—2022年的条件组态数量均没有变化。因此，从总体上看，稳健性检验组态结果与原分析组态结果保持一致，证明研究结论具有稳健性。

5.8 本章小结

本章深入探讨了数字化对高等教育高质量发展的影响路径。首先，构建了数字化影响高等教育高质量发展的组态模型，并对模型中的条件变量和结果变量进行了精确的测量与校准。其次，通过条件组态的充分性分析，从汇总结果、组间结果和组内结果三个层面进行详细探讨。研究发现：并无前因变量构成高等教育高质量发展或~高等教育高质量发展的必要条件；科研投入在充分性分析中除组态 7 外的 7 个组态中均为核心条件，并提炼出三条可实现高等教育高质量发展的路径，即环境友好—人理驱动型、资源—环境—人理三元驱动型和资源支持—环境友好型；组态 1 的一致性波动较大，尤其是在 2017 年和 2018 年骤降，这可能与数字化人才培养相关；不同区域样本在资源支持—环境友好型路径中表现出显著差异，且东北地区在此路径上的覆盖度远高于其他地区。最后，基于分析结果提出组态路径的具体分析与建议：东北地区应优先考虑从数字化教育环境和资源支持两方面推动高质量发展；中部地区应该优先考虑环境友好—人理驱动型；东部和西部地区建议采用资源—环境—人理三元驱动型或环境友好—人理驱动型，向东部地区的代表性城市，如北京、上海等借鉴和学习，持续发挥东部地区的领先优势。

第6章
国际视角下高等教育高质量发展现状分析

6.1 数据来源

本书选取全球64个国家作为研究对象，包括美国、英国、德国、加拿大、瑞典、荷兰、澳大利亚、瑞士、法国、日本、丹麦、奥地利、比利时、挪威、意大利、芬兰、中国、韩国、爱尔兰、西班牙、以色列、新加坡、俄罗斯、新西兰、波兰、捷克、匈牙利、葡萄牙、希腊、爱沙尼亚、斯洛文尼亚、冰岛、沙特阿拉伯、智利、土耳其、塞浦路斯、马来西亚、阿联酋、伊朗、阿根廷、南非、立陶宛、塞尔维亚、印度、拉脱维亚、克罗地亚、巴西、卢森堡、哈萨克斯坦、罗马尼亚、泰国、斯洛伐克、墨西哥、乌克兰、马耳他、乌拉圭、埃及、越南、突尼斯、菲律宾、阿尔及利亚、巴基斯坦、印度尼西亚和摩洛哥，研究时段为2009—2023年。这些国家的选取依据主要来源于长江教育研究院和国家教育治理研究院联合发布的《教育强国建设指数报告（2023年版）》[①]。本章以该报告中的世界高等教育强国建设指数排名为依据，选取了排名前64位的国家，涵盖发达国家和发展中国家，能够全面反映不同经济发展水平、教育体系和文化背景下的高等教育发展状况，具有较强的代表性和较大的研究价值。

根据建立的指标体系，本章对全球64个主要国家2023年的9个指标的数据进行收集，三大维度下的9个关键指标分别是：世界学术中心度指数，涵盖高等教育经费占GDP比重、ESI自然科学领域全球前1%机构数量和RUC

[①] 所选64个国家是基于《教育强国建设指数报告（2023年版）》中的高等教育强国建设指数排名，涵盖不同发展水平国家以确保研究具有代表性。具体排名及指数可参考原报告，此处因篇幅限制未逐一列出。

人文社会科学全球前10%机构数量；世界科技中心度指数，包括自然指数、研发经费占GDP比重和授权专利数量；世界人才中心度指数，涉及全球人才竞争力指数排名、全球高被引科学家数量和诺贝尔奖及菲尔茨奖获奖情况。通过指标的计算，分析评价国际视角下各国家的高等教育高质量发展水平。指标数据来源为中国人民大学评价研究中心，各指标数据均经过标准化处理，见表6-1。

表6-1　全球高等教育高质量发展水平指标数据

序号	国家	世界学术中心度指数			世界科技中心度指数			世界人才中心度指数		
		高等教育经费占GDP比重	ESI自然科学领域全球前1%机构数量	RUC人文社会科学全球前10%机构数量	自然指数	研发经费占GDP比重	授权专利数量	全球人才竞争力指数	全球高被引科学家数量	诺贝尔及菲尔茨奖获奖情况
1	美国	93	100	100	100	57	100	96	100	100
2	中国	50	82	35	91.17	43	52	70	35	2.13
3	日本	51	26	29	37.26	66	66	84	3	7.58
4	英国	74	23	38	17.41	34	16	91	19	34.36
5	德国	48	17	23	17.8	63	28	90	13	27.49
6	韩国	56	14	6	13.19	92	23	77	2	0.24
7	法国	55	25	23	17.93	44	19	84	6	20.14
8	加拿大	81	11	14	11.01	32	15	91	7	6.64
9	以色列	54	2	3	3.33	100	0	84	1	3.32
10	澳大利亚	72	8	16	5.51	41	6	91	13	3.32
11	瑞典	58	6	7	3.59	67	2	95	2	8.06
12	奥地利	65	4	3	3.59	64	8	88	2	5.45
13	丹麦	68	2	3	1.41	61	3	95	2	3.32
14	挪威	73	3	6	2.56	42	1	92	1	3.08
15	荷兰	62	4	7	3.59	44	1	94	8	5.21
16	芬兰	56	2	4	1.92	56	2	94	1	1.18
17	瑞士	52	4	4	2.94	41	5	100	4	6.4
18	比利时	57	2	3	2.56	56	0	88	3	3.08

续表

序号	国家	世界学术中心度指数			世界科技中心度指数			世界人才中心度指数		
		高等教育经费占GDP比重	ESI自然科学领域全球前1%机构数量	RUC人文社会科学全球前10%机构数量	自然指数	研发经费占GDP比重	授权专利数量	全球人才竞争力指数	全球高被引科学家数量	诺贝尔及菲尔兹奖获奖情况
19	印度	57	38	6	38.92	13	3	48	1	2.84
20	新西兰	61	2	3	1.15	41	0	90	1	0.95
21	西班牙	48	13	18	9.22	25	6	75	4	1.9
22	新加坡	52	1	1	1.15	41	0	97	3	0
23	智利	100	4	2	4.74	12	0	73	0	0.47
24	意大利	34	15	15	10.5	28	3	72	4	5.45
25	冰岛	47	0	0	0.51	41	0	92	0	0.24
26	捷克	45	3	2	2.43	39	0	79	0	1.42
27	爱沙尼亚	55	1	1	0.51	28	0	81	0	0
28	巴西	57	17	3	17.03	23	1	53	1	0
29	波兰	47	10	3	7.04	24	3	68	0	4.27
30	葡萄牙	43	4	4	3.97	27	1	77	0	0.47
31	阿联酋	57	1	1	0.77	26	0	77	0	0
32	马来西亚	57	6	3	2.43	21	0	73	1	0
33	俄罗斯	37	6	6	12.29	20	8	63	0	9.48
34	斯洛文尼亚	39	1	1	0.9	39	1	77	0	0.24
35	土耳其	60	18	2	13.32	12	0	53	0	0.47
36	爱尔兰	31	2	3	1.79	23	1	89	1	2.61
37	沙特阿拉伯	57	6	1	3.59	12	0	66	4	0
38	塞浦路斯	52	1	2	1.02	11	0	75	0	0.24
39	伊朗	57	16	2	11.52	12	0	42	1	0.47
40	克罗地亚	57	1	0	1.28	20	0	61	0	0.47
41	马耳他	52	0	0	0.13	12	0	80	0	0

续表

序号	国家	世界学术中心度指数			世界科技中心度指数			世界人才中心度指数		
		高等教育经费占GDP比重	ESI自然科学领域全球前1%机构数量	RUC人文社会科学全球前10%机构数量	自然指数	研发经费占GDP比重	授权专利数量	全球人才竞争力指数	全球高被引科学家数量	诺贝尔及菲尔茨奖获奖情况
42	匈牙利	33	2	1	2.05	31	1	65	0	3.08
43	希腊	35	4	3	2.82	24	1	64	0	0.47
44	南非	57	4	4	3.07	12	3	56	0	2.61
45	塞尔维亚	57	1	0	0.64	19	0	60	0	0
46	阿根廷	57	3	0	5.25	10	0	59	0	1.18
47	立陶宛	40	1	0	0.77	19	0	73	0	0.71
48	拉脱维亚	50	0	0	0.9	13	0	74	0	0.24
49	卢森堡	17	0	0	0.13	25	0	94	0	0.47
50	罗马尼亚	57	3	0	2.43	10	0	60	0	0.95
51	泰国	57	3	0	4.35	12	0	55	0	0
52	乌克兰	57	2	1	2.43	10	1	58	0	1.18
53	墨西哥	52	5	1	5.38	6	3	56	0	0.71
54	乌拉圭	57	0	0	0.26	8	0	61	0	0
55	埃及	57	5	0	3.71	15	0	49	0	0.95
56	菲律宾	57	2	0	1.66	12	0	54	0	0.24
57	越南	57	3	1	4.87	12	0	50	0	0.24
58	斯洛伐克	35	2	0	1.28	17	0	69	0	0
59	印度尼西亚	57	2	1	4.35	5	0	51	0	0
60	突尼斯	57	2	0	0.77	12	0	51	0	0.24
61	巴基斯坦	57	7	1	6.91	12	0	39	0	0.47
62	哈萨克斯坦	57	1	0	0.9	2	0	58	0	0
63	摩洛哥	57	1	0	1.41	12	0	46	0	0.24
64	阿尔及利亚	57	2	0	1.54	12	0	44	0	0.47

6.2 全球高等教育高质量发展现状分析

本章将64个国家依据地理位置划分为六个区域：欧洲、亚洲、北美洲、南美洲、非洲和大洋洲，经过计算处理得到2023年64个国家的高等教育高质量发展水平得分，统计结果见表6-2。通过得分结果对比分析2023年各洲高等教育高质量发展水平的变化趋势，揭示了各洲的差异性特征。

全球64个国家的高等教育高质量发展水平得分范围为9~100分，其中美国以100分位居榜首，中国（58分）和日本（47分）位居第二和第三。本章参考相关研究文献，依据平均分和标准差的关系将国家高等教育发展水平得分划分为三种类型：发达型为得分高于平均分加0.5个标准差（M+0.5SD），中间型为得分介于平均分减0.5个标准差（M-0.5SD）和平均分加0.5个标准差（M+0.5SD）之间，欠发达型为得分低于平均分减0.5个标准差（M-0.5SD）。[81] 通过空间数据分析与测算，绘制了全球高等教育高质量发展水平得分等级分布图，如图6-1所示。高等教育高质量发展得分数据揭示了全球高等教育发展的不均衡性，整体来看，发达国家的整体表现优于发展中国家。

表6-2 高等教育高质量发展水平得分

编号	国家	高等教育高质量发展水平得分	编号	国家	高等教育高质量发展水平得分
1	美国	100	10	以色列	29
2	中国	58	11	奥地利	28
3	日本	47	12	瑞典	28
4	英国	39	13	丹麦	27
5	德国	37	14	荷兰	25
6	韩国	34	15	挪威	25
7	法国	33	16	芬兰	24
8	加拿大	31	17	瑞士	24
9	澳大利亚	29	18	比利时	23

续表

编号	国家	高等教育高质量发展水平得分	编号	国家	高等教育高质量发展水平得分
19	印度	22	42	阿根廷	12
20	西班牙	21	43	拉脱维亚	12
21	新加坡	21	44	立陶宛	12
22	新西兰	21	45	卢森堡	12
23	智利	21	46	罗马尼亚	12
24	冰岛	19	47	南非	12
25	意大利	19	48	塞尔维亚	12
26	爱沙尼亚	17	49	希腊	12
27	巴西	17	50	匈牙利	12
28	捷克	17	51	埃及	11
29	阿联酋	16	52	菲律宾	11
30	波兰	16	53	墨西哥	11
31	马来西亚	16	54	泰国	11
32	葡萄牙	16	55	乌克兰	11
33	俄罗斯	15	56	乌拉圭	11
34	斯洛文尼亚	15	57	越南	11
35	土耳其	15	58	巴基斯坦	10
36	爱尔兰	14	59	斯洛伐克	10
37	沙特阿拉伯	14	60	突尼斯	10
38	克罗地亚	13	61	印度尼西亚	10
39	马耳他	13	62	阿尔及利亚	9
40	塞浦路斯	13	63	哈萨克斯坦	9
41	伊朗	13	64	摩洛哥	9

第6章 国际视角下高等教育高质量发展现状分析

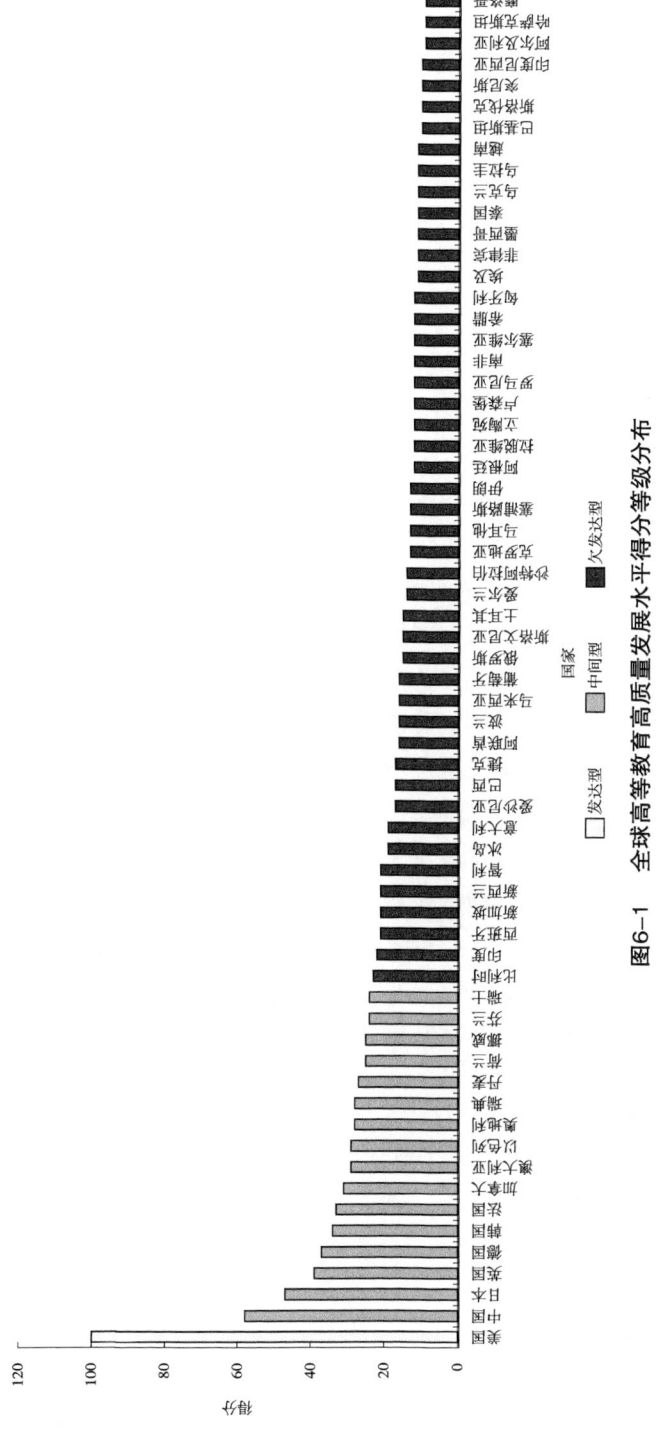

图6—1 全球高等教育高质量发展水平得分等级分布

6.2.1 欧洲

欧洲各国高等教育高质量发展水平的得分为 10~39 分，得分最高的国家是英国（39 分），其次是德国（37 分）和法国（33 分），斯洛伐克得分最低（10 分），见表 6-3。欧洲各国高等教育高质量发展水平得分的平均值为 21.6 分，标准差为 7.5 分，整体来看，欧洲各国的高等教育发展水平存在一定的差异性。

依据相关研究的平均分和标准差的关系，可以将欧洲国家高等教育发展水平得分划分为三种类型，如图 6-2 所示。欧洲发达型国家为高等教育高质量发展水平的得分高于 25.4 分的国家，高等教育高质量发展的得分由高到低分别为英国、德国、法国、奥地利、瑞典、丹麦、荷兰、挪威、芬兰、瑞士和比利时，这 11 个国家的得分显著高于欧洲的平均水平，究其原因，是这些国家在教育质量、国家化和科研能力等方面表现得比较突出，得分高的英国和德国在世界一流大学的集中程度和科研实力方面表现突出。中间型国家的高等教育高质量发展水平得分为 17.9~25.4，共有 9 个国家，其得分由高到低为西班牙、冰岛、意大利、爱沙尼亚、捷克、波兰、葡萄牙、俄罗斯和斯洛文尼亚，这些国家的发展水平得分接近平均值，中间型国家在某些维度如教育规模方面表现较好，但是在国家化或经费投入方面可能存在短板，这导致国家的高等教育高质量发展水平得分较低。欠发达型国家包括爱尔兰、克罗地亚、马耳他、塞浦路斯、拉脱维亚、立陶宛、卢森堡、罗马尼亚、塞尔维亚、希腊、匈牙利、乌克兰和斯洛伐克，这 13 个国家的得分低于 17.9 分，表明这些国家高等教育体系仍需进一步优化。[82] 这些国家的高等教育发展水平相对落后可能与其国家经济基础相对较弱、教育资源分配不均或政策支持不足等因素有关。

表 6-3 欧洲高等教育高质量发展水平得分

国家	高等教育高质量发展水平得分	国家	高等教育高质量发展水平得分
英国	39	立陶宛	12
意大利	19	拉脱维亚	12
匈牙利	12	克罗地亚	13
希腊	12	捷克	17

续表

国家	高等教育高质量发展水平得分	国家	高等教育高质量发展水平得分
西班牙	21	荷兰	25
乌克兰	11	芬兰	24
斯洛文尼亚	15	法国	33
斯洛伐克	10	俄罗斯	15
塞浦路斯	13	德国	37
塞尔维亚	12	丹麦	27
瑞士	24	波兰	16
瑞典	28	冰岛	19
葡萄牙	16	比利时	23
挪威	25	奥地利	28
马耳他	13	爱沙尼亚	17
罗马尼亚	12	爱尔兰	14
卢森堡	12		

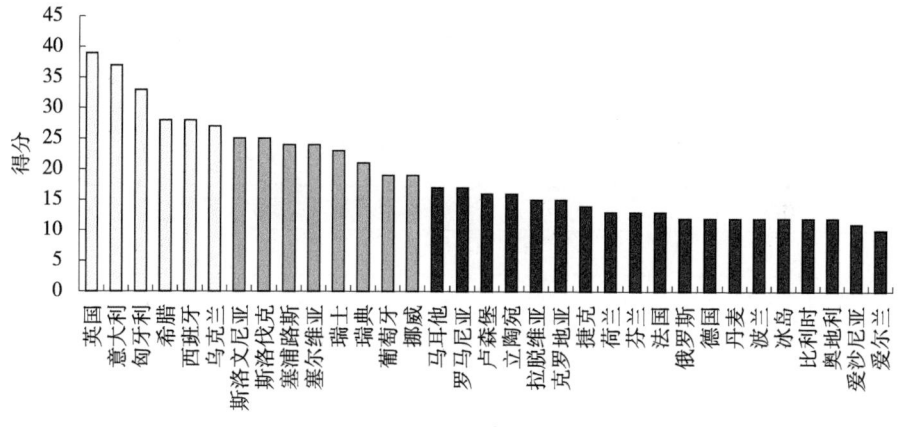

图6-2 欧洲高等教育高质量发展水平得分等级分布

6.2.2 亚洲

亚洲各国的高等教育高质量发展水平得分为9~58分，见表6-4，得分最高的国家是中国（58分），得分最低的国家是哈萨克斯坦（9分）。亚洲各国高等教育高质量发展水平得分的平均值为21.6分，标准差为13.2分，整体来看，亚洲各国的高等教育高质量发展水平存在显著的差异且发展不均衡。

结合图6-3来看，2023年亚洲高等教育发展水平属于发达型的国家为中国、日本、韩国和以色列。中国的高等教育高质量发展水平得分在亚洲遥遥领先，其高等教育在规模、质量和国际化等方面的综合优势较为明显，并且"双一流"建设等政策推动了高等教育的进一步发展，日本和韩国则凭借长期的教育投入和科研实力位居亚洲前列；中间型国家得分为13~22分，包括印度、新加坡、阿联酋、马来西亚、土耳其、沙特阿拉伯和伊朗共7个国家，新加坡和阿联酋等国家在国际化战略和经济上较有优势，这间接提升了国家的高等教育高质量发展水平；欠发达型国家的得分低于13分，包括菲律宾、泰国、越南、巴基斯坦、印度尼西亚和哈萨克斯坦，共6个国家，这些国家的高等教育高质量发展水平受限于其薄弱的经济基础或教育资源的不均衡分配等。哈萨克斯坦和巴基斯坦的得分分别为9分和10分，反映出其高等教育高质量发展水平较低，这些国家的高等教育体系可能需要进行结构性改革，以提升国家的高等教育高质量发展水平。整体来看，亚洲各国高等教育高质量发展水平得分相差较大，高等教育高质量发展发达型国家数量少但优势显著。

表6-4 亚洲高等教育高质量发展水平得分

国家	高等教育高质量发展水平得分
中国	58
日本	47
韩国	34
以色列	29
印度	22
新加坡	21
阿联酋	16
马来西亚	16
土耳其	15
沙特阿拉伯	14
伊朗	13

续表

国家	高等教育高质量发展水平得分
菲律宾	11
泰国	11
越南	11
巴基斯坦	10
印度尼西亚	10
哈萨克斯坦	9

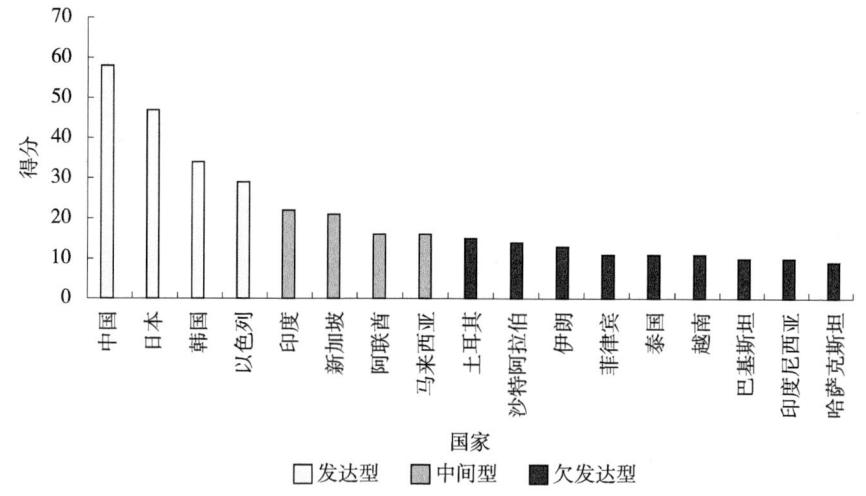

图 6-3 亚洲高等教育高质量发展水平得分等级分布

6.2.3 北美洲

北美洲三国的高等教育高质量发展水平得分呈现极端分化的情况，见表 6-5。美国以 100 分位居全球绝对领先地位，北美洲地区高等教育高质量发展水平得分的平均值为 47.3 分，但标准差高达 44.9 分，反映出区域内发展水平的极端不平衡。按照相关划分依据，结合图 6-4 来看，美国具有绝对的优势，其有顶尖的高校集群且高度国际化；加拿大的多伦多大学等高校排名靠前，但经费比较依赖公共投入，加拿大的人口稀少也间接制约着其高等教育的规模效应，从而导致发展受限；墨西哥的得分仅为 11 分，其在各维度都有较为明显的不足，主要原因是国家用于高校的经费不足，仅占其 GDP 的 0.8%，而且该国家各高校的教学质量相差较大且人才外流严重，导致其高等教育高质量发展水平得分较低。

表 6-5 北美洲高等教育高质量发展水平得分

国家	高等教育高质量发展水平得分
美国	100
加拿大	31
墨西哥	11

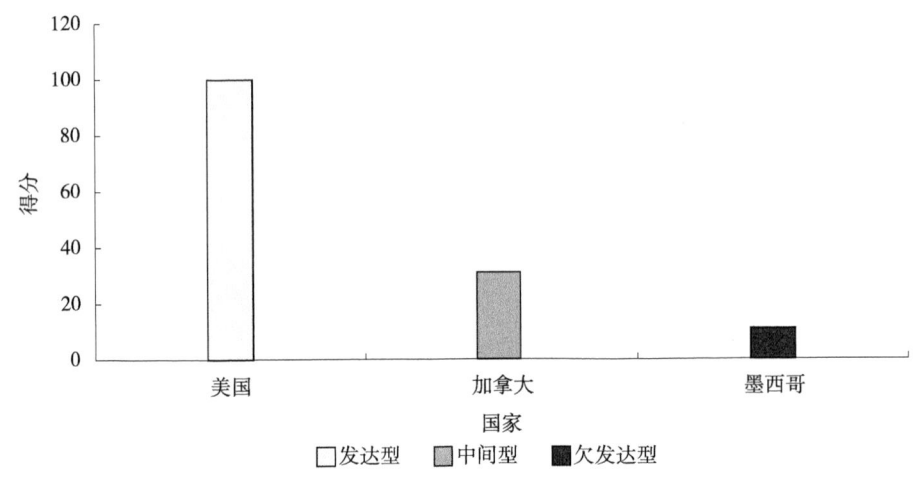

图 6-4 北美洲高等教育高质量发展水平得分等级分布

6.2.4 南美洲

南美洲主要国家的高等教育高质量发展水平得分见表 6-6，得分由高到低排列是智利、巴西、阿根廷和乌拉圭，得分为 11~21 分。南美洲主要国家得分的平均值为 15.25 分，标准差为 4.35 分，表明南美洲主要国家的高等教育发展水平存在一定的差异性。得分等级分布情况如图 6-5 所示。相对发达型国家即得分高于 17.4 分的国家，智利的得分显著高于其他国家，这得益于其高等教育的市场化改革和国际化战略；中间型国家为巴西，其得分介于 13.1 分和 17.4 分之间，巴西是南美洲的大国，拥有较多的高校，但是人均资源分配不足和区域发展不均衡导致其整体得分较低；欠发达型国家为阿根廷和乌拉圭，阿根廷曾拥有优质的公立教育体系，但近年经济衰退导致教育经费缩减，乌拉圭由于国家规模的限制，在高等教育高质量发展规模和质量上提升较缓慢。南美洲主要国家除了智利，多数国家其他维度的发展相对不足，这可能是南美洲主要国家的高等教育高质量水平普遍低于全球平均水平的原因。

表 6-6　南美洲高等教育高质量发展水平得分

国家	高等教育高质量发展水平得分
智利	21
巴西	17
阿根廷	12
乌拉圭	11

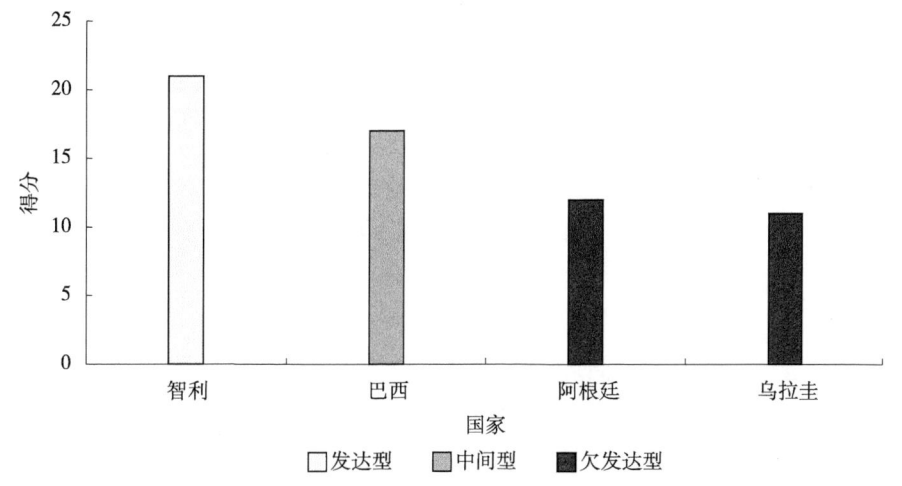

图 6-5　南美洲高等教育高质量发展水平得分等级分布

6.2.5　大洋洲

大洋洲两国的高等教育高质量发展水平得分见表 6-7，该区域得分的平均值为 25 分，澳大利亚为 29 分，新西兰为 21 分。大洋洲高等教育高质量发展水平得分的等级分布如图 6-6 所示，澳大利亚有八大名校联盟支撑其科研产出，这可能是其高等教育高质量发展水平得分高于新西兰的原因；新西兰的高等教育经费占 GDP 的比重相对较低，导致其高等教育高质量发展水平在大洋洲国家中得分较低。

表 6-7　大洋洲高等教育高质量发展水平得分

国家	高等教育高质量发展水平得分
澳大利亚	29
新西兰	21

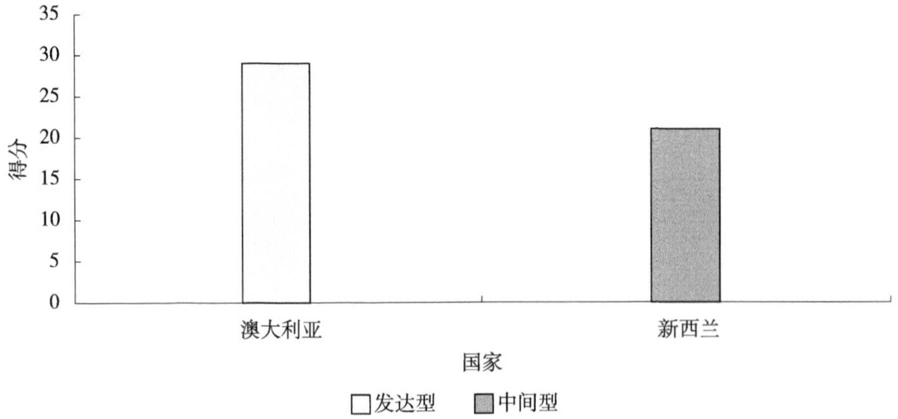

图 6-6　大洋洲高等教育发展水平得分等级分布

6.2.6 非洲

非洲五国的高等教育高质量发展水平得分为 9~12 分，结合表 6-8 和图 6-7 来看，非洲整体的高等教育高质量发展水平较低，得分平均值为 10.2 分，标准差为 1.3 分。非洲的高等教育高质量发展水平得分由高到低为南非、埃及、突尼斯、阿尔及利亚和摩洛哥，各国之间的得分差异较小。南非在科研产出等方面相对于非洲其他国家发展较好，高等教育高质量发展水平得分相对较高；阿尔及利亚面临的基础设施不足等问题可能是导致其高等教育高质量发展水平得分较低的原因。

表 6-8　非洲高等教育高质量发展水平得分

国家	高等教育高质量发展水平得分
南非	12
埃及	11
突尼斯	10
阿尔及利亚	9
摩洛哥	9

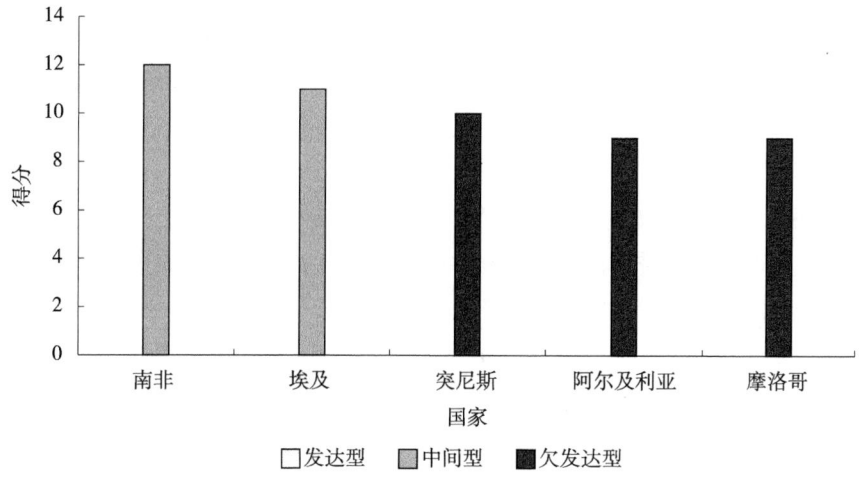

图 6-7 非洲高等教育发展水平得分等级分布

6.3 全球分维度高等教育高质量发展现状分析

6.3.1 高等教育经费占 GDP 比重变化分析

高等教育经费占 GDP 比重作为衡量国家高等教育财政投入的关键指标，能够有效反映国家对高等教育的资源分配的优先级。[84] 全球 64 个国家高等教育经费占 GDP 比重数据①见表 6-9，该指标呈现明显的两极分化趋势：以智利、美国和加拿大为代表的高投入国家显著超过世界平均水平，这可能与国家的经济结构特征或政策导向密切相关；卢森堡和意大利等低投入国家占比得分不足 40，反映出这些国家在高等教育资源投入上相对不足。本研究运用自然间断点分级法对全球 64 个国家的各维度数据进行差距分级，如图 6-8 所示。

结合图 6-8 来看，欧洲地区整体呈现高水平投入特征，但内部差异显著。挪威、丹麦和英国等国家高等教育经费占 GDP 比重位居全球前列，这些国家

---

① 全球分维度指标体系（如其中包含的"高等教育经费占 GDP 比重""ESI 自然科学全球前 1% 上榜机构数量""诺贝尔奖及菲尔茨奖获奖数量"等 9 个指标）中，不同指标的计量单位、数值范围差异极大，若不进行标准化，数值大的指标会在总指数中权重过大，数值小的指标会被忽略，导致总汇总指数失去参考意义。因此，本书对其进行消除量纲和量级差异处理，让不同指标能够公平参与后续的"汇总计算"。例如，0~100 数值的维度指标的标准化得分 =［（某国原始值-所有国家原始值的最小值）/（所有国家原始值的最大值-所有国家原始值的最小值）］×100。因此，分维度的相关各参数不是实际数值，并且没有单位。为简化表述，书中在提及各指标时，仍使用其换算前的名称。

的共同点是将高等教育纳入了社会福利体系中，政府实行低学费或免学费政策，以确保全国的教育公平性和全面性，丹麦还利用部分国家税收来支持各高校的运营成本。受国家经济和财政紧缩政策的影响，意大利高校的经费常年不足，科研人才的教育发展环境欠佳，对人才的吸引力不足，这会导致科研人才的外流。[85]

亚洲国家高等教育经费占 GDP 比重较为均衡，均超过 50，表明亚洲国家普遍将高等教育作为提升国家竞争力的关键因素。韩国通过政府主导的 BK21 工程大幅增加高等教育的科研经费；中国和日本等国家的这一占比接近全球平均水平，中国的人均高等教育经费虽低于发达型国家，但近年来其通过"双一流"建设增加了高等教育投入，日本则因面临少子化的问题，高校资源分配在未来需进一步优化；印度和巴基斯坦等南亚国家的 GDP 总量较低，所以高等教育经费占 GDP 比重数值较大，但实际上其高等教育经费严重不足。整体来看，亚洲国家高等教育质量呈现参差不齐的情况，但各国都较为重视高等教育高质量发展水平。

北美洲的数据以美国和加拿大为代表，该洲的高等教育经费占 GDP 比重显著高于全球平均水平。北美洲的高等教育经费模式使美国市场驱动与加拿大公共保障形成鲜明对比，美国作为全球高等教育经费占比最高的国家之一，其高等教育经费的投入主要依赖学生的学费和私人捐赠，联邦政府的直接投入仅占 18%，其余 82% 则来自学费、州政府拨款、捐赠基金和企业的合作投入；而加拿大实行联邦与省政府共同拨款的模式，联邦与省政府拨款占比为 70%~80%，加拿大各高校的学费相对较低且教育公平性较好，学生缴纳的学费占 20%~30%。

南美洲的高等教育经费占 GDP 比重整体属于中等水平，智利的高等教育经费占 GDP 比重较突出，为 100，是全球高等教育经费占 GDP 比重最高的国家，这可能与其独特的教育券政策有关，即政府通过补贴学生学费间接增加了高等教育投入；巴西和阿根廷等国家的占比处于全球投入水平的中游，但是这些国家容易受经济波动的影响，实际投入的教育经费占比的不确定性比较强。

非洲国家的高等教育经费占 GDP 比重均为 57，由于多数非洲国家的 GDP 总量较低，所以实际上各国的高等教育经费仍然不足。非洲国家的高等教育经费实际投入较低，原因在于国家的经济基础与教育需求之间存在失衡的问题。高等教育经费中包含非洲联盟建立的私立教育机构基建投资和国际援助专项等非常规项目，这就导致非洲这些代表性国家的高等教育经费占 GDP 比重数值较高。

大洋洲的澳大利亚和新西兰在高等教育投入上表现突出。澳大利亚各高校的经费主要来自学费和政府的拨款,澳大利亚通过高投入打造了全球领先的国际化教育产业,悉尼大学的年度预算中,国际学生的学费贡献占比超过了30%,其由此面临着过度依赖国际学生学费可能受国际政治经济形势影响的较大风险;新西兰则拥有较为均衡的公立教育体系,政府对高校的直接拨款占比更高。

表6-9 全球64个国家高等教育经费占GDP比重

区域	国家	高等教育经费占GDP比重	区域	国家	高等教育经费占GDP比重
欧洲	英国	74	亚洲	中国	50
	德国	48		日本	51
	法国	55		韩国	56
	瑞典	58		以色列	54
	奥地利	65		印度	57
	丹麦	68		新加坡	52
	挪威	73		阿联酋	57
	荷兰	62		马来西亚	57
	芬兰	56		土耳其	60
	瑞士	52		沙特阿拉伯	57
	比利时	57		伊朗	57
	西班牙	48		泰国	57
	意大利	34		菲律宾	57
	冰岛	47		越南	57
	捷克	45		印度尼西亚	57
	爱沙尼亚	55		巴基斯坦	57
	波兰	47		哈萨克斯坦	57
	葡萄牙	43	南美洲	智利	100
	俄罗斯	37		巴西	57
	斯洛文尼亚	39		阿根廷	57
	爱尔兰	31		乌拉圭	57

续表

区域	国家	高等教育经费占GDP比重	区域	国家	高等教育经费占GDP比重
欧洲	塞浦路斯	52	北美洲	美国	93
	克罗地亚	57		加拿大	81
	马耳他	52		墨西哥	52
	匈牙利	33	非洲	南非	57
	希腊	35		埃及	57
	塞尔维亚	57		突尼斯	57
	立陶宛	40		摩洛哥	57
	拉脱维亚	50		阿尔及利亚	57
	卢森堡	17	大洋洲	澳大利亚	72
	罗马尼亚	57		新西兰	61
	乌克兰	57			
	斯洛伐克	35			

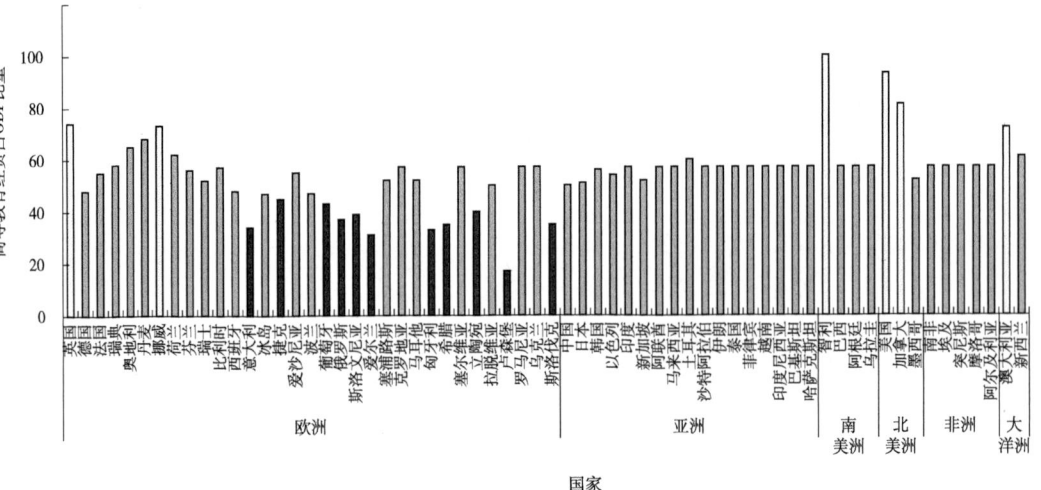

图 6-8 全球 64 个国家高等教育经费占 GDP 比重地理等级分布

6.3.2 ESI 自然科学全球前 1% 上榜机构数量变化分析

ESI 自然科学全球前 1% 上榜机构数量是高校自然科学领域科研实力的重

要体现,具体数据见表6-10。上榜机构通常具备强大的科研团队、先进的实验条件和紧密的国际合作关系,可以体现出国家高等教育高质量发展的科研竞争力情况。如图6-9所示,欧洲各国在ESI自然科学前1%上榜机构数量上表现较为均衡,英国、德国和法国是欧洲的科研强国,意大利和西班牙等国家也有一定数量的上榜机构,北欧国家瑞典和丹麦的上榜机构较少,东欧国家波兰和捷克等的科研实力相对较弱。欧洲高等教育在ESI自然科学全球前1%上榜机构数量维度的优势在于,其历史悠久的学术传统和较多的国际科研合作计划。

亚洲在ESI自然科学全球前1%上榜机构数量中表现突出,尤其是中国、日本、韩国和印度,亚洲的优势在于各国政府都大力支持科研创新和高等教育高质量发展。亚洲在该维度上整体分布不均衡,上榜机构主要集中在东亚和南亚地区,这些国家的科研实力相对较弱,部分国家如越南和菲律宾的上榜机构较少。中国以82分位居全球第二,仅次于美国,显示出其在自然科学领域的实力,日本、印度和韩国的数据排名也较靠前,新加坡、马来西亚和伊朗等国家也有少量机构上榜,整体反映了亚洲国家对科研投入和高等教育发展的重视。

北美洲以美国为主导,其上榜机构占全球总数的比例较高,表明了其在自然科学领域的绝对领先地位;加拿大的上榜机构数量相对较少,与美国差距较大。美国的高等教育体系和科研环境全球瞩目,其高校吸引了大量国际人才和资金投入,这是其科研实力强大的重要原因。北美洲的科研优势主要体现在经费充足和高校与研究机构合作紧密等方面。

南美洲的上榜机构数量较少,巴西是南美洲科研能力较强的国家,阿根廷和智利等国家也有少量机构上榜。巴西的科研实力在农业科学和环境科学领域较强,但整体上南美洲在科研投入和基础设施等方面仍需加强。

大洋洲的上榜机构主要集中在澳大利亚和新西兰,澳大利亚的科研实力较强,在生命科学和环境科学领域表现突出,但其上榜机构数量与欧美相比仍有一定差距。新西兰的科研规模较小,但其较为注重特色领域的发展。大洋洲数据较低的原因在于,人口稀少和地理限制导致科研资源和人才相对有限。

非洲仅有南非和埃及等国家有少量机构上榜,非洲的科研实力整体较弱,受限于经费不足、基础设施落后和人才流失等问题。非洲的科研发展亟须国际支持和本土化努力,可以通过国际合作项目提升科研能力,同时加强高等教育建设,以培养本土人才。[86]

表 6-10 ESI 自然科学全球前 1% 上榜机构数量

区域	国家	ESI 自然科学全球前 1% 上榜机构数量	区域	国家	ESI 自然科学全球前 1% 上榜机构数量
欧洲	英国	23	亚洲	中国	82
	德国	17		日本	26
	法国	25		韩国	14
	瑞典	6		以色列	2
	奥地利	4		印度	38
	丹麦	2		新加坡	1
	挪威	3		阿联酋	1
	荷兰	4		马来西亚	6
	芬兰	2		土耳其	18
	瑞士	4		沙特阿拉伯	6
	比利时	2		伊朗	16
	西班牙	13		泰国	3
	意大利	15		菲律宾	2
	冰岛	0		越南	3
	捷克	3		印度尼西亚	2
	爱沙尼亚	1		巴基斯坦	7
	波兰	10		哈萨克斯坦	1
	葡萄牙	4	南美洲	智利	4
	俄罗斯	6		巴西	17
	斯洛文尼亚	1		阿根廷	3
	爱尔兰	2		乌拉圭	0
	塞浦路斯	1	北美洲	美国	100.00
	克罗地亚	1		加拿大	11
	马耳他	0		墨西哥	5
	匈牙利	2	非洲	南非	4
	希腊	4		埃及	5
	塞尔维亚	1		突尼斯	2
	立陶宛	1		摩洛哥	1
	拉脱维亚	0		阿尔及利亚	2

续表

区域	国家	ESI自然科学全球前1%上榜机构数量	区域	国家	ESI自然科学全球前1%上榜机构数量
欧洲	卢森堡	0	大洋洲	澳大利亚	8
	罗马尼亚	3		新西兰	2
	乌克兰	2			
	斯洛伐克	2			

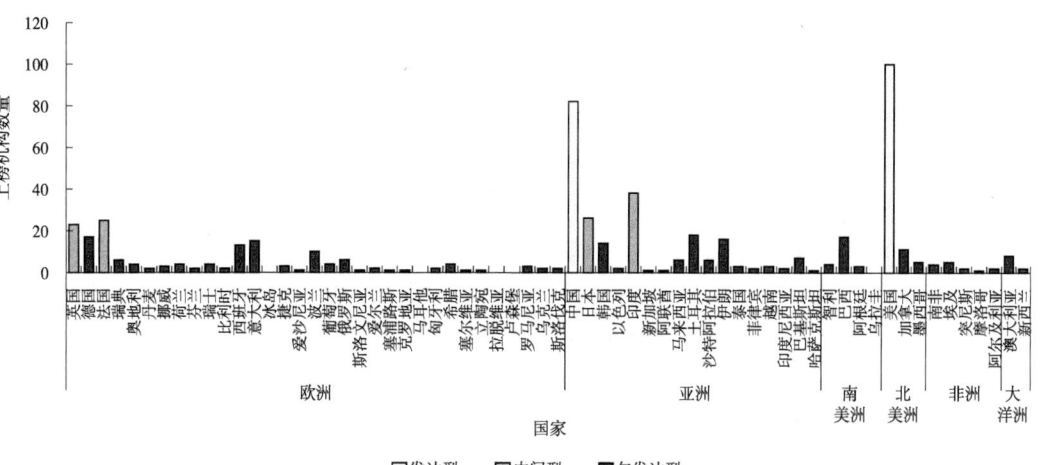

图 6-9 ESI 自然科学全球前 1% 上榜机构数量等级分布

6.3.3 RUC 人文社会科学全球前 10% 上榜机构数量变化分析

RUC 人文社科全球前 10% 上榜机构数量是高校在人文社科领域国际影响力的体现，具体数据见表 6-11。RUC 人文社会科学全球前 10% 上榜机构的分布呈现明显的区域不均衡性，结合图 6-10 来看，北美洲和欧洲处于领先地位，其余排名由高到低为亚洲、大洋洲、南美洲和非洲。英国、德国和法国是欧洲的三大核心力量，其在人文社会科学领域表现均衡，意大利和西班牙等国家也有较好的表现，波兰和匈牙利等表现较弱，瑞典和荷兰的上榜机构不多，但其研究质量较高。欧洲 RUC 人文社会科学全球前 10% 上榜机构数量的优势在于，欧盟的科研合作框架促进了各成员国之间的资源共享。

亚洲在人文社会科学领域的表现较为分化，中国和日本是亚洲的领头羊，韩国、印度等国家也有少量机构上榜，东南亚国家如马来西亚和泰国等表现较弱。中国的"双一流"建设推动了人文社会科学领域的发展，但与美国和欧洲的数据相比仍有一定差距。亚洲的优势在于政府的大力支持和快速发展的学术国际化进程。[87]

北美洲以美国为主导的 RUC 人文社会科学全球前 10% 上榜机构，数量远超其他国家，显示出其在人文社会科学领域的绝对领先地位；加拿大得分为 14，但与美国差距显著。美国的高等教育体系在人文社会科学领域具有深厚的学术积累，其顶尖大学如哈佛、耶鲁和斯坦福等在社会科学、经济学和政治学等领域的研究具有全球影响力。北美洲的优势在于其多元化的学术环境、充足的科研经费以及国际化的学术交流平台。

南美洲的上榜机构数量较少。巴西是南美洲的主要代表，其社会科学研究在拉美地区具有一定影响力，智利和阿根廷等国家表现较弱。整体上，南美洲的学术投入和国际化水平仍需提升，其科研发展受限于经济和政治因素。

大洋洲的上榜机构主要集中在澳大利亚和新西兰，澳大利亚在人文社会科学领域表现突出，尤其是在教育学和社会学等方面具有较强实力。新西兰的机构数量较少，但研究质量较高。

非洲的上榜机构极少，仅南非有零星分布。非洲的人文社会科学研究实力整体较弱，受限于科研经费不足、教育基础设施落后和高等教育人才流失等问题，非洲的学术发展亟须国际支持和国家政府的努力。

表 6-11　RUC 人文社会科学全球前 10% 上榜机构数量

区域	国家	RUC 人文社会科学全球前 10% 上榜机构数量	区域	国家	RUC 人文社会科学全球前 10% 上榜机构数量
欧洲	英国	38	亚洲	中国	35
	德国	23		日本	29
	法国	23		韩国	6
	瑞典	7		以色列	3
	奥地利	3		印度	6
	丹麦	3		新加坡	1
	挪威	6		阿联酋	1

续表

区域	国家	RUC人文社会科学全球前10%上榜机构数量	区域	国家	RUC人文社会科学全球前10%上榜机构数量
欧洲	荷兰	7	亚洲	马来西亚	3
	芬兰	4		土耳其	2
	瑞士	4		沙特阿拉伯	1
	比利时	3		伊朗	2
	西班牙	18		泰国	0
	意大利	15		菲律宾	0
	冰岛	0		越南	1
	捷克	2		印度尼西亚	1
	爱沙尼亚	1		巴基斯坦	1
	波兰	3		哈萨克斯坦	0
	葡萄牙	4	南美洲	智利	2
	俄罗斯	6		巴西	3
	斯洛文尼亚	1		阿根廷	0
	爱尔兰	3		乌拉圭	0
	塞浦路斯	2	北美洲	美国	100
	克罗地亚	0		加拿大	14
	马耳他	0		墨西哥	1
	匈牙利	1	非洲	南非	4
	希腊	3		埃及	0
	塞尔维亚	0		突尼斯	0
	立陶宛	0		摩洛哥	0
	拉脱维亚	0		阿尔及利亚	0
	卢森堡	0	大洋洲	澳大利亚	16
	罗马尼亚	0		新西兰	3
	乌克兰	1			
	斯洛伐克	0			

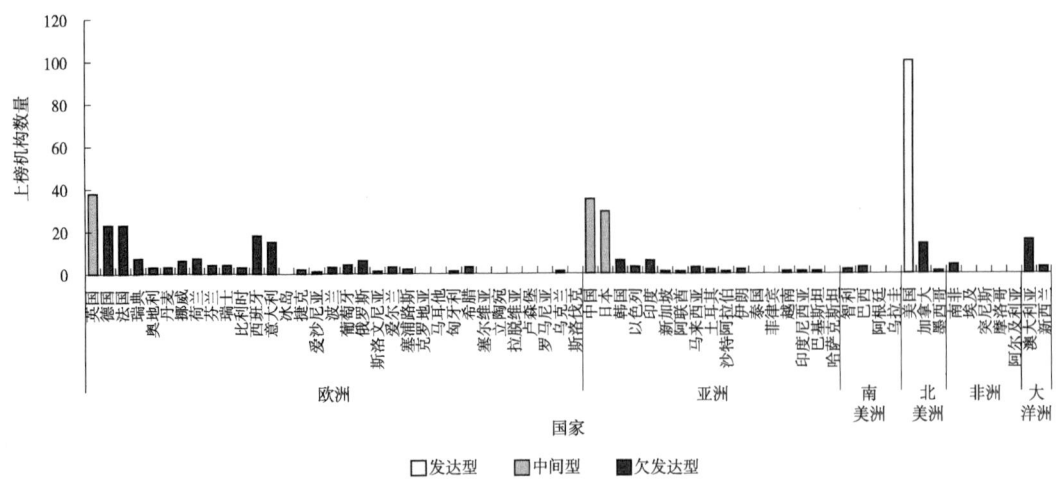

图 6-10 RUC 人文社会科学全球前 10% 上榜机构数量等级分布

6.3.4 自然指数变化分析

欧洲各国在自然指数上的表现呈现出明显的梯队分布，具体数据如表 6-12 和图 6-11 所示。德国、法国和英国组成第一梯队，这些国家都拥有悠久的科研传统和完善的高等教育体系，意大利和西班牙等南欧国家构成第二梯队，瑞典和丹麦等国家的人均科研产出较为突出。欧洲科研体系的最大特色在于其高度国际化，德国的马克斯·普朗克研究所和法国的国家科研中心等机构在全球范围内都具有重要影响力，但欧洲也面临着科研经费分散和程序烦琐等问题，并且东欧国家在科研基础设施和人才储备方面实力普遍相对薄弱。

亚洲在自然指数上呈现出两极分化的特征，亚洲科研发展的主要驱动力来自政府的大力支持，亚洲国家普遍重视高等教育并且培养了大量的科研人才。中国以 91.17 分的高分位居前列，日本和印度组成第二梯队。近年来，中国在材料科学、化学和工程学等领域的科研产出大幅增长，其高等教育高质量发展水平也有较为明显的提升。日本则保持了在物理和生命科学等传统优势领域的地位，东南亚国家除新加坡外科研实力整体偏弱。亚洲科研体系也存在一些问题，一是科研评价过于注重数量指标[88]，二是基础研究投入相对不足，三是国际科研合作有待加强。

北美洲在自然指数上占据绝对优势地位，美国以 100.00 分高居全球榜首，加拿大则以 11.01 分位列全球前十，北美洲的科研优势体现在其高度发达的产学研合作机制上。美国拥有完善的高等教育体系和科研基础设施，聚集了哈佛、麻省理工和斯坦福等世界顶尖研究型大学，美国政府和企业对科研的投入力度巨大，同时实行开放的人才引进政策，吸引了全球大量的顶尖科研人才。加拿大的高等教育在多伦多大学和哥伦比亚大学等高校的带动下，在部分学科领域如环境科学和医学等具有较强竞争力，但是，加拿大面临科研经费相对不足和人才外流问题，部分优秀科研人员被美国更优越的科研条件所吸引。

南美洲的科研表现相对较弱，巴西是南美洲内唯一数据较高的国家，阿根廷和智利等国家表现中等。巴西在热带医学、农业科学和环境科学等领域具有一定优势，这与其独特的热带生态系统和农业大国地位相关。南美洲科研发展面临的问题有科研经费不足、科研设备落后和人才流失严重等，经济波动和政治不稳定也影响了南美洲科研的可持续发展，导致许多优秀科研人员选择前往北美或欧洲发展。

大洋洲的科研表现主要依靠澳大利亚，澳大利亚八大名校联盟构成了该国科研的中坚力量，其科研质量较高，但受制于人口规模，总体科研体量难以与欧洲、北美洲、亚洲大国相比，地理上的孤立性也增加了科研合作成本。澳大利亚正在积极推进与亚洲国家的科研合作，特别是在气候变化和海洋研究等领域。

非洲在自然指数上的表现最为薄弱，仅有南非和埃及等少数国家有零星表现。南非是非洲大陆科研实力最强的国家，开普敦大学和金山大学等机构是非洲重要的科研基地，但是，非洲科研发展存在教育基础薄弱、科研经费极度匮乏和科研基础设施落后等问题，大多数非洲国家的研发投入占 GDP 比重不足 0.5%，远低于世界平均水平。

表 6-12 全球自然指数

区域	国家	自然指数	区域	国家	自然指数
欧洲	英国	17.41	亚洲	中国	91.17
	德国	17.80		日本	37.26
	法国	17.93		韩国	13.19
	瑞典	3.59		以色列	3.33
	奥地利	3.59		印度	38.92
	丹麦	1.41		新加坡	1.15

续表

区域	国家	自然指数	区域	国家	自然指数
欧洲	挪威	2.56	亚洲	阿联酋	0.77
	荷兰	3.59		马来西亚	2.43
	芬兰	1.92		土耳其	13.32
	瑞士	2.94		沙特阿拉伯	3.59
	比利时	2.56		伊朗	11.52
	西班牙	9.22		泰国	4.35
	意大利	10.50		菲律宾	1.66
	冰岛	0.51		越南	4.87
	捷克	2.43		印度尼西亚	4.35
	爱沙尼亚	0.51		巴基斯坦	6.91
	波兰	7.04		哈萨克斯坦	0.90
	葡萄牙	3.97	南美洲	智利	4.74
	俄罗斯	12.29		巴西	17.03
	斯洛文尼亚	0.90		阿根廷	5.25
	爱尔兰	1.79		乌拉圭	0.26
	塞浦路斯	1.02	北美洲	美国	100.00
	克罗地亚	1.28		加拿大	11.01
	马耳他	0.13		墨西哥	5.38
	匈牙利	2.05	非洲	南非	3.07
	希腊	2.82		埃及	3.71
	塞尔维亚	0.64		突尼斯	0.77
	立陶宛	0.77		摩洛哥	1.41
	拉脱维亚	0.90		阿尔及利亚	1.54
	卢森堡	0.13	大洋洲	澳大利亚	5.51
	罗马尼亚	2.43		新西兰	1.15
	乌克兰	2.43			
	斯洛伐克	1.28			

第6章 国际视角下高等教育高质量发展现状分析

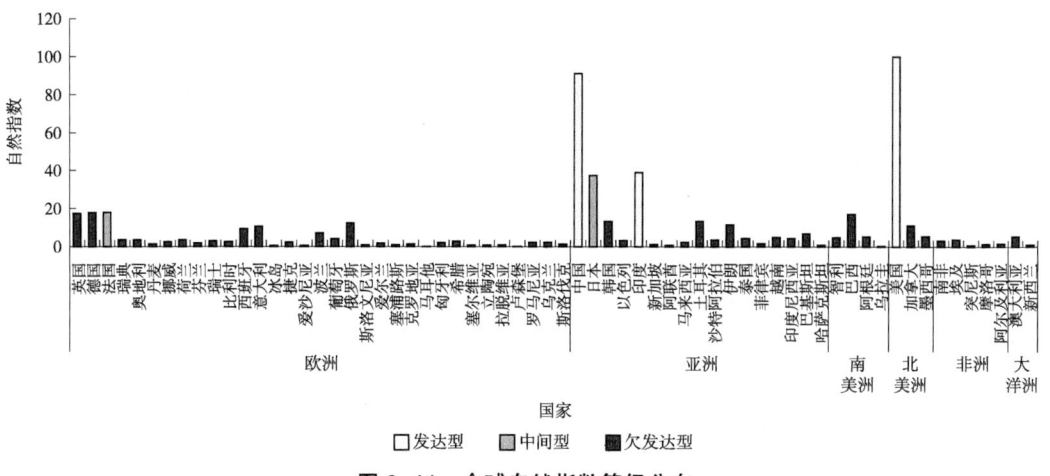

图 6-11 全球自然指数等级分布

6.3.5 研发经费占 GDP 比重变化分析

欧洲各国的研发投入相对均衡，结合图 6-12 来看，北欧国家表现尤为突出，瑞典在通信技术领域、芬兰在通信设备领域、丹麦在清洁能源等领域都保持着较高的研发投入水平；西欧国家中德国的研发投入主要集中在汽车制造和机械装备等传统优势产业，法国则在航空航天和核能等战略领域保持较高投入，瑞士在生命科学和精密仪器等领域成果丰硕；东欧国家的研发经费占 GDP 比重相对较低，匈牙利和捷克等国家正在通过加入欧盟研发框架计划逐步提升研发能力。整体来看，欧洲研发投入的均衡性得益于其统一的科技政策和完善的创新体系。

研发经费占 GDP 比重数据见表 6-13。亚洲的以色列、韩国和日本等的研发投入占比较高。以色列的研发投入主要集中在国防科技和农业技术领域，韩国则在半导体和显示面板等产业持续加大投入，日本保持着在汽车制造等传统优势领域的研发强度。东南亚和南亚的发展中国家经济增速较快，印度在电子信息服务外包领域具有优势，但在核心技术研发上仍显薄弱；新加坡通过政府主导的研发战略在生物医药和电子制造等领域取得了显著进展；中国的研发投入占比处于中间位置，近年来在研发投入方面持续增加，但在基础研究和核心技术领域与发达国家相比仍存在一定的差距。

在北美洲，美国的研发投入占整个洲的 80% 以上，其在半导体、人工智能和生物技术等前沿领域的投入持续领先，硅谷和波士顿等创新中心的研发密度甚至超过许多国家的整体水平。加拿大的研发规模远小于美国，其研发投入的特点是资源依赖性强，在能源开采和林业等传统领域投入较多，在新兴技术领域相对薄弱。两国在研发投入上的巨大差距，反映出北美科技创新体系的非均衡性。

南美洲是全球研发投入最薄弱的地区之一。巴西作为该地区最大的经济体，其研发投入主要集中在农业科技和生物能源领域，阿根廷和智利等国家的研发体系则更为薄弱。南美洲研发滞后的原因可能是南美洲国家的经济结构都较为单一且过度依赖资源出口，同时高等教育人才外流严重，其顶尖科研人才大量流向欧美国家，导致本土研发能力难以提升。

非洲的研发投入长期处于全球最低水平，该地区相对发达的国家——埃及和南非的研发经费占GDP的比重得分也仅为12分和15分。基础设施严重不足制约了研发活动的开展，许多地区缺乏稳定的电力供应和互联网接入，教育资源匮乏导致科技人才短缺，非洲高校在全球科研产出中的占比不足1%。但是，少数非洲国家在特定领域取得了进展，如肯尼亚的移动支付创新和卢旺达的智慧城市建设，但这些局部突破尚未形成规模效应，难以改变非洲在科技创新领域的落后局面。

大洋洲的研发投入以澳大利亚和新西兰为主，这两个国家的研发投入占比相当。澳大利亚的研发重点在矿业技术和农业科技等领域，新西兰则在食品科学方面有所侧重。两国都拥有较为完善的科研体系，但在前沿技术领域缺乏突破性成果，这可能与国家地域偏远或市场规模有限等因素密切相关。

表6-13　研发经费占GDP比重

区域	国家	研发经费占GDP比重	区域	国家	研发经费占GDP比重
欧洲	英国	34	亚洲	中国	43
	德国	63		日本	66
	法国	44		韩国	92
	瑞典	67		以色列	100
	奥地利	64		印度	13
	丹麦	61		新加坡	41
	挪威	42		阿联酋	26
	荷兰	44		马来西亚	21
	芬兰	56		土耳其	12

续表

区域	国家	研发经费占GDP比重	区域	国家	研发经费占GDP比重
欧洲	瑞士	41	亚洲	沙特阿拉伯	12
	比利时	56		伊朗	12
	西班牙	25		泰国	12
	意大利	28		菲律宾	12
	冰岛	41		越南	12
	捷克	39		印度尼西亚	5
	爱沙尼亚	28		巴基斯坦	12
	波兰	24		哈萨克斯坦	2
	葡萄牙	27	南美洲	智利	12
	俄罗斯	20		巴西	23
	斯洛文尼亚	39		阿根廷	10
	爱尔兰	23		乌拉圭	8
	塞浦路斯	11	北美洲	美国	57
	克罗地亚	20		加拿大	32
	马耳他	12		墨西哥	6
	匈牙利	31	非洲	南非	12
	希腊	24		埃及	15
	塞尔维亚	19		突尼斯	12
	立陶宛	19		摩洛哥	12
	拉脱维亚	13		阿尔及利亚	12
	卢森堡	25	大洋洲	澳大利亚	41
	罗马尼亚	10		新西兰	41
	乌克兰	10			
	斯洛伐克	17			

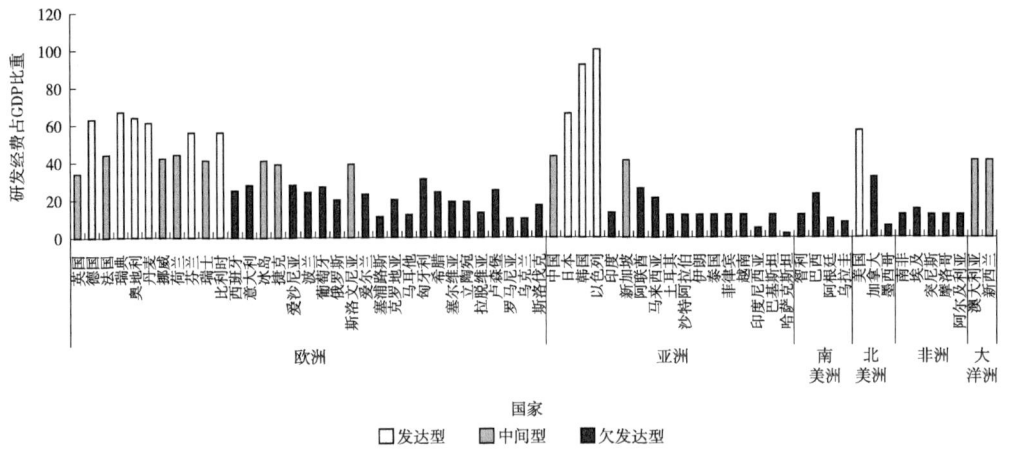

图 6-12 全球研发经费占 GDP 比重等级分布

6.3.6 授权专利变化分析

欧洲的授权专利数量整体较多,如表 6-14 和图 6-13 所示,但欧洲整体内部差异明显。德国、英国和法国等西欧国家表现突出,北欧国家如瑞典等专利数量较少,俄罗斯联邦的授权专利数量在欧洲表现中等,但欧洲多数国家专利数量得分不足 5 分。欧洲的科技创新能力与其发达的高等教育体系和长期的技术积累有关,但仍需关注区域内的发展差距。

亚洲的授权专利数量得分,中国为 52 分,日本为 66 分,两国是亚洲的领头羊,韩国等国家紧随其后。亚洲其他国家如新加坡、马来西亚和伊朗等的专利数量得分为 0,显示出区域内科技发展的不均衡。亚洲的科技创新能力主要集中在东亚地区,这与该地区的高等教育发展水平、经济实力以及政府政策支持密切相关。

北美洲以美国为核心,其授权专利数量得分高达 100 分,占全球总量的近 1/3。加拿大的授权专利数量得分为 15 分,远低于美国,但在全球范围内仍处于中等水平。北美洲的科技创新能力整体领先,尤其是美国在技术研发和专利保护方面的优势显著,这与它的高等教育体系、研发投入和成熟的创新生态系统密不可分。

南美洲的授权专利数量极少,巴西是唯一有专利授权记录的国家,其余国家均为 0。这表明南美洲的科技创新能力严重不足,亟须加强高等教育和研发投入。

大洋洲的授权专利数量整体较少,澳大利亚以 6 分的得分位列大洋洲第一名,新西兰为 0。该地区国家的科技创新能力相对较弱,这可能与人口规模小和研发资源有限有关。

非洲的授权专利数量几乎可以忽略不计，仅南非有少量记录数量，其他国家均为0。非洲的科技创新能力在全球处于最低水平，这与该地区的经济发展水平较低、教育资源匮乏以及科技基础设施落后密切相关。全球授权专利分布如图6-13。

表6-14 全球授权专利

区域	国家	授权专利数量	区域	国家	授权专利数量
欧洲	英国	16	亚洲	中国	52
	德国	28		日本	66
	法国	19		韩国	23
	瑞典	2		以色列	0
	奥地利	8		印度	3
	丹麦	3		新加坡	0
	挪威	1		阿联酋	0
	荷兰	1		马来西亚	0
	芬兰	2		土耳其	0
	瑞士	5		沙特阿拉伯	0
	比利时	0		伊朗	0
	西班牙	6		泰国	0
	意大利	3		菲律宾	0
	冰岛	0		越南	0
	捷克	0		印度尼西亚	0
	爱沙尼亚	0		巴基斯坦	0
	波兰	3		哈萨克斯坦	0
	葡萄牙	1	南美洲	智利	0
	俄罗斯	8		巴西	1
	斯洛文尼亚	1		阿根廷	0
	爱尔兰	1		乌拉圭	0
	塞浦路斯	0	北美洲	美国	100
	克罗地亚	0		加拿大	15
	马耳他	0		墨西哥	3

续表

区域	国家	授权专利数量	区域	国家	授权专利数量
欧洲	匈牙利	1	非洲	南非	3
	希腊	1		埃及	0
	塞尔维亚	0		突尼斯	0
	立陶宛	0		摩洛哥	0
	拉脱维亚	0		阿尔及利亚	0
	卢森堡	0	大洋洲	澳大利亚	6
	罗马尼亚	0		新西兰	0
	乌克兰	1			
	斯洛伐克	0			

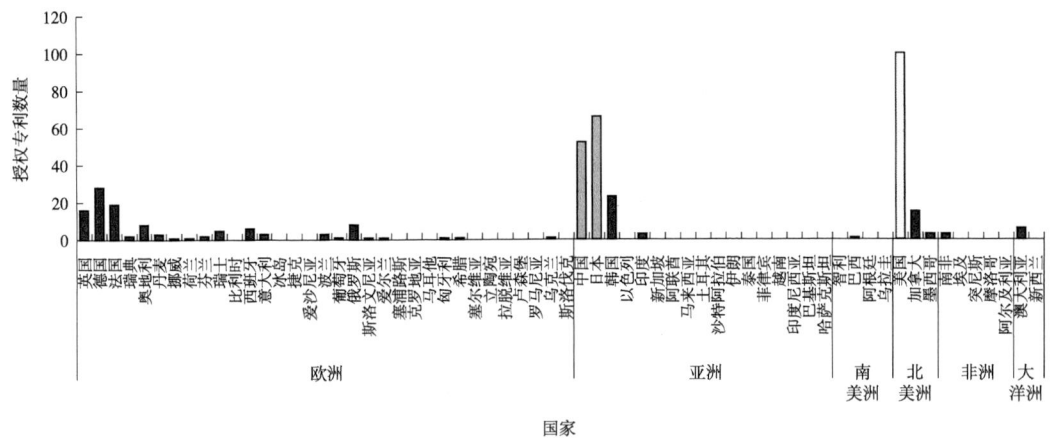

图 6-13 全球授权专利等级分布

6.3.7 全球人才竞争力指数变化分析

结合表 6-15 和图 6-14 来看，欧洲是全球人才竞争力最强的地区之一。瑞士、瑞典、丹麦和荷兰等国家位居全球前列。这些国家不仅拥有世界一流的高等教育机构，还给优秀人才提供了优越的生活质量和创新环境，欧洲国家在多元化和国际化方面普遍比其他国家表现优异，逐渐吸引了大量国际人才。东欧国家的得分相对较低，如匈牙利、罗马尼亚和乌克兰都仅在平均分左右，反映出其在经济转型过程中人才竞争力的不足。捷克和爱沙尼亚等国家的表现较为亮眼，显示出较强的发展潜力。

亚洲国家的人才竞争力指数呈现两极分化现象，新加坡、日本和以色列等国家得分较高，说明这些国家具有较强的人才竞争力，其中新加坡拥有优质的高等教育体系、先进的科技产业和开放的移民政策。亚洲也有许多国家得分较低，如印度、巴基斯坦和伊朗在教育和创新能力方面存在明显短板。中国以70分的得分处于亚洲中游水平，中国在高等教育规模和科研投入方面表现突出，但在国际化水平和高端人才吸引力方面还需进一步加强。

北美洲以美国和加拿大为代表，它们的人才竞争力指数均超过90分。美国在科技创新和高等教育方面全球领先，拥有众多顶尖大学和研究机构；加拿大则因其开放的移民政策和良好的生活环境在近些年吸引了大量国际人才；墨西哥是北美洲得分最低的国家，其人才竞争力主要受限于经济和教育发展的不平衡。

南美洲国家的人才竞争力整体较弱，智利是该地区得分最高的国家，其在教育和社会稳定方面表现较好。巴西和阿根廷等国家则面临经济波动和教育资源不足的问题，影响了其人才竞争力。

非洲是全球人才竞争力最弱的地区，南非是该地区得分最高的国家，但其表现仍远低于全球平均水平。埃及、摩洛哥和阿尔及利亚等国家的得分更低，反映出非洲在高等教育、基础设施和教育环境等方面的严重不足。

大洋洲以澳大利亚和新西兰为代表，其人才竞争力指数得分较高。这两个国家以其优质的教育体系、宜居的环境和开放的移民政策吸引了大量国际人才，成为全球人才竞争中表现较为突出的国家。

表6-15 全球人才竞争力指数

区域	国家	全球人才竞争力指数	区域	国家	全球人才竞争力指数
欧洲	英国	91	亚洲	中国	70
	德国	90		日本	84
	法国	84		韩国	77
	瑞典	95		以色列	84
	奥地利	88		印度	48
	丹麦	95		新加坡	97
	挪威	92		阿联酋	77
	荷兰	94		马来西亚	73

续表

区域	国家	全球人才竞争力指数	区域	国家	全球人才竞争力指数
欧洲	芬兰	94	亚洲	土耳其	53
	瑞士	100		沙特阿拉伯	66
	比利时	88		伊朗	42
	西班牙	75		泰国	55
	意大利	72		菲律宾	54
	冰岛	92		越南	50
	捷克	79		印度尼西亚	51
	爱沙尼亚	81		巴基斯坦	39
	波兰	68		哈萨克斯坦	58
	葡萄牙	77	南美洲	智利	73
	俄罗斯	63		巴西	53
	斯洛文尼亚	77		阿根廷	59
	爱尔兰	89		乌拉圭	61
	塞浦路斯	75	北美洲	美国	96
	克罗地亚	61		加拿大	91
	马耳他	80		墨西哥	56
	匈牙利	65	非洲	南非	56
	希腊	64		埃及	49
	塞尔维亚	60		突尼斯	51
	立陶宛	73		摩洛哥	46
	拉脱维亚	74		阿尔及利亚	44
	卢森堡	94	大洋洲	澳大利亚	91
	罗马尼亚	60		新西兰	90
	乌克兰	58			
	斯洛伐克	69			

第6章 国际视角下高等教育高质量发展现状分析

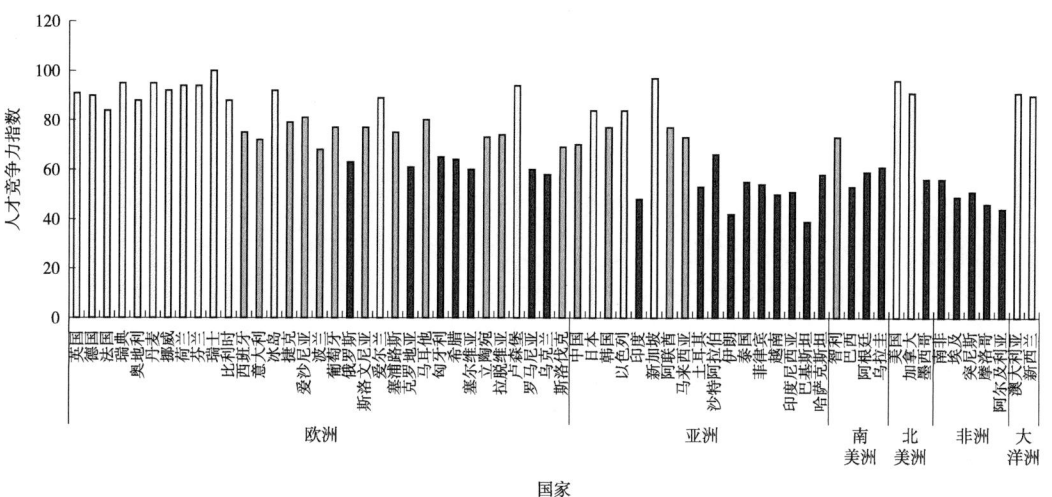

图6-14 全球人才竞争力指数等级分布

6.3.8 全球高被引科学家数量变化分析

根据表6-16,全球高被引科学家中,美国数量最多(占全球总量的42.37%),这种绝对优势体现了其全球科研中心的地位。中国以35分紧随其后,反映出近年来中国在科研领域的快速崛起。智利、意大利和巴西等发展中大国的高被引科学家数量为0,这表明全球科研资源高度集中于少数发达国家,发展中国家的科研能力仍有较大提升空间。下面结合图6-15对各洲情况进行更深层次的分析。

欧洲各国高被引科学家数量合计占全球总量的29.10%,其中英国、德国、法国和荷兰等传统科技强国占据主导地位,瑞士等国家凭借特色学科优势跻身前列。欧盟的协同创新政策在一定程度上促进了资源整合,但东欧与南欧国家整体均无高被引科学家,表现出欧洲内部科研发展的不均衡性。

亚洲地区的高被引科学家总数占全球总量的20.90%,但人均产出仍显著低于欧美国家。中国作为亚洲科研领军者,其高被引科学家数量接近该地区的68%,日本和韩国等的科研实力与其经济地位不完全匹配,反映出亚洲科研体系在基础研究与成果转化间的结构性矛盾。沙特阿拉伯在高被引科学家维度上数据较好,这可能与其重金引进国际人才密切相关。

北美洲以美国为核心,北美地区的科研实力远超其他大洲,美国在自然科学和工程技术等领域的长期投入与顶尖高校的集聚效应,使其在高等教育领域各方面都较为突出。加拿大的高被引科学家数量较少，但其在医学和人工智能等领域的创新能力不容忽视。

南美洲仅有巴西显示有高被引科学家，其余国家如阿根廷、智利、哥伦比亚和乌拉圭等均显示为0。这一数据远低于全球平均水平，表现出南美洲科研产出的严重不足。巴西作为南美洲最大的经济体，其高被引科学家数量仅占全球总量的0.41%，该数据与其国土面积、人口规模及经济总量极不匹配。

大洋洲以澳大利亚为核心，其在环境科学和生物医学等领域的优势显著，但受限于人口与市场规模，其科研规模难以与其他发达国家相比较。新西兰的科研能力则更为有限，大洋洲内部科研资源高度集中于澳大利亚。

非洲的高被引科学家数量几乎可以忽略不计。非洲科研投入严重不足，并且基础设施薄弱，导致高端人才外流现象普遍存在，非洲高等教育人才的研究方向可能更偏向本土化领域，在人工智能等全球前沿领域的贡献极小。许多非洲高校的科研项目依靠国际组织或慈善基金资助，研究方向受制于外部议程。

表6-16 全球高被引科学家数量

区域	国家	全球高被引科学家数量	区域	国家	全球高被引科学家数量
欧洲	英国	19	亚洲	中国	35
	德国	13		日本	3
	法国	6		韩国	2
	瑞典	2		以色列	1
	奥地利	2		印度	1
	丹麦	2		新加坡	3
	挪威	1		阿联酋	0
	荷兰	8		马来西亚	1
	芬兰	1		土耳其	0
	瑞士	4		沙特阿拉伯	4
	比利时	3		伊朗	1
	西班牙	4		泰国	0
	意大利	4		菲律宾	0
	冰岛	0		越南	0
	捷克	0		印度尼西亚	0
	爱沙尼亚	0		巴基斯坦	0
	波兰	0		哈萨克斯坦	0

第6章　国际视角下高等教育高质量发展现状分析

续表

区域	国家	全球高被引科学家数量	区域	国家	全球高被引科学家数量
欧洲	葡萄牙	1	南美洲	智利	0
	俄罗斯	0		巴西	1
	斯洛文尼亚	0		阿根廷	0
	爱尔兰	1		乌拉圭	0
	塞浦路斯	0	北美洲	美国	100
	克罗地亚	0		加拿大	7
	马耳他	0		墨西哥	0
	匈牙利	0	非洲	南非	0
	希腊	0		埃及	0
	塞尔维亚	0		突尼斯	0
	立陶宛	0		摩洛哥	0
	拉脱维亚	0		阿尔及利亚	0
	卢森堡	0	大洋洲	澳大利亚	13
	罗马尼亚	0		新西兰	1
	乌克兰	0			
	斯洛伐克	0			

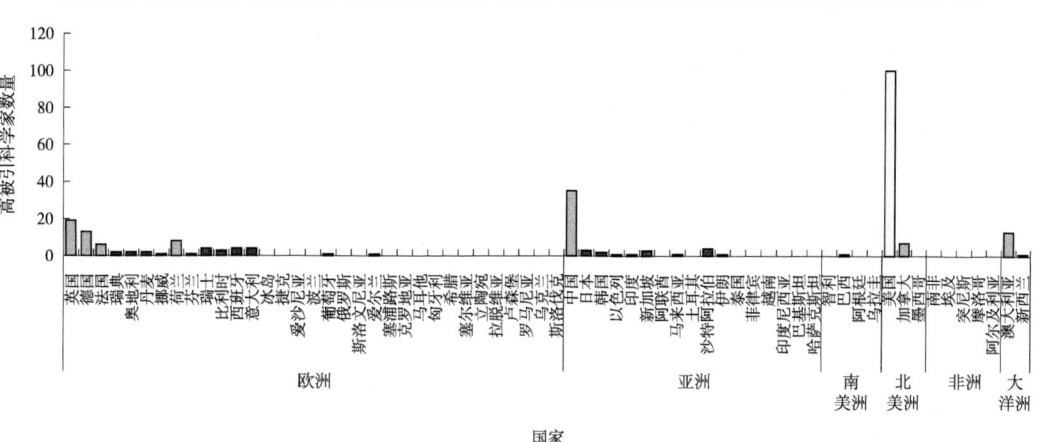

图6-15　全球高被引科学家等级分布

6.3.9 诺贝尔奖及菲尔茨奖变化分析

诺贝尔奖及菲尔茨奖的全球分布呈现出显著的区域不均衡性，反映出各国在科研实力、高等教育体系及创新环境上的差异，见表6-17。欧洲作为诺贝尔奖及菲尔茨奖获奖最多的地区，其获奖数量占全球总量的43.7%，其中英国、德国和法国贡献了欧洲总量的60%以上，瑞士在人均获奖数量上表现尤为突出。结合图6-16来看，东欧和南欧国家尽管有一定积累，但整体水平较低，仍属于中度发达或欠发达类型。这种分布特征与欧洲的高等教育历史积淀、经济一体化进程及跨国科研合作网络的成熟度密切相关。

亚洲诺贝尔奖及菲尔茨奖获奖数量仅占全球的8.1%，且高度集中于日本、以色列和中国等国家。日本凭借其在物理和化学领域的长期投入成为亚洲诺贝尔奖及菲尔茨奖获奖数量的第一名，以色列则以创新驱动模式在计算机科学和生命科学领域有所收获。中国的获奖总量偏低但增速显著，其获奖数量偏低的主要原因可能在于基础研究投入不足及科研成果的国际化程度有限。

北美洲的诺贝尔奖及菲尔茨奖获奖情况以美国为主导，其获奖数量占全球总量的32.1%，这得益于其完善的研究型大学体系、充足的科研经费及开放的人才引进政策。加拿大获奖总量不及美国，但其人均获奖数量高于多数欧洲国家，反映出其高等教育体系的高质量与均衡性。

南美洲的诺贝尔奖及菲尔茨奖获奖数量仅占全球的3.3%，且主要来自阿根廷和智利，南美洲的困境与其政治经济不稳定和高等教育体系的结构密切相关。阿根廷曾培养出三位诺贝尔奖得主，但由于近年经济动荡与科研投入的减少，其科研产出几近停滞。巴西作为该地区最大的经济体仍无诺贝尔奖和菲尔茨奖得主，这可能与其高等教育体系的结构性缺陷有关，公立大学虽资源集中但科研产出效率低，而私立大学则科研能力薄弱，导致整体科研竞争力不足。

大洋洲的科研表现与其经济发达程度并不完全匹配，该地区诺贝尔奖及菲尔茨奖获奖总数仅4.27，且全部来自澳大利亚和新西兰。澳大利亚依托八校联盟在医学与环境科学领域有所建树，但受限于人口规模与地理环境，难以形成规模效应；新西兰则凭借农业与生态研究方面的特色在特定领域具备竞争力，但其在基础科学领域仍显薄弱。

非洲的诺贝尔奖及菲尔茨奖获奖总数仅为4.51，且全部来自南非的2.61、埃及的0.95和突尼斯的0.24。南非凭借相对完善的高等教育体系，使开普敦大学在医学与和平奖领域有所贡献，但资源分配不均制约了其进一步发展；埃及受政治动荡与人才外流影响，科研成果难以持续；撒哈拉以南非洲多数国家仍处于零获奖状态，其科研基础设施匮乏及在全球知识生产体系中的边缘化地位，导致高等教育发展与科研产出长期滞后。

表6-17 全球诺贝尔奖及菲尔茨奖获奖数量

区域	国家	诺贝尔奖及菲尔茨奖获奖数量	区域	国家	诺贝尔奖及菲尔茨奖获奖数量
欧洲	英国	34.36	亚洲	中国	2.13
	德国	27.49		日本	7.58
	法国	20.14		韩国	0.24
	瑞典	8.06		以色列	3.32
	奥地利	5.45		印度	2.84
	丹麦	3.32		新加坡	0
	挪威	3.08		阿联酋	0
	荷兰	5.21		马来西亚	0
	芬兰	1.18		土耳其	0.47
	瑞士	6.4		沙特阿拉伯	0
	比利时	3.08		伊朗	0.47
	西班牙	1.9		泰国	0
	意大利	5.45		菲律宾	0.24
	冰岛	0.24		越南	0.24
	捷克	1.42		印度尼西亚	0
	爱沙尼亚	0		巴基斯坦	0.47
	波兰	4.27		哈萨克斯坦	0
	葡萄牙	0.47	南美洲	智利	0.47
	俄罗斯	9.48		巴西	0
	斯洛文尼亚	0.24		阿根廷	1.18
	爱尔兰	2.61		乌拉圭	0
	塞浦路斯	0.24	北美洲	美国	100.00
	克罗地亚	0.47		加拿大	6.64
	马耳他	0		墨西哥	0.71

续表

区域	国家	诺贝尔奖及菲尔茨奖获奖数量	区域	国家	诺贝尔奖及菲尔茨奖获奖数量
欧洲	匈牙利	3.08	非洲	南非	2.61
	希腊	0.47		埃及	0.95
	塞尔维亚	0		突尼斯	0.24
	立陶宛	0.71		摩洛哥	0.24
	拉脱维亚	0.24		阿尔及利亚	0.47
	卢森堡	0.47	大洋洲	澳大利亚	3.32
	罗马尼亚	0.95		新西兰	0.95
	乌克兰	1.18			
	斯洛伐克	0			

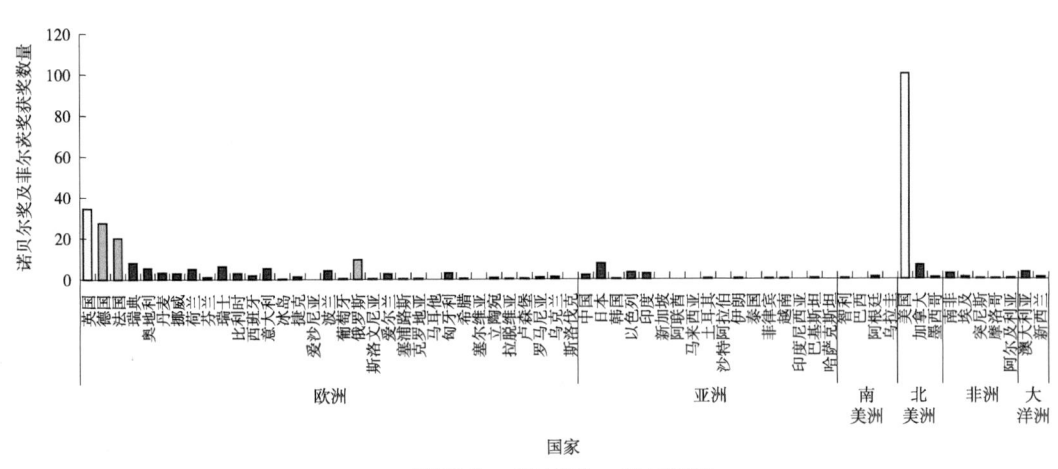

图 6-16 全球诺贝尔奖及菲尔茨奖等级分布

6.4 综合分析

本章基于全球 64 个主要国家的高等教育高水平发展数据，从世界学术中心度、世界科技中心度和世界人才中心度三大维度系统分析发现，全球高等教育高质量发展水平呈现显著不均衡性。美国在多项核心指标上占据绝对优势，其高等教育经费占 GDP 比重得分达 93 分，ESI 自然科学领域全球前 1%机构数量、高被引科学家数量等均为满分，展现出其在科研实力与人才吸引力方面的压倒性优势。欧洲整体发展水平较高但内部差异显著，英国、德国、法国等西欧国家在学术研究、科研投入和人才竞争力方面表现突出，而东欧和南欧部分国家因经济基础薄弱、教育资源分配不均，高等教育质量相对落后。亚洲呈现两极分化态势，中国、日本、韩国等东亚国家在科研产出和经费投入上表现亮眼，中国 ESI 自然科学全球前 1%机构数量得分达 82 分，但东南亚和南亚部分国家受经济水平和教育资源限制，发展滞后。北美洲以美国为主导，加拿大虽在部分领域具备竞争力，但与美国差距显著；墨西哥因经费不足、人才外流等问题，高等教育水平较低。大洋洲的澳大利亚和新西兰凭借优质的教育体系和开放的移民政策在人才竞争力上表现较好，但科研规模受人口和地理限制。非洲和南美洲整体发展滞后，多数国家的高被引科学家数量、授权专利等指标接近零或等于零，面临经费短缺、基础设施薄弱和人才流失等多重挑战。

从核心指标来看，高等教育经费占 GDP 比重与科研产出呈正相关关系，智利、美国等高投入国家在部分指标上表现优异，而意大利、卢森堡等低投入国家的科研实力相对薄弱。自然指数、授权专利数量、高被引科学家数量等指标得分较高者高度集中于发达国家，反映出技术创新和知识生产的"中心—边缘"结构，美国在自然指数、授权专利数量等指标上的绝对领先地位凸显了其创新生态的成熟度。全球人才竞争力指数与高等教育质量高度关联，瑞士、瑞典、新加坡等国家凭借其优质的教育资源和开放的移民政策吸引国际人才，而非洲多数国家因教育基础薄弱，人才竞争力全球垫底。

基于以上研究结果，发展中国家需聚焦基础设施建设与政策支持，加大高等教育经费投入力度并优化资源配置，提高科研基础设施和基础研究投入比重，同时强化人才培养与留存机制，改善科研环境，并通过政策吸引本土人才回归，还应推动教育数字化与国际化，利用数字技术弥补资源不足。发达国家应注重均衡发展与全球责任，缩小区域内部教育资源差距，通过政策协调推动跨国联合培养项目，同时开放科研合作与技术转移，向发展中国家转移技术和经验，优化科研评价体系，注重科研质量和社会影响。在全球治理层面，应加强国际协作与标准共建，建立兼顾区域差异的跨国高等教育质量评估体系，设立全球高等教育发展基金，支持发展中国家教育建设，推动多元文化的学术交流,以促进不同文明背景下的学术融合与创新。这种全球范围内的差异化发展格局与多维影响因素,不仅揭示了当前高等教育高质量发展的现实状态,也为不同国家和地区制定针对性政策提供了实证依据,未来需进一步关注数字化转型等全球议题对高等教育的影响,探索多元化的高质量发展路径。

6.5 本章小结

本章基于全球 64 个主要国家的高等教育发展数据,从世界学术中心度、世界科技中心度和世界人才中心度三大维度,系统地分析了国际视角下全球高等教育高质量发展水平的现状与特征。从区域分布来看,高等教育高质量发展水平呈现明显的梯度差异。在世界学术中心度方面,高等教育经费投入与科研产出高度相关;在世界科技中心度方面,美国在自然指数和专利授权上遥遥领先;在世界人才中心度方面,发达国家凭借优质教育资源和开放政策占据绝对优势。整体来看,全球高等教育发展水平呈现显著的不均衡性,发达国家在多数指标上占据主导地位,而发展中国家则面临多重挑战。

第7章
国际视角下数字化发展现状分析

7.1 数据来源

本章选取全球64个国家进行研究,研究时间范围为2009—2023年。本章数据来源于世界银行公开数据库(World Bank Open Data),其中,对于缺失值,采用时间序列分析予以补全,主要使用线性插值方法。线性插值方法假设数据在缺失的时间点之间是线性变化的,呈现一定的趋势,特殊的指标数据采用前向填充或者后向填充。

本章以技术—组织—环境框架(TOE框架)为分析框架,从区域和维度两个层面对全球64个国家的数字化发展水平展开深入分析,具体指标体系见表7-1。

表7-1 数字化发展现状评价指标体系

维度	测量指标
技术	使用互联网的个人
	专利申请数量
组织	高等教育师生比例
	高等教育入学率
环境	高等教育支出
	研发支出

7.2 各洲数字化发展水平分析

本章以 2009—2023 年全球 64 个国家的数字化发展数据为基础,通过 STATA 软件进行数据清洗、整理与分析,并运用熵值法对各评价指标进行客观赋权[89],计算出 2009—2023 年各国的数字化发展水平。同时,将这 64 个国家划分为六大区域:欧洲、亚洲、南美洲、北美洲、非洲和大洋洲。[90] 统计结果见表 7-2 和表 7-3。通过对得分结果的对比分析,深入探讨 2009—2023 年各区域数字化发展水平的动态变化趋势,揭示出显著的区域差异。

表 7-2 各洲数字化发展现状评价综合得分

年份	欧洲	亚洲	南美洲	北美洲	非洲	大洋洲
2009	0.174	0.118	0.346	0.363	0.321	0.480
2010	0.179	0.124	0.362	0.371	0.330	0.492
2011	0.179	0.133	0.381	0.380	0.351	0.508
2012	0.179	0.140	0.392	0.394	0.353	0.520
2013	0.179	0.145	0.409	0.414	0.364	0.559
2014	0.178	0.148	0.405	0.413	0.376	0.549
2015	0.178	0.157	0.417	0.417	0.384	0.574
2016	0.175	0.166	0.435	0.437	0.404	0.564
2017	0.174	0.171	0.438	0.436	0.437	0.465
2018	0.175	0.177	0.437	0.437	0.444	0.494
2019	0.175	0.176	0.369	0.442	0.454	0.460
2020	0.176	0.181	0.461	0.440	0.466	0.490
2021	0.173	0.187	0.451	0.438	0.522	0.484
2022	0.175	0.192	0.459	0.439	0.506	0.514
2023	0.177	0.198	0.465	0.450	0.512	0.479

表 7-3 各国数字化发展现状评价综合得分

区域	国家	2009年	2010年	2011年	2012年	2013年	2014年	2015年	2016年	2017年	2018年	2019年	2020年	2021年	2022年	2023年
欧洲	英国	0.338	0.335	0.344	0.346	0.338	0.341	0.335	0.328	0.321	0.335	0.325	0.326	0.324	0.322	0.319
	德国	0.811	0.803	0.804	0.797	0.807	0.822	0.811	0.825	0.816	0.800	0.802	0.740	0.707	0.687	0.673
	法国	0.315	0.329	0.328	0.330	0.338	0.341	0.343	0.347	0.354	0.355	0.355	0.337	0.351	0.352	0.357
	瑞典	0.182	0.195	0.190	0.183	0.180	0.174	0.175	0.171	0.172	0.170	0.172	0.173	0.176	0.175	0.172
	奥地利	0.170	0.174	0.173	0.184	0.179	0.180	0.183	0.180	0.181	0.181	0.181	0.183	0.183	0.184	0.186
	丹麦	0.175	0.173	0.176	0.176	0.171	0.179	0.168	0.171	0.167	0.162	0.161	0.160	0.156	0.156	0.156
	挪威	0.148	0.143	0.143	0.139	0.140	0.144	0.140	0.142	0.141	0.138	0.135	0.134	0.134	0.135	0.136
	荷兰	0.164	0.167	0.173	0.170	0.170	0.170	0.169	0.174	0.177	0.177	0.179	0.179	0.179	0.180	0.181
	芬兰	0.234	0.235	0.232	0.203	0.200	0.196	0.194	0.194	0.194	0.195	0.196	0.198	0.200	0.202	0.202
	瑞士	0.144	0.145	0.147	0.146	0.150	0.155	0.156	0.156	0.155	0.156	0.158	0.159	0.160	0.161	0.185
	比利时	0.130	0.131	0.132	0.137	0.135	0.142	0.146	0.169	0.166	0.168	0.168	0.168	0.169	0.170	0.171
	西班牙	0.140	0.143	0.146	0.143	0.141	0.142	0.140	0.138	0.131	0.122	0.120	0.122	0.122	0.122	0.123
	意大利	0.216	0.221	0.220	0.214	0.214	0.218	0.221	0.223	0.221	0.228	0.232	0.269	0.250	0.256	0.260
	冰岛	0.128	0.135	0.109	0.109	0.108	0.109	0.108	0.109	0.107	0.107	0.108	0.110	0.138	0.141	0.144
	捷克	0.119	0.128	0.161	0.158	0.158	0.158	0.147	0.146	0.147	0.146	0.147	0.146	0.146	0.147	0.150
	爱沙尼亚	0.087	0.111	0.118	0.113	0.125	0.099	0.102	0.101	0.102	0.100	0.126	0.126	0.129	0.126	0.128
	波兰	0.149	0.159	0.166	0.173	0.170	0.163	0.172	0.164	0.160	0.162	0.158	0.162	0.154	0.154	0.179
	葡萄牙	0.102	0.104	0.080	0.081	0.078	0.084	0.086	0.086	0.084	0.084	0.085	0.110	0.115	0.117	0.120
	俄罗斯	0.458	0.502	0.472	0.503	0.500	0.435	0.507	0.472	0.414	0.446	0.424	0.420	0.361	0.396	0.386
	斯洛文尼亚	0.142	0.142	0.136	0.152	0.152	0.122	0.119	0.115	0.115	0.112	0.109	0.110	0.110	0.110	0.109
	爱尔兰	0.119	0.120	0.123	0.121	0.124	0.124	0.105	0.099	0.101	0.100	0.100	0.100	0.104	0.103	0.106
	塞浦路斯	0.062	0.051	0.049	0.052	0.053	0.082	0.062	0.087	0.094	0.099	0.100	0.103	0.105	0.107	0.108
	克罗地亚	0.068	0.072	0.077	0.079	0.085	0.083	0.082	0.084	0.082	0.084	0.086	0.085	0.086	0.087	0.087
	马耳他	0.063	0.068	0.051	0.070	0.065	0.063	0.076	0.071	0.070	0.070	0.072	0.074	0.078	0.079	0.080

续表

区域	国家	2009年	2010年	2011年	2012年	2013年	2014年	2015年	2016年	2017年	2018年	2019年	2020年	2021年	2022年	2023年
欧洲	匈牙利	0.107	0.099	0.108	0.099	0.098	0.087	0.081	0.084	0.078	0.102	0.080	0.106	0.108	0.109	0.109
	希腊	0.165	0.176	0.187	0.193	0.203	0.224	0.218	0.216	0.214	0.216	0.217	0.242	0.221	0.248	0.250
	塞尔维亚	0.099	0.099	0.099	0.101	0.123	0.127	0.128	0.128	0.132	0.130	0.132	0.133	0.134	0.133	0.134
	立陶宛	0.097	0.104	0.108	0.109	0.105	0.103	0.099	0.084	0.081	0.085	0.084	0.084	0.085	0.086	0.087
	拉脱维亚	0.064	0.089	0.096	0.096	0.092	0.092	0.096	0.062	0.084	0.087	0.086	0.086	0.086	0.085	0.085
	罗马尼亚	0.144	0.141	0.131	0.108	0.096	0.090	0.085	0.093	0.119	0.097	0.095	0.095	0.096	0.099	0.101
	乌克兰	0.141	0.143	0.149	0.141	0.144	0.141	0.134	0.106	0.100	0.101	0.101	0.093	0.089	0.093	0.094
	斯洛伐克	0.076	0.099	0.101	0.103	0.100	0.096	0.106	0.086	0.095	0.088	0.091	0.090	0.090	0.089	0.092
亚洲	中国	0.207	0.235	0.283	0.329	0.399	0.441	0.506	0.599	0.615	0.675	0.621	0.663	0.699	0.761	0.793
	日本	0.286	0.285	0.285	0.285	0.284	0.284	0.280	0.282	0.282	0.277	0.276	0.268	0.263	0.260	0.256
	韩国	0.248	0.251	0.286	0.290	0.295	0.299	0.301	0.301	0.301	0.335	0.341	0.346	0.350	0.353	0.356
	以色列	0.208	0.211	0.210	0.212	0.210	0.211	0.214	0.213	0.247	0.246	0.248	0.283	0.284	0.252	0.252
	印度	0.109	0.111	0.112	0.108	0.103	0.103	0.102	0.102	0.103	0.107	0.110	0.118	0.121	0.128	0.134
	新加坡	0.176	0.179	0.182	0.186	0.186	0.190	0.191	0.192	0.191	0.195	0.196	0.198	0.202	0.203	0.205
	阿联酋	0.078	0.080	0.085	0.121	0.124	0.123	0.125	0.124	0.127	0.130	0.131	0.132	0.134	0.165	0.168
	马来西亚	0.129	0.125	0.133	0.127	0.123	0.119	0.123	0.121	0.116	0.115	0.117	0.120	0.125	0.124	0.126
	土耳其	0.134	0.147	0.150	0.160	0.166	0.171	0.180	0.190	0.200	0.207	0.208	0.213	0.217	0.220	0.257
	沙特阿拉伯	0.060	0.092	0.097	0.104	0.114	0.117	0.122	0.127	0.139	0.139	0.142	0.106	0.109	0.107	0.109
	伊朗	0.062	0.066	0.076	0.078	0.073	0.090	0.096	0.133	0.145	0.136	0.137	0.138	0.139	0.141	0.141
	泰国	0.072	0.063	0.056	0.055	0.062	0.068	0.104	0.110	0.112	0.114	0.119	0.124	0.128	0.130	0.133
	菲律宾	0.036	0.046	0.049	0.050	0.052	0.053	0.055	0.058	0.058	0.057	0.057	0.060	0.097	0.098	0.098
	越南	0.056	0.059	0.067	0.062	0.062	0.069	0.068	0.068	0.071	0.077	0.076	0.079	0.082	0.086	0.089

续表

区域	国家	2009年	2010年	2011年	2012年	2013年	2014年	2015年	2016年	2017年	2018年	2019年	2020年	2021年	2022年	2023年
亚洲	印度尼西亚	0.028	0.037	0.046	0.057	0.054	0.051	0.064	0.065	0.067	0.069	0.074	0.077	0.082	0.084	0.091
	巴基斯坦	0.074	0.074	0.078	0.080	0.081	0.064	0.066	0.063	0.065	0.065	0.067	0.068	0.068	0.069	0.070
	哈萨克斯坦	0.043	0.049	0.061	0.068	0.069	0.068	0.068	0.069	0.064	0.069	0.069	0.076	0.076	0.078	0.079
南美洲	智利	0.111	0.150	0.163	0.180	0.198	0.208	0.231	0.233	0.229	0.231	0.235	0.228	0.241	0.247	0.253
	巴西	0.701	0.708	0.752	0.770	0.801	0.775	0.789	0.836	0.868	0.843	0.883	0.879	0.838	0.842	0.846
	阿根廷	0.487	0.500	0.514	0.529	0.527	0.525	0.539	0.563	0.545	0.216	0.229	0.605	0.577	0.594	0.603
	乌拉圭	0.086	0.090	0.096	0.090	0.111	0.109	0.111	0.108	0.112	0.455	0.128	0.134	0.148	0.151	0.157
北美洲	美国	0.752	0.782	0.791	0.830	0.859	0.850	0.851	0.869	0.866	0.852	0.853	0.829	0.814	0.799	0.824
	加拿大	0.300	0.291	0.313	0.308	0.319	0.315	0.317	0.334	0.336	0.337	0.339	0.341	0.348	0.349	0.353
	墨西哥	0.036	0.041	0.035	0.044	0.065	0.073	0.083	0.108	0.105	0.123	0.133	0.148	0.153	0.168	0.174
非洲	南非	0.282	0.291	0.273	0.270	0.285	0.318	0.347	0.315	0.321	0.326	0.321	0.319	0.560	0.437	0.405
	埃及	0.331	0.358	0.451	0.451	0.461	0.475	0.471	0.510	0.525	0.532	0.539	0.545	0.531	0.512	0.524
	突尼斯	0.340	0.342	0.346	0.338	0.325	0.306	0.308	0.316	0.311	0.309	0.312	0.324	0.331	0.350	0.364
	摩洛哥	0.288	0.318	0.339	0.375	0.421	0.454	0.452	0.489	0.498	0.504	0.546	0.573	0.593	0.620	0.645
	阿尔及利亚	0.364	0.341	0.346	0.332	0.327	0.328	0.341	0.390	0.528	0.547	0.554	0.569	0.597	0.611	0.619
大洋洲	澳大利亚	0.673	0.688	0.715	0.746	0.809	0.781	0.832	0.833	0.713	0.694	0.741	0.724	0.765	0.729	0.724
	新西兰	0.287	0.296	0.300	0.293	0.309	0.318	0.315	0.295	0.218	0.294	0.179	0.255	0.203	0.299	0.233

本章采用乔治·F. 詹克斯（George F. Jenks）首创的自然间断点分级法，对2009—2023年全球64个国家的数字化发展综合指数进行层级划分，以深入分析各区域数字化发展特征与态势。该方法基于数据分布内在特性，通过寻找数据序列中的"天然断点"将数据归为不同类别，实现类内数据高度聚合、类间数据显著区分，尤其适用于离散且不均衡的数据，可精准挖掘潜在结构规律。[91] 实际操作中，先将各国数字化发展指数按升序排列，再根据研究目的与数据特征预设分类数量完成初步归类，随后通过迭代计算动态优化类别

边界,直至获得使类内方差最小的"自然间断点"以实现科学分类。其优势在于分类结果紧密契合数据实际分布,能有效避免人为划分的主观误差以确保结论客观可靠,但预设类别数量对结果影响显著,不同设定会产生差异明显的分类格局。本书将其作为量化分析全球数字化发展区域差异的重要工具,为研究提供坚实的数据支撑与分析基础。

7.2.1 欧洲

利用 Excel 制作欧洲数字化发展水平柱状分布图,通过录入欧洲各国数字化发展水平数据,插入柱状图组件,经调整坐标轴、标题、数据系列等,生成直观呈现各国数字化发展水平差异的可视化图表,如图 7-1 所示,从图中可以看出,欧洲地区数字化发展水平在整体上呈现出一定的特征。2009—2023 年,多数欧洲国家数字化发展水平相对平稳,部分国家有轻微下降趋势。德国在众多欧洲国家中数字化发展水平领先,英国、法国等传统强国也处于较高水平且相对稳定,这表明欧洲在全球数字化发展格局中占据重要地位,并且始终保持着一定的优势。作为经济和科技较为发达的大洲,欧洲汇聚了先进的技术、丰富的人才等优质资源,这些要素相互协同,为数字化发展提供了有力支撑,但仍有部分国家数字化发展水平较低且波动较小。从整体来看,欧洲在数字化领域具备深厚的发展基础与较强实力,仍占据重要地位。

深入剖析欧洲地区内部数字化发展状况,可发现存在显著的梯度差异。如图 7-1 所示,俄罗斯和英国、法国等部分北欧国家构成了数字化发展的第一梯队。这些国家的数字基础设施完备,数字技术创新应用走在前列,是推动欧洲数字化进程的中坚力量。瑞典、芬兰、波兰等国家处于第二梯队,它们具备一定的数字化发展基础,但在技术迭代速度和产业数字化转型深度上与第一梯队尚有差距。而西班牙、乌克兰、爱尔兰等国家的数字化发展水平相对滞后,数字经济规模较小,专业人才储备不足,形成了欧洲数字化发展的第三梯度。

通过绘制 2009—2023 年欧洲数字化发展水平趋势图,也能呈现出国家间的数字化水平发展差异,如图 7-2 所示。德国、英国等在数字化发展上明显领先于希腊、罗马尼亚等国家,这种区域内部的发展梯度差异反映了欧洲地区数字化发展的不均衡格局。发展水平较高的国家,如德国,在先进制造业数字化转型、数字技术研发投入等方面具有显著优势,强大的工业基础与数字化深度融合,推动了其数字化快速发展。而发展水平较低的国家,可能受限于经济水平低、政策支持力度不足、技术创新能力薄弱等因素，数字化发展相对滞后。尽管欧盟不断出台战略规划、加大资金投入力度以推动数字化发展，并在核心数字技术、数字基础设施等方面取得了一定成效，但内部发展不均衡的状况依然较为突出。

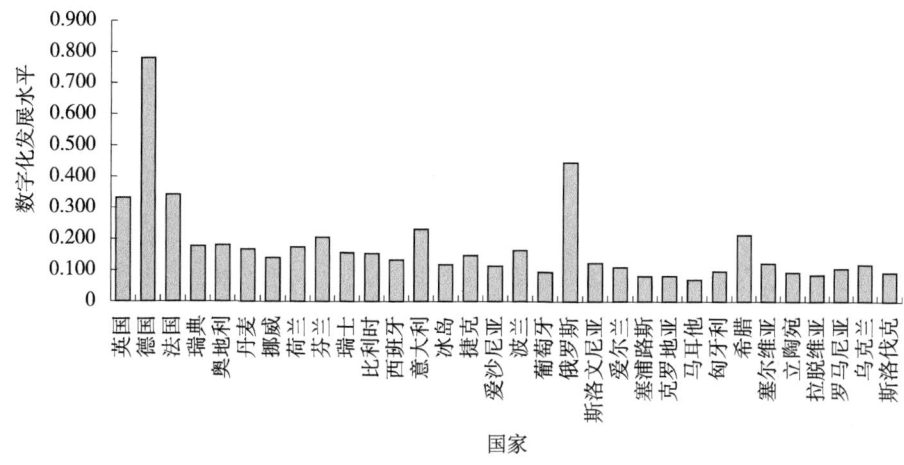

图 7-1 欧洲数字化发展水平柱状分布

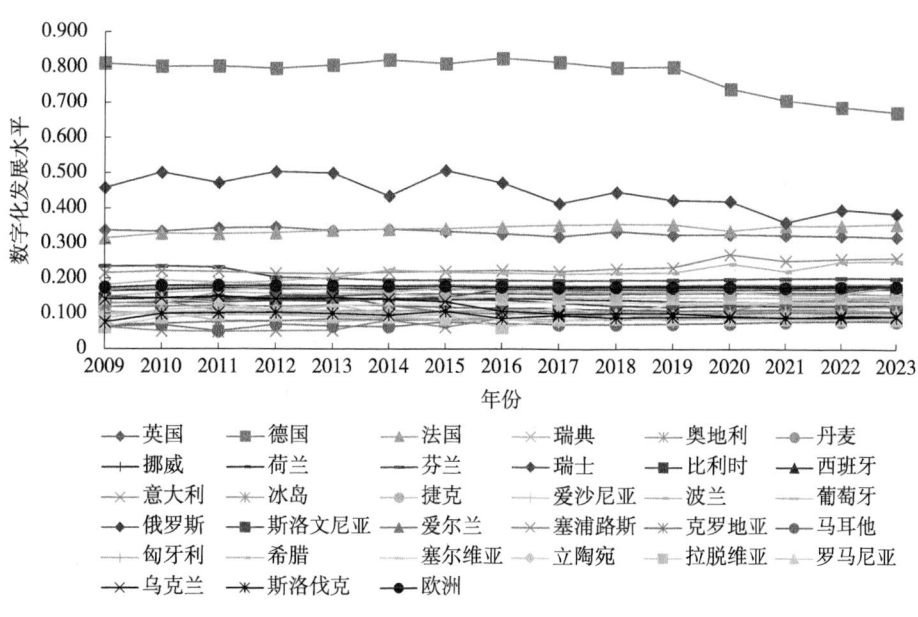

图 7-2 2009—2023 年欧洲数字化发展水平趋势

7.2.2 亚洲

利用 Excel 制作亚洲数字化发展水平柱状分布图，通过录入亚洲各国数字化发展水平数据，插入柱状图组件，经调整坐标轴、标题、数据系列等，生成直观呈现各国数字化发展差异的可视化图表，如图 7-3 所示，亚洲地区数字化发展在全球占据重要地位，呈现出独特的整体态势与优势。2009—2023 年，中国数字化发展水平数值呈显著上升趋势，在亚洲各国中表现突出，引领着亚洲数字化发展方向。[92] 日本、韩国等国家的数字化发展水平亦保持较高且稳定的状态，为亚洲数字化发展提供了坚实支撑。作为全球经济最具活力的地区之一，亚洲汇聚了庞大的市场、丰富的人力资源及不断提升的科技创新能力等优质要素，这些要素相互协同，有力推动了数字化高质量发展。尽管部分国家数字化发展水平较低且增长相对缓慢，但整体而言，亚洲凭借中国等国家的快速发展及众多国家的共同推进，在全球数字化进程中逐步崭露头角，影响力持续增强。

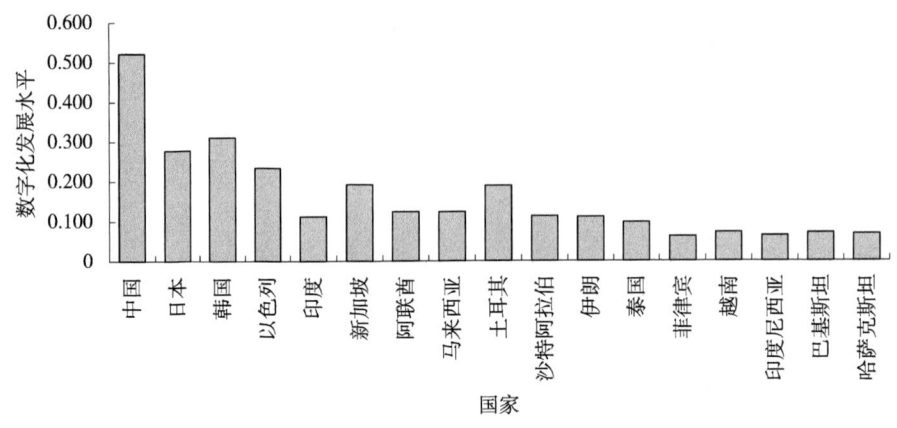

图 7-3 亚洲数字化发展水平柱状分布

对亚洲地区内部数字化发展状况进行分析，可见显著的梯度差异。如图 7-3 所示，亚洲数字化发展可划分为三个梯度：第一梯度以中国为代表，其数字化水平处于亚洲顶尖行列，在数字经济规模、数字技术创新应用、数字基础设施建设等多个维度均位居亚洲乃至全球前列，拥有蓬勃的互联网产业、领先的 5G 技术以及庞大的数字消费市场，成为亚洲数字化发展的核心引领力量；第二梯度包括日本、韩国、土耳其等国家，其数字化水平处于中等偏上

第 7 章　国际视角下数字化发展现状分析

层次，具备较强的数字技术研发能力与较为完善的数字产业体系，在电子信息、智能制造等领域表现亮眼，但在发展规模和创新速度上与中国存在一定差距；第三梯度则为印度、巴基斯坦等数字化水平相对滞后的国家，这些国家在数字基础设施覆盖范围、数字技术普及程度、数字经济发展规模等方面存在明显不足。

通过绘制 2009—2023 年亚洲数字化发展水平趋势图，也能呈现出国家间的数字化发展水平差异，如图 7-4 所示。中国的快速发展与部分国家相对平缓的发展形成了鲜明对比，这种区域内部的发展梯度差异反映了亚洲地区数字化发展的不均衡格局。发展水平较高的国家，如中国，凭借庞大的经济体量、持续的科技创新投入、完善的政策支持体系以及巨大的市场需求，推动数字化快速发展。而发展水平较低的国家，受限于经济发展水平相对落后、技术研发投入不足、基础设施建设薄弱等因素，数字化发展相对滞后。尽管亚洲各国都在积极推动数字化转型，加大在数字化领域的投入力度，但内部发展不均衡的状况依然较为突出，未来需要通过加强区域合作、技术共享等方式来逐步缩小差距，实现共同发展。

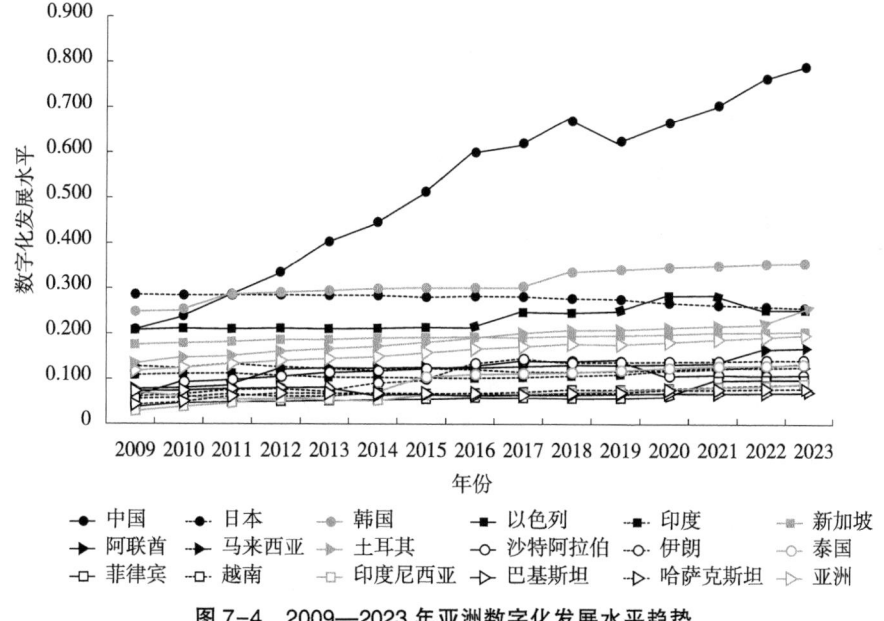

图 7-4　2009—2023 年亚洲数字化发展水平趋势

7.2.3 南美洲

利用 Excel 制作南美洲数字化发展水平柱状分布图,通过录入南美洲各国数字化发展水平数据,插入柱状图组件,经调整坐标轴、标题、数据系列等,生成直观呈现各国数字化发展差异的可视化图表,如图 7-5 所示。南美洲地区在数字化发展进程中展现出独特态势。2009—2023 年,巴西数字化发展水平在区域内位居前列且整体呈上升趋势,对南美洲数字化发展起到关键引领作用;阿根廷、智利等国持续推进数字化建设,带动区域整体数字化水平逐步提升。南美洲凭借丰富的自然资源、庞大的人口基数及持续发展的经济,为数字化发展奠定了一定基础。尽管部分国家数字化发展速度相对滞后,但随着区域对数字经济重视程度的提升及相关政策推动,南美洲在全球数字化浪潮中逐渐展现存在感,具备进一步发展的潜力。

通过分析南美洲地区内部数字化发展情况,可发现存在明显的梯度差异。如图 7-5 所示,巴西构成了区域数字化发展的第一梯度,其数字产业生态较为完善,信息技术先进,数字市场规模较大,在电子商务、数字媒体等领域表现突出,是拉动南美洲数字化发展的核心引擎。阿根廷、智利等国家处于第二梯度,具备一定的数字技术研发与应用能力,在金融科技、智慧城市建设等领域取得了一定进展,但与巴西相比,在发展规模和成熟度上仍有明显差距。乌拉圭等国则处于第三梯度,数字化水平相对较低,在数字基础设施建设、数字技术普及应用等方面存在明显短板。

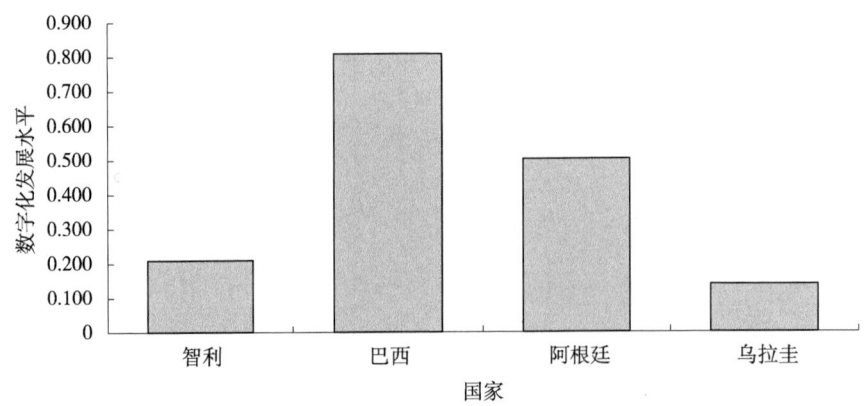

图 7-5 南美洲数字化发展水平柱状分布

通过绘制 2009—2023 年南美洲数字化发展水平趋势图,也能呈现出国家间的数字化发展水平差异，如图7-6所示，巴西的较高水平与乌拉圭相对较低且增长缓慢的情况形成对比。这种区域内部的发展梯度差异反映了南美洲地区数字化发展的不均衡格局。发展水平较高的国家，如巴西，得益于其庞大的经济体量、相对发达的科技产业以及政府对数字化的大力支持，推动了数字化快速发展。而发展水平较低的国家，受限于经济规模较小、技术创新能力不足、资金投入有限等因素，数字化发展相对滞后。尽管南美洲各国都意识到数字化发展的重要性并积极采取相应措施，但内部发展不均衡的状况依然较为突出，未来需要通过区域合作、资源共享等方式来缩小差距，实现共同进步。

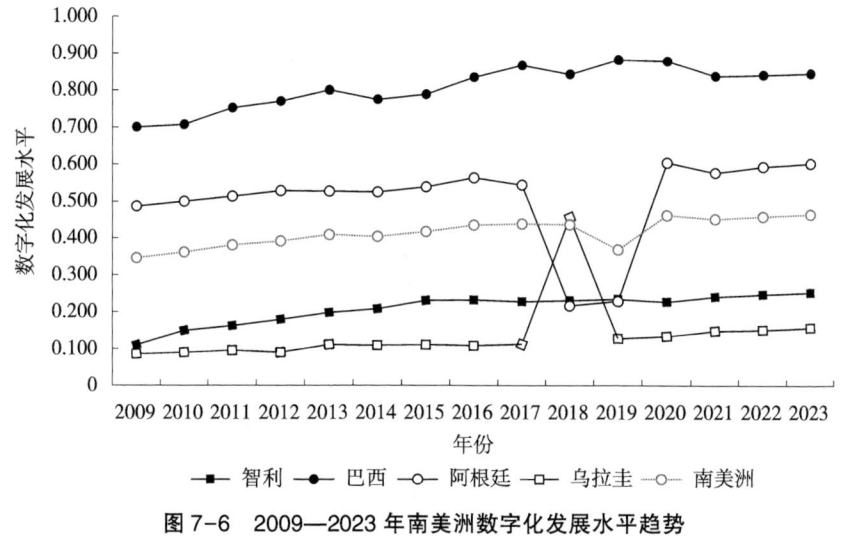

图7-6 2009—2023年南美洲数字化发展水平趋势

7.2.4 北美洲

利用Excel制作北美洲数字化发展水平柱状分布图，通过录入北美洲各国数字化发展水平数据，插入柱状图组件，经调整坐标轴、标题、数据系列等，生成直观呈现各国数字化发展差异的可视化图表，如图7-7所示。2009—2023年，北美洲数字化发展水平整体呈上升趋势。美国数字化发展水平数值高且稳定，是推动北美洲数字化进程的核心力量；加拿大数字化发展保持稳定增长态势；墨西哥虽起点较低但亦呈逐步提升趋势。北美洲依托高度发达的经济体系、顶尖的科研教育资源及成熟的技术创新生态，为数字化高质量发展奠定了坚实基础。在全球数字化竞争格局中，北美洲凭借美国等国家的强劲实力，始终占据前沿地位，引领着多项数字化技术与应用的发展方向。

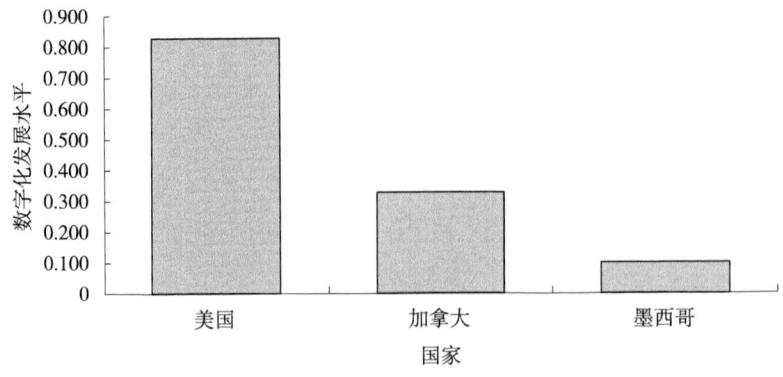

图 7-7　北美洲数字化发展水平柱状分布

对北美洲地区内部数字化发展状况进行分析，可见显著的梯度差异。如图 7-7 所示，北美洲数字化发展可划分为三个梯度：第一梯度以美国为代表，其数字化发展水平位居全球前列，在信息技术研发、互联网产业规模、数字经济应用等多个领域处于领先地位，汇聚了众多顶尖科技企业，在人工智能、云计算、大数据等前沿技术领域优势显著；第二梯度为加拿大，其具备良好的数字化发展基础，在科技研发投入、数字基础设施建设等方面表现优异，在地理信息系统等部分细分领域成果突出，但整体发展规模和国际影响力较美国稍显逊色；第三梯度是墨西哥，其数字化发展水平相对较低，在数字技术普及程度、数字产业成熟度等方面存在明显短板。

通过绘制 2009—2023 年北美洲数字化发展水平趋势图，也能呈现出国家间的数字化发展水平差异，如图 7-8 所示。美国的领先地位与墨西哥相对缓慢的发展形成了鲜明对比，这种差异反映出北美洲内部数字化发展的不均衡。美国凭借强大的经济实力、大量的科研投入以及完善的政策支持体系，不断推动数字化创新发展。加拿大依托自身优势，在数字化道路上稳步前行。而墨西哥受经济发展水平、技术人才储备等因素限制，数字化发展相对滞后。尽管北美洲整体数字化水平较高，但内部差距依然存在，未来需通过区域合作、资源共享等方式进一步缩小差距，促进共同发展。

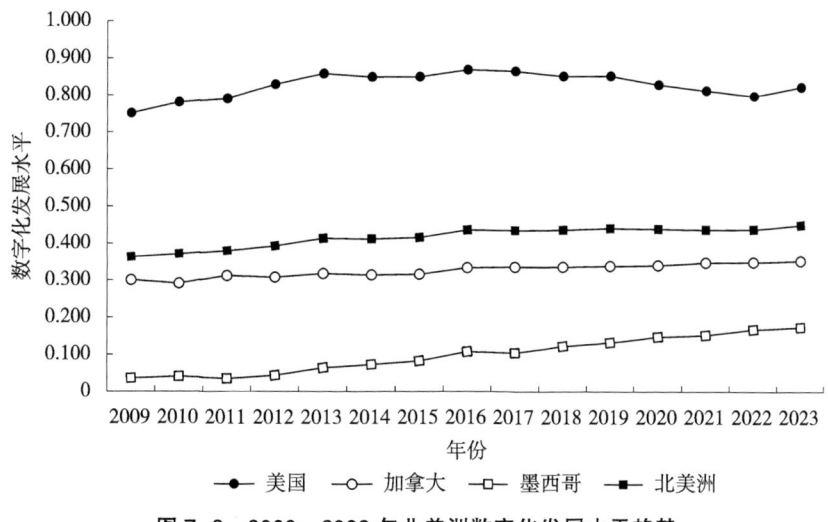

图 7-8　2009—2023 年北美洲数字化发展水平趋势

7.2.5　非洲

利用 Excel 制作非洲数字化发展水平柱状分布图，通过录入非洲各国数字化发展水平数据，插入柱状图组件，经调整坐标轴、标题、数据系列等，生成直观呈现各国数字化发展差异的可视化图表，如图 7-9 所示，2009—2023 年非洲部分国家数字化发展水平呈上升趋势。埃及、摩洛哥、阿尔及利亚等国家的数字化发展水平逐步提升，成为非洲整体数字化发展的推动力量。非洲拥有丰富的自然资源与庞大的人口市场，近年经济增长态势良好，为数字化发展奠定了一定基础。尽管起步相对较晚，但随着移动互联网普及、数字技术应用推广及国际合作深化，非洲在数字化领域持续探索进步，在全球数字化进程中逐渐展现存在感，具备较大发展潜力。

如图 7-9 所示，非洲数字化发展呈现明显的三个梯度特征。第一梯度以埃及、摩洛哥为代表，其数字化发展水平在区域内相对领先，数字基础设施建设与数字技术应用均处于较高水平，在电子商务、电子政务等领域已形成一定发展成果。第二梯度包括阿尔及利亚、突尼斯等国，其具备一定的数字产业基础，在通信技术、信息服务等领域取得一定进展，但发展规模与成熟度较第一梯度国家仍有差距。第三梯度的南非等国数字化发展水平相对滞后，在数字技术普及程度、数字经济规模等方面存在显著不足。

通过绘制 2009—2023 年非洲数字化发展水平趋势图，也能呈现出国家间的数字化发展水平差异,如图 7-10 所示。埃及等国家相对较快的发展与南非相对平缓的发展形成对比,这种差异反映出非洲内部数字化发展的不均衡。埃及、摩洛哥等发展水平较高的国家,得益于政府对数字化的重视、相对较好的经济基础以及对新兴技术的积极引进和应用,能够显著推动数字化发展。而南非受经济结构、技术人才短缺等因素限制,数字化发展相对滞后。尽管非洲各国都在积极推进数字化转型,但内部发展差距依然存在,未来需要通过区域合作、加大技术和资金投入力度等方式缩小差距,实现共同进步。

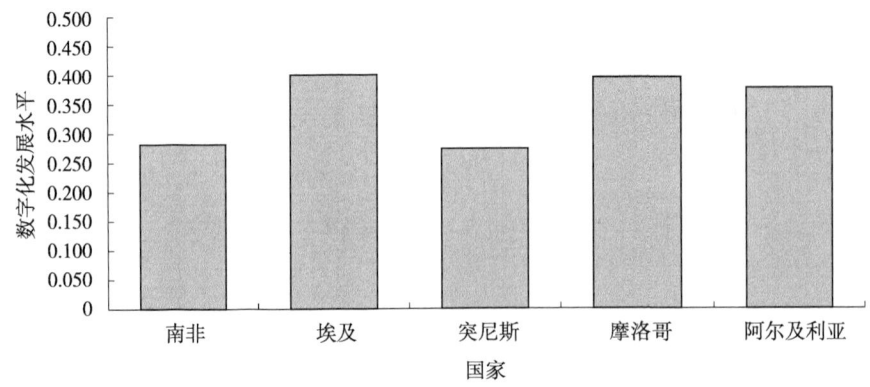

图 7-9 非洲数字化发展水平柱状分布

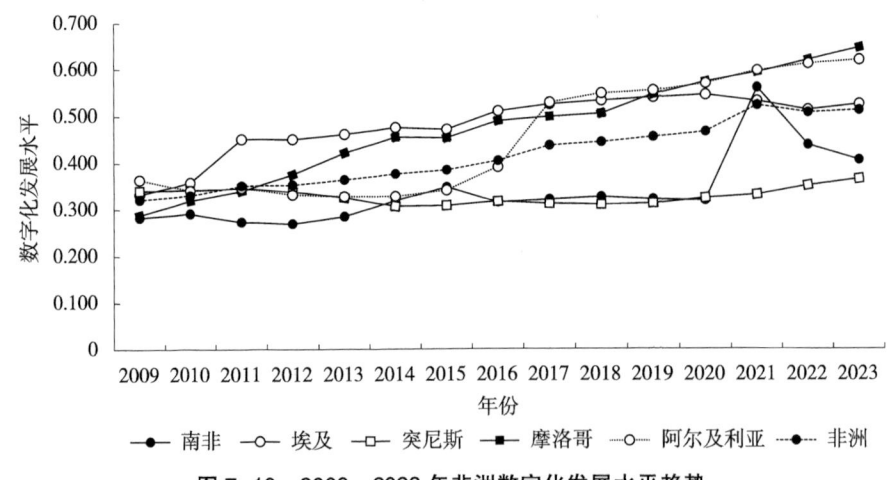

图 7-10 2009—2023 年非洲数字化发展水平趋势

7.2.6 大洋洲

利用 Excel 制作大洋洲数字化发展水平柱状分布图,通过录入大洋洲各国数字化发展水平数据,插入柱状图组件,经调整坐标轴、标题、数据系列等,生成直观呈现各国数字化发展差异的可视化图表,如图 7-11 所示。2009—2023年,澳大利亚数字化发展水平在大洋洲保持领先且稳定,数值显著高于其他国家,主导着区域整体数字化进程;新西兰数字化发展水平虽次于澳大利亚,但亦呈现出持续发展态势。大洋洲依托较发达的经济基础,在科技研发与信息化建设方面具备一定优势,加之人口密度较低的特点,为数字技术的推广应用提供了有利条件。凭借澳大利亚在数字经济、信息技术等领域的突出实力,大洋洲在全球数字化格局中占据一定位置,并展现出进一步提升数字化水平的潜力。

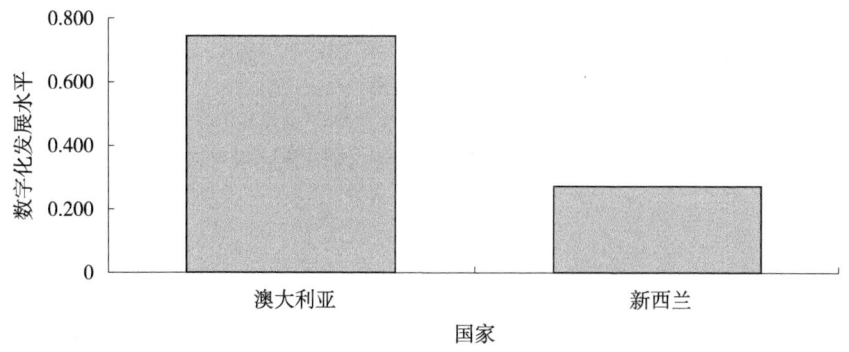

图 7-11 大洋洲数字化发展水平柱状分布

如图 7-11 所示,大洋洲数字化发展呈现出两个明显的梯度特征。第一梯度以澳大利亚为代表,其数字化发展水平处于区域内顶尖层级,在数字技术创新、数字产业培育、数字基础设施建设等方面均表现卓越,拥有成熟完善的科技产业生态体系,在人工智能、云计算等前沿领域开展了广泛应用与深入探索。第二梯度为新西兰,其数字化发展水平相较澳大利亚存在一定差距,尤其在数字经济规模、技术研发投入等核心指标上差异显著,但在农业数字化等特色领域形成了独特的发展优势。

通过绘制 2009—2023 年大洋洲数字化发展水平趋势图,也能呈现出国家间的数字化发展水平差异,如图 7-12 所示,澳大利亚的高水平与新西兰相对较低的水平形成了对比。这种差异主要源于澳大利亚经济规模大、科技实力强、政府对数字化重视程度高且投入资源多;而新西兰受限于自身较小的经济体量和相对有限的资源,数字化发展速度和程度相对滞后。尽管大洋洲整体数字化发展水平较高,但内部差异依然存在,未来可通过加强区域合作,促进技术、资源共享,进一步提升新西兰的数字化发展水平,推动大洋洲数字化均衡发展。

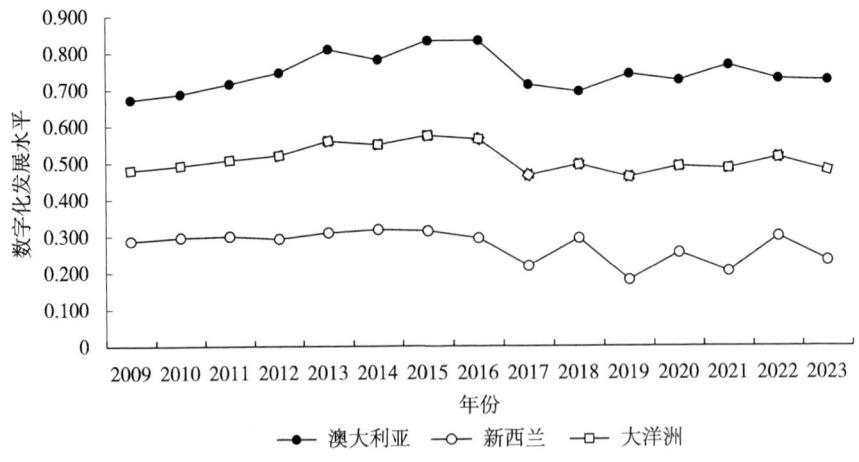

图 7-12　2009—2023 年大洋洲数字化发展水平趋势

7.3　分维度数字化发展水平分析

本书采用区域划分方法，运用自然间断点分级法，对 2009—2023 年 64 个国家的数字化发展水平综合指数进行差异分析，深入探究 TOE 理论框架下各维度的区域发展特征。通过构建技术、组织、环境三个维度的评价体系，对比分析不同区域国家数字化发展水平的差异性特征（见表 7-4～表 7-6）。研究结果通过数字化水平地理分布格局图和区域发展趋势折线图进行呈现，直观展示了各区域在 TOE 三个评价维度上的波动特征和发展趋势，为深入理解全球数字化发展的区域差异提供了实证依据。[93]

表 7-4　全球国家技术维度得分结果

地区	国家	2009年	2010年	2011年	2012年	2013年	2014年	2015年	2016年	2017年	2018年	2019年	2020年	2021年	2022年	2023年
欧洲	英国	0.032	0.032	0.031	0.032	0.033	0.033	0.033	0.033	0.032	0.032	0.032	0.032	0.032	0.032	0.033
	德国	0.050	0.050	0.050	0.050	0.051	0.052	0.052	0.052	0.051	0.051	0.052	0.050	0.048	0.048	0.047
	法国	0.027	0.029	0.029	0.030	0.030	0.031	0.029	0.029	0.030	0.030	0.030	0.030	0.031	0.030	0.030
	瑞典	0.025	0.025	0.025	0.026	0.026	0.025	0.025	0.025	0.024	0.026	0.026	0.026	0.026	0.026	0.026
	奥地利	0.020	0.021	0.022	0.022	0.022	0.022	0.023	0.024	0.024	0.024	0.024	0.024	0.025	0.026	0.026

续表

地区	国家	2009年	2010年	2011年	2012年	2013年	2014年	2015年	2016年	2017年	2018年	2019年	2020年	2021年	2022年	2023年
欧洲	丹麦	0.023	0.024	0.024	0.025	0.026	0.026	0.026	0.026	0.026	0.026	0.026	0.026	0.026	0.026	0.026
	挪威	0.025	0.025	0.025	0.025	0.025	0.026	0.026	0.026	0.026	0.026	0.026	0.025	0.026	0.026	0.027
	荷兰	0.025	0.025	0.025	0.026	0.026	0.025	0.025	0.026	0.025	0.025	0.025	0.025	0.025	0.025	0.025
	芬兰	0.022	0.024	0.024	0.024	0.025	0.023	0.023	0.024	0.023	0.024	0.024	0.025	0.025	0.025	0.025
	瑞士	0.022	0.023	0.023	0.023	0.023	0.023	0.023	0.024	0.024	0.025	0.025	0.025	0.025	0.026	0.026
	比利时	0.020	0.020	0.022	0.021	0.022	0.022	0.023	0.023	0.024	0.024	0.024	0.024	0.025	0.025	0.025
	西班牙	0.018	0.019	0.019	0.020	0.020	0.021	0.022	0.023	0.023	0.023	0.024	0.025	0.025	0.025	0.026
	意大利	0.018	0.019	0.019	0.019	0.020	0.019	0.020	0.021	0.021	0.024	0.023	0.024	0.026	0.028	0.030
	冰岛	0.024	0.024	0.025	0.025	0.025	0.026	0.026	0.026	0.026	0.026	0.026	0.026	0.026	0.026	0.026
	捷克	0.017	0.018	0.018	0.019	0.019	0.020	0.019	0.020	0.021	0.021	0.021	0.021	0.022	0.022	0.023
	爱沙尼亚	0.019	0.019	0.020	0.020	0.021	0.022	0.023	0.023	0.023	0.023	0.023	0.023	0.024	0.024	0.024
	波兰	0.017	0.018	0.018	0.018	0.019	0.019	0.020	0.021	0.022	0.023	0.023	0.024	0.024	0.025	0.025
	葡萄牙	0.012	0.013	0.014	0.015	0.016	0.017	0.018	0.019	0.019	0.020	0.020	0.020	0.022	0.022	0.023
	俄罗斯	0.026	0.030	0.031	0.035	0.035	0.033	0.036	0.035	0.034	0.036	0.036	0.037	0.035	0.037	0.037
	斯洛文尼亚	0.016	0.018	0.017	0.018	0.019	0.019	0.019	0.019	0.020	0.021	0.022	0.023	0.023	0.023	0.024
	爱尔兰	0.017	0.018	0.019	0.020	0.020	0.021	0.021	0.022	0.022	0.023	0.023	0.024	0.025	0.026	0.026
	塞浦路斯	0.012	0.013	0.014	0.015	0.016	0.018	0.018	0.019	0.021	0.022	0.022	0.024	0.024	0.023	0.024
	克罗地亚	0.013	0.014	0.015	0.016	0.017	0.018	0.018	0.019	0.017	0.019	0.020	0.020	0.021	0.021	0.021
	马耳他	0.015	0.016	0.017	0.017	0.018	0.019	0.019	0.020	0.021	0.021	0.022	0.022	0.022	0.022	0.024
	匈牙利	0.016	0.017	0.018	0.019	0.019	0.020	0.019	0.020	0.020	0.020	0.022	0.023	0.023	0.023	0.024
	希腊	0.011	0.011	0.013	0.014	0.016	0.016	0.017	0.018	0.018	0.019	0.020	0.020	0.020	0.022	0.022
	塞尔维亚	0.009	0.010	0.010	0.012	0.013	0.016	0.017	0.017	0.018	0.019	0.020	0.020	0.021	0.022	0.023
	立陶宛	0.015	0.016	0.016	0.017	0.017	0.018	0.018	0.019	0.020	0.021	0.021	0.021	0.023	0.023	0.023

续表

地区	国家	2009年	2010年	2011年	2012年	2013年	2014年	2015年	2016年	2017年	2018年	2019年	2020年	2021年	2022年	2023年
欧洲	拉脱维亚	0.017	0.017	0.018	0.019	0.019	0.020	0.020	0.021	0.021	0.022	0.022	0.023	0.024	0.024	0.024
	罗马尼亚	0.009	0.010	0.011	0.012	0.013	0.014	0.015	0.016	0.017	0.019	0.019	0.021	0.022	0.023	0.023
	乌克兰	0.005	0.007	0.008	0.010	0.012	0.013	0.013	0.015	0.016	0.017	0.019	0.020	0.021	0.022	0.024
	斯洛伐克	0.018	0.020	0.019	0.020	0.020	0.021	0.020	0.021	0.021	0.021	0.022	0.023	0.023	0.023	0.024
亚洲	中国	0.149	0.190	0.267	0.342	0.448	0.508	0.612	0.760	0.786	0.879	0.787	0.851	0.903	0.948	0.994
	日本	0.203	0.200	0.199	0.198	0.191	0.188	0.184	0.185	0.185	0.180	0.176	0.164	0.159	0.155	0.151
	韩国	0.100	0.103	0.107	0.113	0.121	0.124	0.127	0.125	0.123	0.126	0.131	0.137	0.141	0.143	0.145
	以色列	0.017	0.018	0.018	0.019	0.019	0.020	0.021	0.021	0.022	0.023	0.023	0.024	0.024	0.025	0.024
	印度	0.005	0.006	0.007	0.008	0.009	0.010	0.011	0.012	0.013	0.014	0.019	0.025	0.028	0.032	0.038
	新加坡	0.018	0.019	0.019	0.019	0.022	0.022	0.022	0.023	0.023	0.024	0.024	0.025	0.026	0.026	0.027
	阿联酋	0.016	0.017	0.020	0.022	0.023	0.023	0.024	0.024	0.025	0.026	0.026	0.026	0.026	0.026	0.026
	马来西亚	0.015	0.015	0.016	0.017	0.015	0.017	0.019	0.021	0.021	0.022	0.021	0.022	0.024	0.026	0.027
	土耳其	0.010	0.012	0.013	0.014	0.014	0.016	0.017	0.018	0.022	0.023	0.024	0.025	0.026	0.027	0.028
	沙特阿拉伯	0.009	0.010	0.012	0.014	0.016	0.017	0.018	0.020	0.025	0.025	0.026	0.026	0.027	0.027	0.027
	伊朗	0.010	0.010	0.011	0.012	0.014	0.018	0.020	0.022	0.026	0.025	0.026	0.027	0.027	0.026	0.026
	泰国	0.005	0.005	0.006	0.006	0.008	0.009	0.012	0.012	0.014	0.015	0.018	0.021	0.022	0.023	0.025
	菲律宾	0.001	0.006	0.007	0.007	0.008	0.008	0.009	0.010	0.010	0.011	0.011	0.012	0.013	0.014	0.014
	越南	0.006	0.007	0.008	0.009	0.010	0.010	0.011	0.014	0.015	0.018	0.018	0.018	0.018	0.021	0.022
	印度尼西亚	0.001	0.002	0.002	0.003	0.003	0.004	0.005	0.006	0.009	0.010	0.014	0.014	0.017	0.017	0.021
	巴基斯坦	0.001	0.001	0.001	0.001	0.001	0.002	0.002	0.002	0.003	0.003	0.004	0.004	0.005	0.005	0.006
	哈萨克斯坦	0.005	0.008	0.014	0.017	0.017	0.018	0.019	0.020	0.020	0.021	0.022	0.023	0.024	0.024	0.025

续表

地区	国家	2009年	2010年	2011年	2012年	2013年	2014年	2015年	2016年	2017年	2018年	2019年	2020年	2021年	2022年	2023年
南美洲	智利	0.010	0.011	0.013	0.014	0.015	0.016	0.020	0.022	0.021	0.022	0.022	0.022	0.024	0.024	0.025
	巴西	0.012	0.013	0.014	0.015	0.016	0.017	0.017	0.019	0.020	0.021	0.022	0.024	0.024	0.024	0.024
	阿根廷	0.008	0.011	0.013	0.014	0.015	0.017	0.018	0.017	0.019	0.019	0.020	0.021	0.023	0.023	0.024
	乌拉圭	0.010	0.011	0.013	0.013	0.015	0.015	0.016	0.017	0.018	0.021	0.021	0.022	0.023	0.023	0.024
北美洲	美国	0.158	0.168	0.171	0.186	0.197	0.195	0.198	0.205	0.205	0.199	0.200	0.191	0.186	0.184	0.182
	加拿大	0.024	0.023	0.024	0.024	0.025	0.025	0.026	0.026	0.027	0.027	0.026	0.027	0.027	0.027	0.027
	墨西哥	0.006	0.008	0.009	0.010	0.011	0.011	0.015	0.016	0.014	0.015	0.019	0.019	0.020	0.022	0.023
非洲	南非	0.002	0.006	0.008	0.010	0.012	0.013	0.014	0.016	0.016	0.018	0.018	0.018	0.018	0.019	0.020
	埃及	0.004	0.005	0.006	0.006	0.007	0.008	0.010	0.010	0.012	0.012	0.015	0.019	0.019	0.019	0.020
	突尼斯	0.008	0.009	0.009	0.010	0.011	0.011	0.012	0.013	0.014	0.016	0.017	0.019	0.020	0.022	0.024
	摩洛哥	0.010	0.013	0.011	0.014	0.014	0.014	0.014	0.015	0.016	0.017	0.022	0.022	0.024	0.025	0.026
	阿尔及利亚	0.002	0.002	0.003	0.004	0.005	0.007	0.009	0.011	0.012	0.012	0.015	0.016	0.018	0.020	0.022
大洋洲	澳大利亚	0.020	0.021	0.022	0.022	0.023	0.023	0.023	0.024	0.024	0.025	0.026	0.026	0.027	0.027	0.028
	新西兰	0.022	0.022	0.022	0.022	0.022	0.023	0.023	0.023	0.023	0.024	0.024	0.024	0.025	0.026	0.026

表7-5 全球国家组织维度得分结果

地区	国家	2009年	2010年	2011年	2012年	2013年	2014年	2015年	2016年	2017年	2018年	2019年	2020年	2021年	2022年	2023年
欧洲	英国	0.323	0.325	0.323	0.323	0.289	0.289	0.289	0.294	0.296	0.286	0.295	0.305	0.320	0.334	0.346
	德国	0.176	0.178	0.178	0.181	0.183	0.192	0.199	0.199	0.199	0.201	0.210	0.208	0.217	0.219	0.224
	法国	0.309	0.328	0.330	0.349	0.368	0.402	0.433	0.466	0.483	0.502	0.516	0.531	0.548	0.567	0.583
	瑞典	0.264	0.326	0.309	0.288	0.267	0.264	0.267	0.261	0.268	0.273	0.282	0.298	0.293	0.279	
	奥地利	0.228	0.215	0.234	0.226	0.214	0.214	0.216	0.219	0.221	0.226	0.226	0.232	0.244	0.251	0.257
	丹麦	0.282	0.266	0.275	0.265	0.270	0.272	0.233	0.216	0.214	0.200	0.188	0.190	0.178	0.180	0.180
	挪威	0.254	0.237	0.235	0.237	0.246	0.251	0.253	0.245	0.250	0.238	0.226	0.228	0.229	0.238	0.243
	荷兰	0.241	0.262	0.289	0.289	0.292	0.296	0.298	0.298	0.305	0.308	0.308	0.310	0.319	0.323	0.328
	芬兰	0.427	0.429	0.415	0.412	0.410	0.408	0.422	0.420	0.424	0.427	0.434	0.436	0.447	0.456	0.463

续表

地区	国家	2009年	2010年	2011年	2012年	2013年	2014年	2015年	2016年	2017年	2018年	2019年	2020年	2021年	2022年	2023年
欧洲	瑞士	0.129	0.136	0.136	0.141	0.157	0.191	0.197	0.197	0.200	0.204	0.209	0.213	0.223	0.227	0.232
	比利时	0.308	0.312	0.314	0.333	0.324	0.342	0.361	0.349	0.358	0.354	0.354	0.354	0.363	0.365	0.370
	西班牙	0.264	0.275	0.301	0.305	0.310	0.317	0.319	0.307	0.311	0.311	0.309	0.309	0.318	0.327	0.334
	意大利	0.341	0.351	0.349	0.344	0.342	0.342	0.356	0.356	0.361	0.363	0.368	0.374	0.379	0.386	0.390
	冰岛	0.208	0.238	0.241	0.241	0.236	0.241	0.232	0.229	0.220	0.216	0.220	0.229	0.257	0.277	0.293
	捷克	0.371	0.409	0.442	0.442	0.454	0.471	0.485	0.488	0.502	0.500	0.514	0.514	0.519	0.521	0.538
	爱沙尼亚	0.242	0.245	0.249	0.254	0.258	0.260	0.260	0.254	0.251	0.251	0.254	0.266	0.268	0.264	0.261
	波兰	0.398	0.407	0.390	0.388	0.369	0.348	0.331	0.333	0.336	0.321	0.321	0.321	0.321	0.328	0.335
	葡萄牙	0.215	0.217	0.205	0.222	0.210	0.226	0.214	0.231	0.219	0.221	0.223	0.228	0.237	0.248	0.260
	俄罗斯	0.308	0.311	0.313	0.313	0.274	0.279	0.281	0.267	0.262	0.264	0.262	0.207	0.203	0.203	0.198
	斯洛文尼亚	0.389	0.379	0.343	0.333	0.331	0.308	0.289	0.267	0.267	0.248	0.232	0.232	0.231	0.231	0.221
	爱尔兰	0.260	0.289	0.300	0.300	0.309	0.314	0.320	0.323	0.323	0.320	0.316	0.316	0.325	0.330	0.332
	塞浦路斯	0.226	0.226	0.209	0.207	0.197	0.237	0.253	0.254	0.304	0.315	0.331	0.342	0.352	0.363	0.370
	克罗地亚	0.177	0.203	0.193	0.200	0.223	0.226	0.223	0.226	0.228	0.228	0.230	0.230	0.237	0.241	0.244
	马耳他	0.126	0.143	0.133	0.156	0.159	0.144	0.151	0.153	0.165	0.172	0.178	0.188	0.210	0.224	0.224
	匈牙利	0.315	0.298	0.311	0.298	0.275	0.266	0.259	0.242	0.230	0.232	0.235	0.241	0.246	0.248	0.251
	希腊	0.529	0.584	0.641	0.679	0.724	0.849	0.815	0.795	0.792	0.806	0.815	0.817	0.833	0.844	0.856
	塞尔维亚	0.273	0.259	0.264	0.268	0.390	0.393	0.395	0.404	0.415	0.401	0.403	0.403	0.403	0.396	0.396
	立陶宛	0.333	0.329	0.308	0.298	0.270	0.247	0.247	0.235	0.237	0.241	0.237	0.235	0.237	0.239	0.244
	拉脱维亚	0.326	0.317	0.314	0.298	0.288	0.278	0.285	0.286	0.302	0.314	0.304	0.304	0.299	0.295	0.290
	罗马尼亚	0.606	0.561	0.500	0.415	0.362	0.348	0.329	0.331	0.333	0.336	0.336	0.338	0.342	0.347	0.349
	乌克兰	0.317	0.303	0.310	0.293	0.274	0.279	0.263	0.248	0.255	0.257	0.264	0.260	0.246	0.235	0.226
	斯洛伐克	0.333	0.320	0.304	0.304	0.285	0.268	0.251	0.230	0.228	0.211	0.211	0.211	0.204	0.206	0.210

续表

地区	国家	2009年	2010年	2011年	2012年	2013年	2014年	2015年	2016年	2017年	2018年	2019年	2020年	2021年	2022年	2023年
亚洲	中国	0.270	0.274	0.264	0.254	0.264	0.289	0.295	0.302	0.307	0.311	0.318	0.330	0.341	0.352	0.364
	日本	0.162	0.164	0.169	0.171	0.173	0.173	0.171	0.173	0.171	0.171	0.171	0.171	0.173	0.175	0.175
	韩国	0.380	0.377	0.375	0.368	0.364	0.359	0.359	0.359	0.345	0.342	0.345	0.352	0.358	0.365	0.372
	以色列	0.294	0.301	0.301	0.305	0.301	0.301	0.298	0.296	0.279	0.275	0.273	0.273	0.279	0.282	0.282
	印度	0.285	0.289	0.301	0.303	0.301	0.334	0.336	0.336	0.339	0.355	0.341	0.343	0.348	0.350	0.336
	新加坡	0.288	0.292	0.297	0.301	0.306	0.313	0.317	0.322	0.310	0.319	0.323	0.328	0.337	0.344	0.351
	阿联酋	0.308	0.308	0.308	0.293	0.293	0.279	0.293	0.279	0.293	0.308	0.308	0.324	0.324	0.324	0.338
	马来西亚	0.225	0.215	0.227	0.302	0.246	0.219	0.262	0.250	0.231	0.219	0.229	0.226	0.238	0.236	0.238
	土耳其	0.454	0.535	0.560	0.622	0.659	0.675	0.739	0.800	0.860	0.898	0.888	0.907	0.923	0.934	0.945
	沙特阿拉伯	0.271	0.254	0.269	0.299	0.330	0.333	0.347	0.365	0.381	0.374	0.385	0.374	0.371	0.371	0.369
	伊朗	0.304	0.346	0.314	0.297	0.289	0.308	0.309	0.288	0.300	0.289	0.282	0.275	0.273	0.284	0.286
	泰国	0.453	0.393	0.338	0.348	0.360	0.374	0.389	0.403	0.401	0.401	0.401	0.399	0.403	0.401	0.401
	菲律宾	0.310	0.312	0.331	0.331	0.338	0.343	0.347	0.366	0.355	0.341	0.346	0.350	0.355	0.359	0.357
	越南	0.397	0.402	0.423	0.380	0.365	0.422	0.389	0.358	0.358	0.355	0.355	0.367	0.378	0.385	0.392
	印度尼西亚	0.241	0.243	0.303	0.401	0.387	0.360	0.451	0.441	0.417	0.403	0.405	0.407	0.412	0.416	0.414
	巴基斯坦	0.462	0.450	0.450	0.452	0.440	0.440	0.440	0.423	0.425	0.423	0.430	0.432	0.434	0.434	0.434
	哈萨克斯坦	0.273	0.267	0.276	0.285	0.266	0.249	0.228	0.271	0.232	0.297	0.282	0.322	0.295	0.310	0.310
南美洲	智利	0.296	0.310	0.321	0.330	0.342	0.351	0.355	0.362	0.350	0.352	0.355	0.348	0.364	0.371	0.377
	巴西	0.273	0.292	0.296	0.315	0.332	0.310	0.312	0.312	0.317	0.333	0.324	0.328	0.333	0.339	0.349
	阿根廷	0.336	0.342	0.349	0.352	0.354	0.358	0.365	0.372	0.377	0.381	0.390	0.399	0.418	0.431	0.445
	乌拉圭	0.175	0.163	0.150	0.141	0.181	0.166	0.176	0.166	0.166	0.166	0.171	0.178	0.200	0.207	0.214
北美洲	美国	0.310	0.312	0.314	0.317	0.319	0.305	0.305	0.305	0.302	0.302	0.302	0.302	0.295	0.282	0.256
	加拿大	0.175	0.171	0.188	0.190	0.194	0.197	0.197	0.218	0.220	0.218	0.225	0.227	0.236	0.238	0.243
	墨西哥	0.118	0.120	0.122	0.125	0.127	0.144	0.146	0.176	0.178	0.197	0.200	0.219	0.221	0.235	0.240

续表

地区	国家	2009年	2010年	2011年	2012年	2013年	2014年	2015年	2016年	2017年	2018年	2019年	2020年	2021年	2022年	2023年
非洲	南非	0.198	0.198	0.201	0.198	0.201	0.201	0.203	0.203	0.193	0.197	0.200	0.202	0.202	0.204	0.207
	埃及	0.372	0.374	0.363	0.349	0.355	0.341	0.336	0.333	0.321	0.330	0.318	0.323	0.320	0.304	0.304
	突尼斯	0.266	0.254	0.251	0.237	0.235	0.220	0.220	0.216	0.216	0.201	0.204	0.206	0.208	0.217	0.224
	摩洛哥	0.261	0.278	0.297	0.318	0.342	0.361	0.384	0.420	0.425	0.429	0.448	0.467	0.474	0.495	0.516
	阿尔及利亚	0.447	0.418	0.408	0.381	0.369	0.357	0.361	0.404	0.430	0.439	0.441	0.441	0.441	0.439	0.439
大洋洲	澳大利亚	0.401	0.408	0.412	0.417	0.421	0.426	0.433	0.433	0.396	0.380	0.396	0.396	0.402	0.387	0.382
	新西兰	0.345	0.349	0.352	0.354	0.356	0.358	0.361	0.361	0.344	0.358	0.337	0.347	0.339	0.363	0.349

表 7-6 全球国家环境维度得分结果

地区	国家	2009年	2010年	2011年	2012年	2013年	2014年	2015年	2016年	2017年	2018年	2019年	2020年	2021年	2022年	2023年
欧洲	英国	0.300	0.314	0.357	0.365	0.372	0.372	0.365	0.386	0.393	0.518	0.518	0.518	0.518	0.518	0.518
	德国	0.518	0.525	0.532	0.525	0.518	0.525	0.518	0.518	0.518	0.518	0.518	0.518	0.518	0.518	0.518
	法国	0.336	0.336	0.336	0.336	0.343	0.343	0.343	0.343	0.343	0.343	0.343	0.336	0.343	0.336	0.343
	瑞典	0.532	0.540	0.540	0.511	0.511	0.511	0.511	0.504	0.504	0.504	0.504	0.504	0.504	0.504	0.504
	奥地利	0.518	0.532	0.525	0.568	0.561	0.568	0.568	0.561	0.561	0.561	0.561	0.561	0.561	0.561	0.561
	丹麦	0.532	0.525	0.532	0.547	0.525	0.554	0.532	0.547	0.540	0.540	0.540	0.540	0.540	0.540	0.540
	挪威	0.415	0.415	0.415	0.401	0.393	0.408	0.386	0.393	0.393	0.393	0.393	0.393	0.386	0.386	0.386
	荷兰	0.415	0.415	0.415	0.415	0.415	0.415	0.415	0.429	0.437	0.444	0.444	0.444	0.444	0.444	0.444
	芬兰	0.693	0.693	0.693	0.540	0.532	0.532	0.525	0.518	0.518	0.518	0.518	0.511	0.511	0.511	0.504
	瑞士	0.511	0.511	0.518	0.518	0.518	0.518	0.518	0.518	0.518	0.518	0.518	0.518	0.518	0.518	0.650
	比利时	0.357	0.357	0.357	0.357	0.357	0.357	0.357	0.489	0.489	0.489	0.489	0.489	0.489	0.489	0.489
	西班牙	0.233	0.233	0.233	0.226	0.226	0.226	0.226	0.226	0.226	0.226	0.226	0.226	0.226	0.226	0.226
	意大利	0.197	0.204	0.204	0.204	0.211	0.211	0.204	0.204	0.204	0.204	0.204	0.336	0.204	0.204	0.204
	冰岛	0.475	0.482	0.336	0.336	0.336	0.336	0.343	0.343	0.343	0.343	0.343	0.343	0.475	0.475	0.475
	捷克	0.233	0.233	0.386	0.365	0.350	0.343	0.293	0.293	0.285	0.285	0.278	0.278	0.278	0.278	0.278

续表

地区	国家	2009年	2010年	2011年	2012年	2013年	2014年	2015年	2016年	2017年	2018年	2019年	2020年	2021年	2022年	2023年
欧洲	爱沙尼亚	0.226	0.357	0.379	0.357	0.401	0.254	0.262	0.262	0.269	0.262	0.401	0.393	0.401	0.393	0.401
	波兰	0.218	0.233	0.233	0.233	0.240	0.240	0.247	0.233	0.233	0.233	0.233	0.240	0.240	0.240	0.372
	葡萄牙	0.336	0.343	0.211	0.197	0.190	0.197	0.197	0.197	0.197	0.197	0.197	0.329	0.336	0.336	0.336
	俄罗斯	0.233	0.226	0.226	0.218	0.226	0.226	0.218	0.226	0.226	0.226	0.226	0.226	0.226	0.226	0.226
	斯洛文尼亚	0.372	0.372	0.372	0.482	0.482	0.343	0.343	0.343	0.343	0.343	0.343	0.343	0.343	0.343	0.343
	爱尔兰	0.372	0.357	0.357	0.350	0.357	0.350	0.233	0.211	0.218	0.211	0.218	0.211	0.218	0.211	0.218
	塞浦路斯	0.123	0.079	0.079	0.087	0.094	0.218	0.087	0.218	0.211	0.218	0.211	0.211	0.211	0.211	0.211
	克罗地亚	0.204	0.197	0.226	0.226	0.226	0.218	0.218	0.218	0.218	0.218	0.218	0.218	0.218	0.218	0.218
	马耳他	0.226	0.233	0.168	0.226	0.204	0.204	0.247	0.226	0.211	0.204	0.204	0.204	0.204	0.197	0.197
	匈牙利	0.226	0.211	0.233	0.204	0.218	0.182	0.168	0.182	0.175	0.314	0.182	0.314	0.314	0.314	0.314
	希腊	0.326	0.326	0.326	0.326	0.326	0.326	0.326	0.326	0.326	0.326	0.326	0.458	0.326	0.458	0.458
	塞尔维亚	0.269	0.276	0.276	0.276	0.276	0.283	0.283	0.276	0.283	0.283	0.283	0.290	0.290	0.290	0.290
	立陶宛	0.211	0.240	0.269	0.276	0.276	0.283	0.269	0.218	0.204	0.211	0.211	0.211	0.211	0.211	0.211
	拉脱维亚	0.036	0.182	0.211	0.218	0.204	0.218	0.226	0.051	0.168	0.168	0.168	0.168	0.168	0.168	0.168
	罗马尼亚	0.137	0.137	0.137	0.123	0.108	0.094	0.087	0.108	0.240	0.108	0.108	0.108	0.108	0.108	0.108
	乌克兰	0.298	0.305	0.312	0.298	0.298	0.298	0.290	0.151	0.115	0.123	0.115	0.123	0.115	0.123	0.123
	斯洛伐克	0.079	0.211	0.233	0.240	0.240	0.233	0.283	0.218	0.254	0.240	0.247	0.240	0.247	0.240	0.247
亚洲	中国	0.336	0.336	0.336	0.336	0.343	0.343	0.343	0.343	0.343	0.343	0.336	0.343	0.468	0.475	
	日本	0.475	0.475	0.475	0.475	0.475	0.482	0.475	0.475	0.475	0.475	0.475	0.475	0.475	0.475	
	韩国	0.460	0.460	0.592	0.599	0.599	0.607	0.607	0.607	0.614	0.746	0.753	0.753	0.753	0.760	0.760
	以色列	0.585	0.585	0.578	0.578	0.578	0.571	0.578	0.571	0.710	0.703	0.710	0.842	0.842	0.710	0.710

续表

地区	国家	2009年	2010年	2011年	2012年	2013年	2014年	2015年	2016年	2017年	2018年	2019年	2020年	2021年	2022年	2023年
亚洲	印度	0.326	0.326	0.319	0.298	0.276	0.254	0.247	0.240	0.240	0.240	0.233	0.233	0.233	0.233	0.233
亚洲	新加坡	0.444	0.451	0.458	0.473	0.451	0.458	0.458	0.458	0.458	0.458	0.458	0.458	0.458	0.458	0.458
亚洲	阿联酋	0.072	0.072	0.072	0.204	0.211	0.211	0.211	0.211	0.211	0.211	0.211	0.204	0.211	0.336	0.343
亚洲	马来西亚	0.326	0.312	0.334	0.269	0.290	0.269	0.254	0.233	0.218	0.218	0.218	0.218	0.218	0.218	0.218
亚洲	土耳其	0.290	0.298	0.290	0.298	0.298	0.298	0.298	0.298	0.298	0.298	0.298	0.298	0.298	0.298	0.429
亚洲	沙特阿拉伯	0.072	0.204	0.204	0.204	0.211	0.211	0.211	0.211	0.211	0.211	0.211	0.072	0.079	0.072	0.079
亚洲	伊朗	0.094	0.087	0.130	0.137	0.101	0.137	0.144	0.283	0.305	0.269	0.276	0.276	0.276	0.276	0.276
亚洲	泰国	0.072	0.058	0.043	0.036	0.051	0.058	0.190	0.190	0.190	0.190	0.190	0.190	0.190	0.190	0.190
亚洲	菲律宾	0.022	0.029	0.022	0.022	0.022	0.022	0.022	0.022	0.022	0.022	0.022	0.022	0.154	0.154	0.154
亚洲	越南	0.036	0.036	0.051	0.043	0.043	0.043	0.043	0.043	0.043	0.043	0.043	0.043	0.043	0.043	0.043
亚洲	印度尼西亚	0.022	0.051	0.058	0.058	0.051	0.043	0.051	0.051	0.051	0.051	0.051	0.051	0.051	0.051	0.051
亚洲	巴基斯坦	0.130	0.137	0.151	0.159	0.166	0.094	0.101	0.094	0.094	0.094	0.094	0.094	0.087	0.087	0.087
亚洲	哈萨克斯坦	0.029	0.029	0.036	0.036	0.043	0.043	0.043	0.022	0.015	0.000	0.000	0.000	0.000	0.000	0.000
南美洲	智利	0.051	0.094	0.094	0.108	0.123	0.115	0.123	0.115	0.115	0.115	0.115	0.115	0.115	0.115	0.115
南美洲	巴西	0.182	0.182	0.190	0.190	0.204	0.204	0.218	0.226	0.233	0.233	0.240	0.240	0.240	0.240	0.240
南美洲	阿根廷	0.204	0.211	0.204	0.211	0.211	0.211	0.218	0.226	0.087	0.094	0.226	0.226	0.226	0.226	0.226
南美洲	乌拉圭	0.115	0.123	0.130	0.123	0.123	0.123	0.115	0.115	0.115	0.247	0.115	0.115	0.115	0.115	0.115
北美洲	美国	0.525	0.525	0.525	0.525	0.525	0.532	0.525	0.525	0.525	0.525	0.525	0.525	0.525	0.525	0.657
北美洲	加拿大	0.458	0.451	0.458	0.451	0.458	0.451	0.451	0.451	0.451	0.451	0.451	0.451	0.451	0.451	0.451
北美洲	墨西哥	0.079	0.079	0.065	0.072	0.094	0.087	0.087	0.087	0.087	0.087	0.087	0.087	0.087	0.087	0.087
非洲	南非	0.161	0.154	0.154	0.154	0.154	0.154	0.161	0.161	0.168	0.175	0.175	0.175	0.175	0.175	0.175
非洲	埃及	0.072	0.072	0.204	0.204	0.211	0.211	0.211	0.211	0.211	0.211	0.204	0.211	0.204	0.211	0.211
非洲	突尼斯	0.262	0.269	0.269	0.269	0.262	0.247	0.240	0.240	0.240	0.240	0.240	0.240	0.240	0.240	0.240
非洲	摩洛哥	0.211	0.211	0.218	0.218	0.218	0.226	0.226	0.226	0.233	0.233	0.233	0.233	0.240	0.240	0.240

续表

地区	国家	2009年	2010年	2011年	2012年	2013年	2014年	2015年	2016年	2017年	2018年	2019年	2020年	2021年	2022年	2023年
非洲	阿尔及利亚	0.130	0.130	0.137	0.137	0.137	0.144	0.144	0.144	0.276	0.283	0.283	0.283	0.283	0.290	0.290
大洋洲	澳大利亚	0.357	0.357	0.365	0.372	0.386	0.393	0.408	0.393	0.401	0.393	0.401	0.393	0.393	0.393	0.393
	新西兰	0.254	0.254	0.254	0.247	0.247	0.247	0.254	0.240	0.247	0.240	0.247	0.240	0.240	0.240	0.247

7.3.1 技术维度变化分析

通过绘制技术维度世界区域数字化发展水平柱状分布图和2009—2023年技术维度世界区域数字化发展水平发展趋图，展现出各地区在技术维度上数字化发展水平的差异，如图7-13和图7-14所示。全球在技术（T）维度的数字化发展呈现出波动中上升的态势，但增速参差不齐，区域间差异显著。

在使用互联网的个人占比方面，全球整体呈上升趋势，反映出数字技术的基础应用不断拓展。然而，不同地区间差距明显，部分地区普及率仍较低，限制了数字技术的深入应用。专利申请数量同样逐年增长，显示出各国对技术创新的重视与投入增加，但在创新的深度和广度上，区域发展并不均衡，一些地区在新兴数字技术领域的创新能力有待提升。这表明全球在技术维度的数字化发展虽有进展，但在技术普及与创新突破上面临挑战，尤其是在缩小区域差距、深化新兴技术应用方面有待加强。

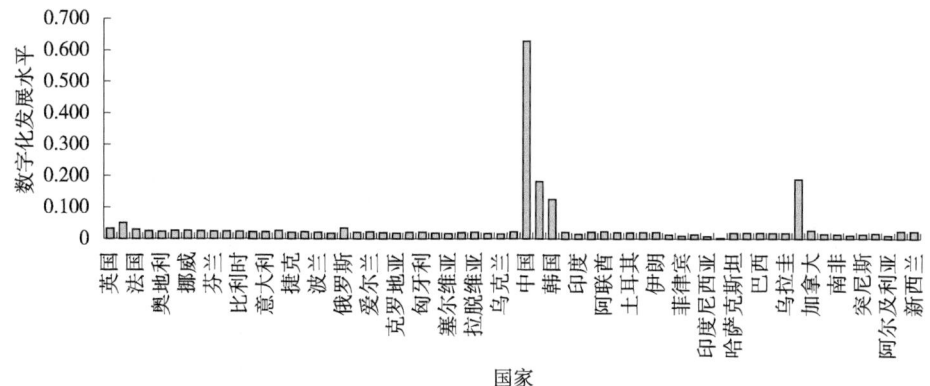

图7-13 技术维度世界区域数字化发展水平柱状分布

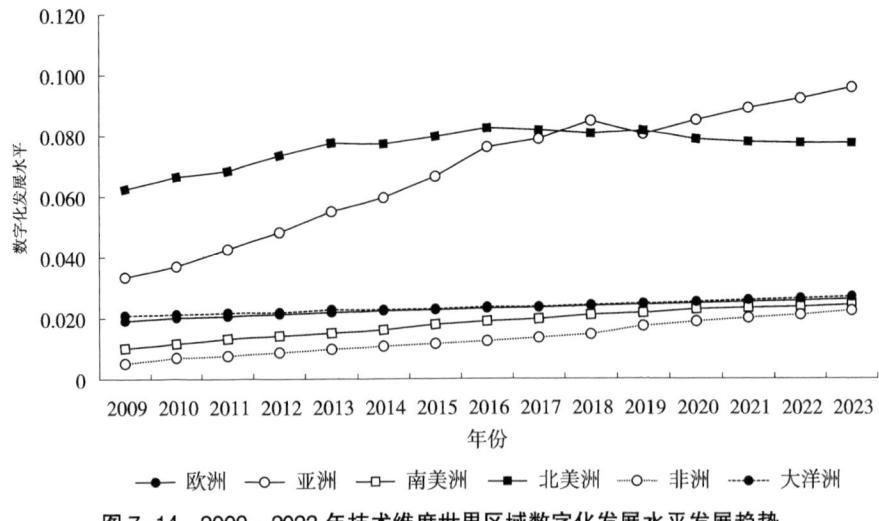

图 7-14　2009—2023 年技术维度世界区域数字化发展水平发展趋势

亚洲部分国家在使用互联网的个人占比上表现突出。中国凭借庞大的人口基数和快速的数字化建设，互联网普及率持续攀升，为数字技术的广泛应用奠定了基础。[95] 韩国的互联网基础设施先进，普及率一直处于高位，保障了民众对各类数字服务的便捷使用。但印度等人口大国由于经济发展水平和基础设施的限制，互联网普及率相对较低，影响了数字技术在当地的全面推广。在专利申请数量上，中国近年来增长迅猛，在 5G 通信、人工智能应用、电子商务等领域成果丰硕，体现了强大的技术创新能力。韩国在半导体、电子显示等技术领域的专利申请数量保持领先，不断巩固其在全球产业链中的地位。而巴基斯坦等国家受科研资源和投入不足的制约，专利申请数量较少，技术创新能力较弱。

美国和加拿大的互联网普及率极高，几乎实现了全面覆盖，为数字经济、在线教育、远程办公等各类数字化应用提供了成熟的环境，民众对数字技术的依赖程度高。美国在专利申请方面独占鳌头，尤其是在人工智能、云计算、生物科技等前沿领域，其拥有众多核心专利。加拿大在部分特色领域，如地理信息系统、清洁能源技术相关的数字创新上表现出色，专利申请数量也较为可观。

欧洲整体互联网普及程度较高，德国、英国、法国等国家的网络基础设施较为完善，互联网接入便捷，为企业数字化转型和居民数字生活提供了良好条件。但部分东欧国家如乌克兰、摩尔多瓦等，受经济因素影响，互联网普及率相对较低，数字鸿沟问题较为突出。西欧国家在专利申请上表现优异，德国在工业 4.0 相关技术、英国在金融科技、法国在航天数字技术等方面，凭借深厚的科研底蕴和持续的研发投入，专利产出丰富。然而，东欧一些国家由于科研资金和人才短缺，专利申请数量较少，技术创新能力有待提升。

南美洲的互联网普及率整体呈现上升趋势，但国家间差异较大。巴西、阿根廷等相对发达的国家，其互联网覆盖范围不断扩大，但仍有提升空间。一些经济欠发达的国家，基础设施建设和资金投入不足，互联网普及程度较低，进而影响了数字技术在教育、医疗等领域的应用。巴西在南美洲专利申请数量相对领先，在农业数字化、电子商务等领域有一定创新成果。阿根廷、智利等国家也在积极探索可再生能源、矿业数字化管理等方面的技术创新，但整体专利申请数量与其他发达地区相比差距较大，技术创新的投入和产出有待提高。

非洲大陆互联网普及率整体偏低，多数国家处于较低水平，仅南非、埃及等少数国家相对较高。网络基础设施薄弱、经济发展滞后以及地理环境等因素，限制了互联网的广泛覆盖和数字技术的应用。在专利申请方面，非洲国家普遍数量较少，技术创新能力较弱。南非是非洲技术创新的亮点，其在信息技术、通信技术等领域有一定成果，但与全球领先水平仍有较大差距。其他国家受限于科研资源匮乏和创新体系不完善，在数字技术创新上进展缓慢。

澳大利亚的互联网普及率较高，数字基础设施较为完善。新西兰的互联网普及程度也相对较高，但与澳大利亚相比，在网络覆盖的广度和深度上仍有差距。澳大利亚在专利申请数量上领先大洋洲其他国家，在生物科技、矿业数字化等领域有一定技术创新成果。新西兰在农业数字化、环保监测等特色领域也有少量专利产出，但整体创新能力和专利数量与国际先进水平相比还有较大提升空间。

总体而言，全球 64 个国家在技术（T）维度的数字化发展水平受多种因素综合影响。亚洲和北美洲部分国家凭借强大的经济实力、充足的科研投入和完善的基础设施，在互联网普及和专利申请等方面处于领先地位，但也面临着如何持续创新、保持优势的挑战。欧洲在保持传统技术优势的同时，需要解决区域内发展不平衡问题。南美洲、非洲和大洋洲的国家则需要在提升经济发展水平的基础上，加大数字基础设施建设投入、提高互联网普及率、增加科研资源投入、培养和吸引技术人才，进而提升在技术维度的数字化发展水平。基于这两个关键指标及其他相关因素，全球数字化在技术维度的持续进步依赖于互联网普及范围的进一步扩大、专利申请质量和数量的提升，以及在新兴技术领域的深入探索与合作。各国政府和企业应进一步优化资源配置，加强国际合作，提升科研成果转化效率，以推动全球数字化技术创新发展迈上新台阶。

7.3.2 组织维度变化分析

通过绘制组织维度世界区域数字化发展水平地理分布格局图和2009—2023年组织维度世界区域数字化发展水平发展趋图，展现出各地区在组织维度上数字化发展水平的差异，如图7-15和图7-16所示，全球在组织维度的数字化发展呈现出不同步且不均衡的态势。

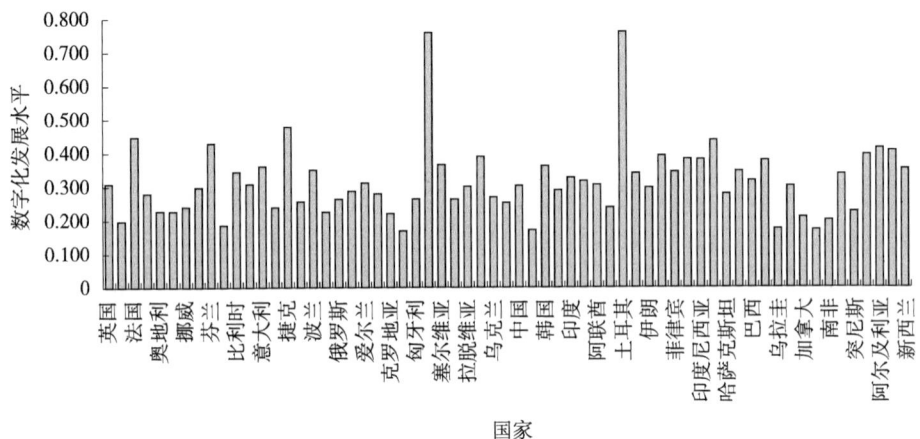

图7-15 组织维度世界区域数字化发展水平地理分布格局

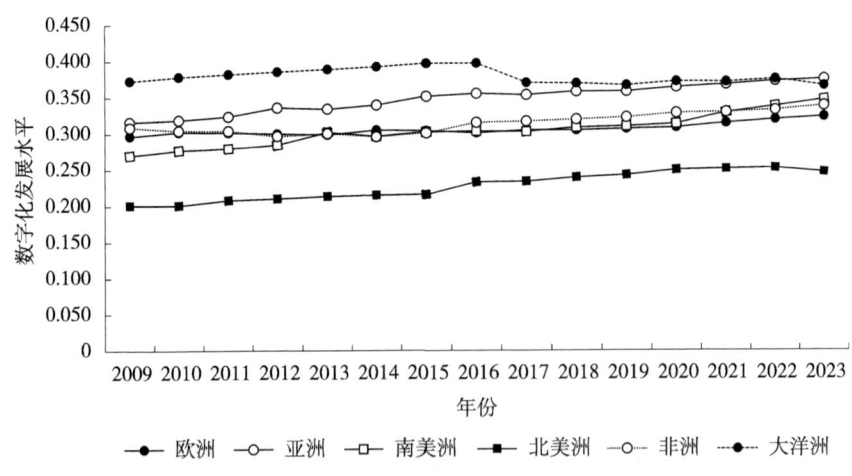

图7-16 2009—2023年组织维度世界区域数字化发展水平发展趋势

在高等教育入学率方面，全球整体呈现缓慢上升的趋势，这意味着更多人有机会接受高等教育，为数字化发展储备潜在人才。然而，高等教育师生比例在部分地区出现波动,反映出教育资源分配与教学质量保障面临挑战。不同地区在这两个指标上的表现差异过大,导致全球在组织维度的数字化发展参差不齐,一些国家在人才培养和储备上的不足,限制了其数字化发展的深度与广度。

亚洲部分国家高等教育入学率增长显著。中国高等教育进入普及化阶段,入学率不断提高,为数字化领域输送了大量专业人才。韩国高等教育入学率一直维持在较高水平,民众受教育程度普遍较高,为数字产业发展提供了优质人力资源。印度等人口众多的国家尽管入学率有所提升,但因人口基数庞大,教育资源相对紧张,仍有大量人口难以获得高等教育机会,影响了数字化人才的储备。在师生比例方面,日本、韩国等国家相对合理,保障了教学质量和学生的培养效果。而中国在高等教育快速发展过程中,师生比例面临一定挑战,随着入学人数增加,师资力量的扩充和优化成为关键。印度等国由于教育资源不足,师生比例失衡问题较为突出,不利于高质量数字化人才的培养。

在北美洲,美国和加拿大的高等教育入学率处于较高水平,其教育体系完善,为数字化发展培育了大量专业人才。美国的高等教育资源丰富,吸引了全球优秀学子,进一步增强了其在数字化领域的人才优势。加拿大也不断提升高等教育普及程度,注重培养适应数字化经济发展的复合型人才。在师生比例上,两国的相对稳定且较为合理,其高校拥有充足的师资力量来保障教学质量。美国的顶尖高校汇聚了世界一流学者,在科研与教学方面为学生提供了优质资源。加拿大高校也注重师资队伍建设,确保学生能获得良好的教育体验。北美洲高校与企业在数字化人才培养方面合作紧密,产学研一体化程度高,高校的科研成果能够快速转化为企业的生产力,企业也积极参与高校课程设计和实践教学,共同培养符合市场需求的数字化人才。

欧洲整体高等教育入学率较高,德国、英国、法国等国家教育体系成熟,入学率维持在较高水平。北欧国家如芬兰、瑞典等,高等教育普及程度高,为数字化发展提供了坚实的人才基础。但部分东欧国家如乌克兰、罗马尼亚等,受经济发展水平影响,高等教育入学率相对较低,人才培养规模受限。西欧国家师生比例相对合理,教学质量有保障。德国注重实践教学,高校与企业紧密合作,师生比例能够满足人才培养需求。英国的高校在学术研究和教学方面平衡较好,师资力量雄厚。然而,东欧一些国家由于教育经费投入不足、师资流失等问题,师生比例失衡,影响了人才培养质量。

南美洲国家高等教育入学率差异较大。巴西、阿根廷等国家入学率相对较高,但与发达国家相比仍有差距。一些较小的国家,受经济条件和教育资源限制，高等教育入学率较低，数字化人才储备不足。在师生比例上，巴西等国家随着高等教育规模扩大，面临师资短缺问题，师生比例逐渐失衡，影响了教学质量和学生培养。阿根廷等国在教育资源分配上也存在不均衡现象，部分地区师生比例不合理，影响了数字化人才的培养。

非洲整体高等教育入学率偏低，多数国家受经济落后、教育基础设施匮乏等因素影响，大量人口无法接受高等教育。仅南非、埃及等少数国家高等教育入学率相对较高，但与全球平均水平仍有差距，严重影响了数字化人才的培养。在师生比例上，非洲国家普遍面临师资不足问题。由于经济条件差，难以吸引和留住优秀教师，导致师生比例严重失衡，教学质量难以保障，进一步影响了数字化人才的培养质量和数量。

澳大利亚高等教育入学率较高，教育体系发达，为数字化发展培养了一定数量的专业人才。新西兰高等教育入学率也处于较高水平，但与澳大利亚相比，在教育资源和人才培养规模上存在差距。澳大利亚师生比例相对合理，高校注重教学质量和学生培养。新西兰在师生比例上也能基本满足教学需求，但在师资的国际化和多元化方面还有提升空间。

总体而言，全球64个国家在组织维度的数字化发展水平受高等教育入学率、高等教育师生比例等多种因素影响。亚洲和北美洲部分国家凭借完善的教育体系和较高的入学率，在数字化人才培养上具有优势，但也面临教育资源优化和课程更新等挑战。欧洲在保持较高教育水平的同时，需要解决区域内教育发展不平衡问题。南美洲、非洲和大洋洲的国家则需要在提升经济发展水平的基础上，加大教育投入，改善教育资源分配，优化师生比例，加强与企业的合作，以提升在组织维度的数字化发展水平。基于高等教育入学率和师生比例等指标，全球数字化在组织维度的持续进步依赖于教育资源的合理配置、教育体系的不断完善以及人才培养与产业需求的深度融合。各国政府和教育机构应进一步加大教育投入，优化教育政策，加强国际教育合作，以培养更多适应数字化发展需求的专业人才，推动全球数字化发展迈上新台阶。

7.3.3 环境维度变化分析

通过绘制环境维度全球区域数字化发展水平柱状分布图和2009—2023年环境维度全球区域数字化发展水平发展趋图，展现出各地区在环境维度上数字化发展水平的差异，如图7-17和图7-18所示，全球在环境维度的数字化发展呈现出复杂且不均衡的态势。

第7章 国际视角下数字化发展现状分析

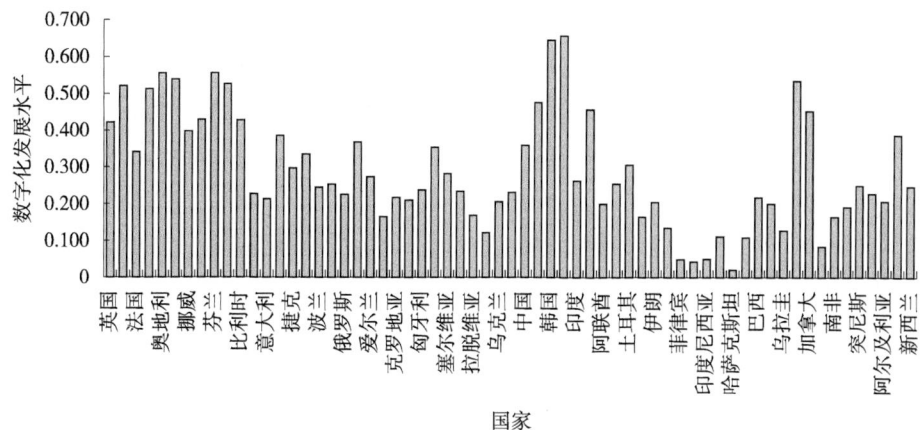

图7-17 环境维度全球区域数字化发展水平柱状分布

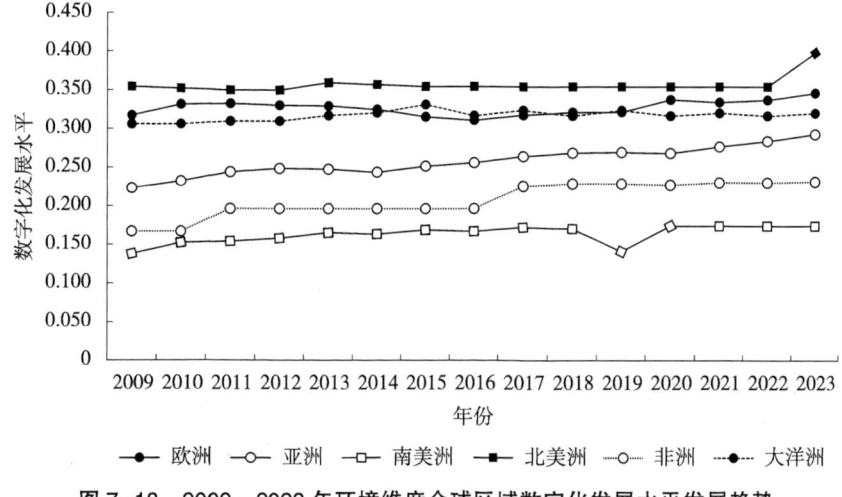

图7-18 2009—2023年环境维度全球区域数字化发展水平发展趋势

高等教育支出与研发支出是衡量一个国家在教育和科研投入方面的重要指标，对数字化发展的环境维度有着关键影响。在高等教育支出方面，部分国家重视高等教育对数字化人才培养的作用，投入比例相对稳定且较高。而在研发支出上，全球整体虽有增长趋势，但不同地区和国家间差距显著。一些发达国家凭借高额的研发投入，在数字化技术创新上占据优势，而许多发展中国家因投入不足，限制了数字化发展的速度与深度。这种差异导致全球在环境维度的数字化发展极不平衡，部分国家难以构建有利于数字化发展的良好环境。

亚洲部分国家对高等教育的投入力度较大。中国不断加大高等教育支出在政府教育支出中的占比，优化教育资源配置，为数字化人才培养提供了有力支持。韩国同样重视高等教育，其高等教育支出占比稳定，培养了大量适应数字化产业需求的专业人才。[95] 然而，印度等国家虽然在努力提升高等教育投入，但由于人口众多、教育需求庞大、资源相对紧张，高等教育支出占比仍有待提高。在研发支出占国内生产总值比重上，中国近年来持续增长，在人工智能、5G 通信等领域加大研发投入，推动数字化技术创新。韩国在半导体、电子显示等优势产业领域研发投入巨大，保持技术领先地位。但一些东南亚国家如越南、菲律宾等，受经济规模和发展阶段限制，研发支出占比较低，数字化技术创新能力相对薄弱。

北美洲的美国和加拿大对高等教育极为重视，其高等教育支出在政府教育支出中占比较高。美国拥有世界一流的高校体系，充足的资金投入保障了其高校在科研和教学方面的卓越表现，为数字化发展培养了大量顶尖人才。加拿大也注重高等教育质量，投入资金支持高校开展数字化相关学科建设和研究。在研发支出占国内生产总值比重上，美国长期处于高位，政府和企业在科技研发上投入大量资金，尤其在人工智能、生物科技等前沿领域，长期保持全球领先地位。加拿大也不断增加研发投入，在清洁能源、信息技术等领域取得了一定成果。

欧洲国家普遍重视高等教育，其高等教育支出占政府教育支出的比例较高。德国、英国、法国等国家的高校在世界上享有盛誉，充足的资金投入保障了其教学质量和科研水平。北欧国家如芬兰、瑞典等，教育投入均衡，为数字化人才培养提供了优质环境。但部分东欧国家受经济发展水平限制，投入相对不足，影响了数字化人才培养的规模和质量。西欧国家研发支出占国内生产总值比重较高，在工业 4.0、数字金融等领域投入大量资金进行研发创新。德国在制造业数字化转型方面研发投入巨大，推动了工业技术升级。英国在金融科技、人工智能伦理等领域的研究投入也不断增加。东欧一些国家由于经济基础薄弱，研发支出占比较低，数字化技术创新能力相对较弱。

南美洲国家在高等教育支出方面差异较大。巴西、阿根廷等国家相对重视高等教育，不断提高高等教育支出占比，但与发达国家相比，仍存在资金不足的问题，影响了高校的教学设施更新和师资队伍建设。一些较小的国家受经济条件限制，高等教育投入有限，数字化人才培养面临挑战。在研发支出占国内生产总值比重上，南美洲国家整体较低。巴西在农业数字化、电子商务等领域有一定研发投入，但与全球领先水平相比差距明显。阿根廷、智利等国也在努力增加研发投入，但受经济结构单一、资金短缺等因素制约，研发规模和成果有限。

非洲整体高等教育支出占政府教育支出的比例较低，多数国家受经济落后影响，教育经费紧张，难以满足高等教育发展的需求。仅南非、埃及等少数国家相对重视高等教育投入，但与全球平均水平相比仍有较大差距。在研发支出占国内生产总值比重上，非洲国家普遍处于低位。由于经济基础薄弱，资金主要用于解决基本民生问题，对研发投入有限。同时，南非在信息技术、通信技术等领域有一定研发投入，但整体规模较小，难以在全球数字化发展中产生显著影响。

澳大利亚高等教育支出在政府教育支出中占比较高，教育体系完善，为数字化人才培养提供了良好条件。新西兰也重视高等教育投入，但与澳大利亚相比，其在资金投入规模和教育资源丰富程度上仍存在差距。在研发支出占国内生产总值比重上，澳大利亚相对较高，在生物科技、矿业数字化等领域有一定研发投入。新西兰也在不断增加研发投入，主要集中在农业数字化、环保监测等特色领域，但整体研发规模较小。

总体而言，全球64个国家在环境维度的数字化发展水平受高等教育支出和研发支出等多种因素影响。亚洲和北美洲部分国家凭借较大的教育和研发投入，构建了相对良好的数字化发展环境，但也面临如何持续优化投入结构、提升投入效益的挑战。欧洲在保持较高投入水平的同时，需要进一步缩小区域内发展差异。南美洲、非洲和大洋洲的国家则需要在提升经济发展水平的基础上，加大教育和研发投入，完善政策法规，加强国际合作，以改善数字化发展环境，提升在环境维度的数字化发展水平。基于高等教育支出和研发支出等指标，全球数字化在环境维度的持续进步依赖于教育和科研投入的合理增加、政策法规的不断完善以及国际合作的深入开展。各国政府应进一步加大教育和研发投入，优化政策环境，加强国际交流与合作，以构建有利于数字化发展的良好生态，推动全球数字化发展迈上新台阶。

7.4 综合分析

本书通过对2009—2023年全球64个国家数字化发展水平的多维度分析，揭示了全球数字化发展的复杂格局。从区域层面看，各地区数字化发展水平呈现显著不平衡特征：[96] 北美洲依托美国的强力引领与加拿大的稳健推进，在全球数字化进程中位居前列；亚洲的中国、日本、韩国发展势头强劲，整体国际影响力持续提升，但区域内国家间发展差距显著；欧洲数字化发展根基深厚，但内部梯度差异明显；南美洲、非洲与大洋洲虽具备一定发展潜力，但整体水平仍相对滞后，在数字化建设中面临多重挑战。

从分维度视角分析，技术维度上，部分国家在互联网普及率与专利申请量方面表现亮眼，有力推动了技术创新与应用落地，但全球范围内区域间技术创新能力差距显著，部分国家在人工智能、大数据等新兴技术领域的创新能力亟待增强；组织维度上，高等教育入学率与师生比例在不同国家间差异较大，直接影响了数字化人才的培养规模与质量，完善教育体系、优化教育资源配置成为提升数字化发展水平的关键路径；环境维度上，各国在高等教育支出与研发投入上的较大差距，深刻影响着数字化发展的外部支撑环境，加大教育与科研投入、完善政策法规体系，对推动数字化发展具有重要意义。

因此，为推动全球数字化协调发展，各国应该采取差异化策略。数字化高水平国家应持续加大对前沿技术的研发投入，进而巩固其创新优势，同时也应强化国际技术合作交流，带动全球数字化技术升级。中等发展水平国家应着力优化教育资源配置、提升人才培养质量，并加速产业数字化转型进程，以缩小与领先国家之间的差距。数字化发展水平相对滞后的国家则应将重心置于加强数字基础设施建设、提高互联网普及率、加大教育科研投入等方面，通过制定科学的政策吸引外部资源与技术，逐步夯实自身数字化发展根基。同时，国际社会应该加强合作，建立多边合作机制，促进技术、人才和资金在全球范围内的合理流动与共享。[97] 发达国家应发挥自身优势，通过技术援助、人才培养等方式帮助发展中国家提升数字化水平，缩小数字鸿沟。各国还应注重数字化发展过程中的均衡性，避免因区域差异过大导致数字经济发展失衡，共同推动全球数字化发展迈向更高阶段，实现普惠、包容的数字化未来。

7.5 本章小结

数字化发展是推动当今世界经济社会变革的核心力量，对国家竞争力提升和全球发展格局具有深远影响。本章基于前文构建的数字化发展水平评价指标体系，运用熵值法对 2009—2023 年全球 64 个国家的数字化发展水平进行了系统评估，并从区域和维度两个层面对评价结果展开深入分析。借助熵值法的客观赋权，保证了评价结果的科学性与可靠性，为全面洞悉全球数字化发展的现状、特征及区域差异提供了关键支撑。研究表明，世界各国数字化发展水平在区域和维度层面均展现出明显的差异性和动态变化趋势，这体现了不同国家在技术创新、组织资源配置、外部环境支撑等维度的非均衡发展态势。基于此评价结果，有针对性地提出推动世界各国数字化协调发展的策略建议，进而为各国在数字化浪潮中找准定位、提升数字化发展水平提供有益参考。

第 8 章

国际视角下数字化对高等教育高质量发展的影响机制研究

8.1 变量测量

在全球数字化转型背景下,本章从国际视角探究数字化对高等教育高质量发展的影响机制。研究选取使用互联网的个人数量、专利申请数量、高等教育师生比例、高等教育入学率、高等教育支出、研发支出六个关键变量。其中,前两者反映数字技术普及与创新程度,影响教育资源分配和教学模式革新;高等教育师生比例和高等教育入学率体现教育资源配置、人才培养规模;后两者体现外部支持力度,为高等教育发展提供基础与动力,具体测量指标详见第 9.2 节。在结构方程模型构建中,要明确潜在变量、观测变量、误差变量与路径系数的作用。潜在变量如"数字化水平"需要借助观测变量间接评估;观测变量作为直接测量指标,是潜在变量的现实体现;误差变量涵盖测量误差与模型未解释变异;路径系数则量化变量间关系的强度和方向。检验环节以高科技产出作为衡量高等教育高质量发展的核心观测变量。高科技产出是高校科研实力与服务社会能力的直观反映,像斯坦福大学等顶尖高校通过前沿科技成果推动产业升级,彰显高等教育高质量发展。将其纳入模型,能精准评估数字化对高等教育高质量发展的影响。

8.2 基于多重共线性检验的关键因素筛选

在实际操作中,首先需要构建多元回归模型。本研究设定因变量为 Y,自变量分别为 W_1、W_2、S_1、S_2、R_1、R_2,构建如下多元线性回归方程:

第8章 国际视角下数字化对高等教育高质量发展的影响机制研究

$$Y = \beta_0 + \beta_1 W_1 + \beta_2 W_2 + \beta_3 S_1 + \beta_4 S_2 + \beta_5 R_1 + \beta_6 R_2 + \varepsilon$$

式中，β_0 是截距项，代表所有自变量取值为 0 时因变量的期望水平；β_1，β_2，…，β_6 是各自变量的回归系数，反映了自变量每变动一个单位时，因变量的平均变动量；ε 是误差项，用于捕捉模型中未被自变量解释的随机因素。借助专业统计软件对模型进行参数估计后，重点关注方差膨胀因子。通常认为，方差膨胀因子是衡量自变量之间线性相关程度（即多重共线性）的常用指标。$VIF=1$ 时，表示该自变量与其他自变量之间完全没有共线性；当 $1<VIF\leq5$ 时，通常认为自变量之间存在轻度到中度共线性，但在大多数回归分析中是可以接受的，通常不会对模型估计的稳定性和解释力造成严重影响；当 $VIF>5$ 时，多重共线性问题较为严重，此时需要对高 VIF 值的变量进行处理。常见的处理方式是移除 VIF 值最高的自变量，然后重新拟合回归模型，再次检验 VIF 值，直至共线性问题得到有效控制。

经检验，本研究各变量的方差膨胀因子结果见表 8-1。其中，因变量"高等教育高质量发展"的 VIF 值为 1.000，说明其与自变量无自相关性，符合模型设定逻辑。所有自变量的 VIF 值均非常低，高等教育支出和研发支出的 VIF 值最高，为 1.065；使用互联网的个人数量和专利申请数量的 VIF 值最低，为 1.000；高等教育师生比例和高等教育入学率的 VIF 值为 1.053。所有自变量的 VIF 值均远低于 5，更远低于 10。这表明在结构模型中，这些自变量之间几乎不存在多重共线性问题。具体来说，VIF 值都极其接近 1，意味着每个自变量与其他自变量的线性组合解释该自变量变异的程度极低（R^2 接近 0），彼此之间的线性相关性非常微弱。这一结果意味着模型中的技术、组织、环境层面变量可作为独立维度，分别考察其对高等教育高质量发展的影响路径；同时，回归系数的估计结果具有可靠性，模型稳定性良好，变量间的关系能真实反映理论假设，无须进行变量剔除或模型调整，可直接用于后续的结构方程模型构建与分析。

表 8-1 最终方差膨胀因子结果

变量	VIF
高等教育高质量发展	1.000
使用互联网的个人数量	1.000

续表

变量	VIF
专利申请数量	1.000
高等教育师生比例	1.053
高等教育入学率	1.053
高等教育支出	1.065
研发支出	1.065

8.3 数字化对高等教育高质量发展的影响研究假设

在数字化背景下，高等教育高质量发展水平的提升是多种资源要素协同作用的结果。基于上述分析，本章整合了不同层面的异质性影响因素，从技术、组织和环境三个层面对数字化推动高等教育高质量发展水平提升的影响因素展开研究。

8.3.1 技术层面与高等教育高质量发展

技术层面是高等教育数字化转型的核心引擎，其发展水平直接决定了教育模式创新的深度与广度。本研究将使用互联网的个人数量与专利申请数量作为关键观测变量，从技术普及与技术创新两个维度，揭示技术层面在高等教育高质量发展中的作用。

使用互联网的个人数量是衡量数字技术教育渗透率的重要指标。根据国际电信联盟（ITU）的数据，全球互联网用户数量持续攀升，这一趋势为高等教育数字化提供了广泛的用户基础。在教育实践中，大规模在线开放课程（MOOC）的兴起便是互联网普及的直接产物。以Coursera、edX等平台为例，其汇聚了全球顶尖高校的优质课程资源，打破了传统教育的时空限制，使全球范围内的学习者能够共享高质量教育内容。此外，互联网的普及还催生了虚拟学习社区、实时互动教学等新型教育模式，通过增强师生、学生之间的互动，显著提升了学习效果。从技术扩散理论视角来看，互联网在教育领域的广泛应用，本质上是新技术从创新源向教育主体扩散的过程，这一过程不仅提升了教育资源的可及性，更推动了教育公平的实现。当更多个体能够便捷地使用互联网中的教育资源时，偏远地区的学生也能获得与发达地区同等质量的教育机会，从而缩小了区域间的教育差距。

专利申请数量则聚焦于高等教育领域的技术创新成果。高校作为知识创新的重要阵地，专利成果的数量与质量直接反映了其在教育技术研发、教学方法革新等方面的能力。例如，人工智能技术在教育领域的应用专利，催生出智能教学辅助系统，该系统能够根据学生的学习行为数据，提供个性化的学习路径规划与实时反馈，有效提升学习效率。虚拟现实与增强现实技术相关专利的转化，推动了虚拟仿真实验教学的发展，学生无须依赖实体实验设备，便能在虚拟环境中开展复杂实验操作，既降低了实验成本，又提升了教学安全性。从创新扩散理论的角度分析，专利技术的转化应用，能够为高等教育带来新的教学范式与管理模式，推动教育质量的持续提升。高校通过将专利成果转化为实际教学工具或管理系统，能够激发教师的教学创新热情，引导学生参与创新性学习，从而营造良好的教育创新生态。

基于以上已有研究的结果与理论分析讨论，本章提出以下假设：

H4：数字化技术层面对高等教育高质量发展具有正向的影响作用。

8.3.2 组织层面与高等教育高质量发展

组织层面是高等教育适应数字化变革的关键环节，其内部结构与运行机制的优化，直接影响着数字化转型的成效。高等教育师生比例与高等教育入学率作为组织层面的核心变量，分别从资源配置与人才培养规模两个维度，影响着高等教育高质量发展。

高等教育师生比例是衡量教育资源配置合理性的重要指标。合理的师生比例能够保障教师有充足的精力关注每个学生的学习需求，开展个性化的教学与科研指导。在数字化教育背景下，虽然部分教学环节可由技术辅助完成，但教师在知识引导、思维启发等方面的作用仍不可替代。例如，在研讨式课程中，合理的师生比例能够确保教师与学生进行充分的思想交流，深度挖掘知识内涵；在科研指导方面，教师能够根据学生的兴趣与能力，制定个性化的科研计划，提升学生的科研创新能力。从组织行为学理论来看，合理的师生比例有助于构建良好的教学互动关系，增强教师的教学成就感与学生的学习获得感，进而提升整体教学质量。此外，随着数字化教学工具的普及，师生比例的优化还需考虑技术与人力的协同作用。例如，教师可借助智能教学平台对学生的学习数据进行分析，精准把握学生的学习动态，从而实现更高效的教学资源分配。

高等教育入学率反映了高校在人才选拔与培养规模上的能力，也对学校的组织管理提出了更高要求。在数字化浪潮下，高校需要通过优化入学机制，选拔出更适应数字化学习环境的学生。例如，部分高校在招生过程中引入大数据分析技术，对学生的在线学习行为数据、创新能力测评结果等进行综合评估，突破传统以考试成绩为主的选拔模式，有利于招收到更具潜力的学生。同时，随着入学率的提升，高校的教学管理、课程设置等组织体系需要进行相应调整。例如，采用模块化课程设计，满足学生多样化的学习需求；运用数字化教学管理系统，实现课程编排、成绩管理等环节的智能化运作，提升管理效率。从组织变革理论视角分析，高校通过调整入学机制与优化内部管理体系，能够在扩大教育规模的同时，保障教育质量不受影响，实现规模与质量的协调发展。

基于以上已有研究的结果与理论分析讨论，本章提出以下假设：

H5：数字化组织层面对高等教育高质量发展具有正向的影响作用。

8.3.3 环境层面与高等教育高质量发展

环境层面为高等教育数字化转型提供了外部支撑与发展动力，其资源供给与政策引导对高等教育高质量发展具有深远影响。高等教育支出与研发支出作为环境层面的关键变量，分别从资金投入与创新支持两个维度，推动高等教育的高质量发展。

高等教育支出体现了政府、社会对教育事业的重视程度与资源投入力度。充足的资金支持是高校开展数字化建设的物质基础。在硬件设施方面，高等教育支出能够保障高校建设智慧教室、数据中心等数字化基础设施，为教学与科研提供先进的技术支撑。例如，部分高校投入专项资金建设沉浸式智慧教室，配备了高清投影、智能交互设备等，为师生营造了身临其境的教学环境，显著提升了教学效果。在软件资源方面，资金投入能够支持高校购买优质的数字教育资源、开发具有自主知识产权的教学平台，丰富教学内容与形式。从公共产品理论视角来看，高等教育作为准公共产品，其发展需要政府与社会的共同投入。政府通过加大高等教育财政支出，能够引导社会资本参与教育数字化建设，形成多元化的投入机制，为高等教育高质量发展提供持续动力。

研发支出反映了区域或国家在科技创新领域的投入强度，对高校的科研创新与成果转化具有重要推动作用。高校作为科研创新的主力军，其研发活动的开展离不开充足的资金支持。在数字化背景下，研发支出能够促进高校与企业、科研机构的协同合作，加速科技成果向教育领域的转化。例如，高校与科技企业合作开展的人工智能教育应用研发项目，通过将前沿技术融入教学实践，开发出智能辅导机器人、自适应学习系统等创新产品，有效提升了教育质量。此外，研发支出还能够吸引顶尖人才，提升高校的科研实力与国际影响力。从创新生态理论来看，研发支出的增加有助于构建良好的科技创新生态，促进知识、技术、人才等要素在高校与社会之间的流动，推动高等教育与产业的深度融合，从而实现高等教育高质量发展的目标。

基于以上已有研究的结果与理论分析讨论，本章提出以下假设：

H6：数字化环境层面对高等教育高质量发展具有正向的影响作用。

8.4 基于结构方程的实证检验

经过审慎考量，本研究最终选择 PLS-SEM 作为核心分析方法，这主要是基于以下多维因素的综合权衡。

从模型构建的底层逻辑来看，CB-SEM 遵循公因子模型（common factor model），聚焦于测量指标间的共同变异部分，通过协方差矩阵的拟合优度来评估模型质量。这一特性要求研究者预先对潜在变量间的因果关系具备明确理论框架，且数据须满足多元正态分布假设，才能确保参数估计的有效性。相较之下，PLS-SEM 采用成分模型（component model），以最大化内生潜变量的解释方差为目标，更强调对变量关系的预测能力。这种特性使 PLS-SEM 在探索性研究、理论基础薄弱或总体模型尚未完全确定的情境下，能够更灵活地捕捉变量间的复杂关系，提供稳健的参数估计结果。

在研究实践层面，PLS-SEM 展现出独特的方法论优势。一方面，该模型在处理多维度、多层次的复杂理论模型时表现卓越。例如，当模型包含多个二阶构面或存在大量交互项时，PLS-SEM 可以通过迭代算法逐步提取主成分，能够有效降低测量误差对路径系数估计的干扰。这种优势在高等教育研究中尤为重要——高等教育系统本身即为一个高度复杂的动态系统，涉及教学、科研、社会服务等多重维度的交互作用。另一方面，PLS-SEM 的预测导向性特质使其成为评估理论模型实用价值的理想工具。通过 Q^2 预测相关系数等指标，研究者不仅能够检验理论假设的显著性，还能定量评估模型对因变量的预测能力,为政策制定提供更具操作性的依据。

在数据要求方面,两种模型呈现出显著分野。CB-SEM 对样本量与数据分布的严格要求(通常建议样本量为观测变量数的 10~15 倍,且须满足多元正态分布)在实际研究中往往难以达成。尤其是在新兴领域或小众样本研究中,数据的有限性与非正态性可能导致模型估计偏差。而 PLS-SEM 凭借其非参数估计特性,在小样本、非正态数据情境下仍能保持稳定表现,且对缺失值具有更强的鲁棒性,这无疑为高等教育领域的微观层面研究(如特定院校、特定专业的案例分析)提供了更具可行性的分析方案。

在结构方程模型中,潜在变量需要通过可观测的显变量或指标来测量。从统计学角度看,通常要求一个潜在变量至少关联两个观测指标,这是确保模型可识别性(即模型参数有唯一解)的基本要求,因为需要足够的方差和协方差信息来估计潜在变量自身的方差及其与其他潜在变量的协方差。从测量学角度看,使用多个观测指标可以显著提高测量的信度(reliability,减少随机误差)和效度(validity,确保测量到目标构念),通过聚合多个信息源来更全面、稳定地捕捉潜在变量的内涵,并有效分散单一指标的测量误差影响。

本研究对核心潜在变量"高等教育高质量发展"的操作化测量采取了聚焦其最核心、最具显示性经济产出的策略。首先,在理论基础与测量逻辑上,"高等教育高质量发展"是一个高度抽象、多维度的宏观概念,传统上可能涵盖人才培养质量、科研创新、社会服务、文化传承等多个方面。然而,在全球化知识经济背景下,一个国家或地区将知识创新和技术突破有效转化为高附加值、高技术含量的经济产出能力,被广泛认为是高等教育体系效能和国家创新竞争力的核心体现与终极检验标准之一。其次,在指标选择上,本研究摒弃了常见的多维度综合指标体系,转而采用一个高度凝练、客观、可量化且具有强烈经济指向性的单一关键指标——高科技出口,选择该指标的核心逻辑在于:其一,高科技出口规模与质量直接反映高等教育系统在科技创新成果转化、产学研协同创新方面的效能,是高等教育服务社会经济发展能力的量化体现[98];其二,高科技产业对人才的知识储备、创新能力与专业素养具有极高要求,区域高科技出口水平的提升必然依赖高等教育体系在人才培养模式、学科建设方面的持续优化;其三,从国际比较视角来看,经合组织等国际组织已将高科技出口占比纳入高等教育竞争力评估体系,证实了该指标在跨国研究中的普适性与有效性。通过将高等教育高质量发展浓缩于高科技出口这一关键变量,本研究既能简化模型结构,又能精准锚定高等教育与经济发展间的核心关联，为后续理论验证与政策建议奠定坚实基础。

基于上述特性，本研究选用 SMART PLS v3.2.9 统计软件，遵循两阶段验证流程开展实证分析：首先通过验证性因子分析（CFA）检验测量模型的信效度，确保观测变量对潜在变量的有效测量；然后通过路径分析验证结构模型，探究变量间的因果关系。

8.4.1 影响模型构建

依据相关文献，本章提出了三条研究假设，假设数字化技术层面（T）、组织层面（O）、环境层面（E）均对高等教育高质量发展具有正向的影响作用，研究模型图如图 8-1 所示。

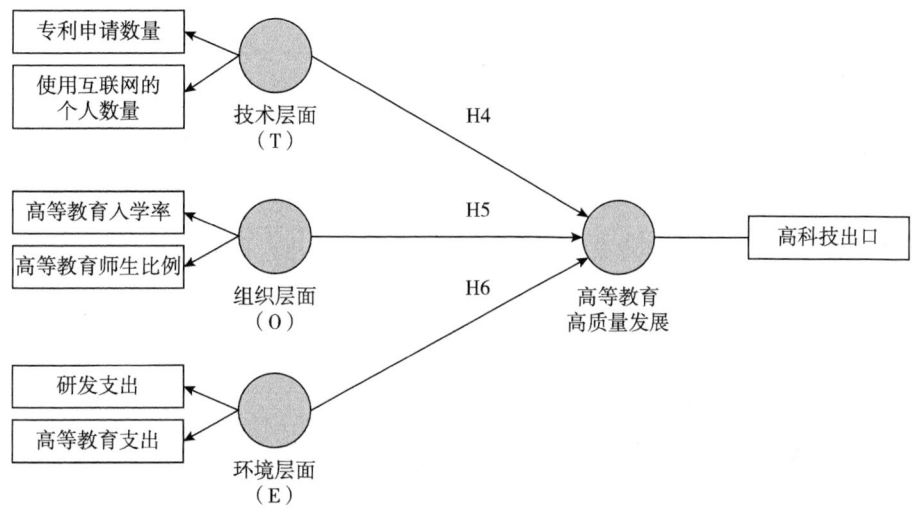

图 8-1 研究模型

8.4.2 描述性分析和信效度检验

由表 8-2 可知，技术层面（T）→高等教育高质量发展的初始样本值（0.833）和样本均值（0.829）两者接近，表明样本数据在技术层面的集中趋势较为明显；标准差（0.034）较小，表明样本数据的离散程度较小，数据分布集中，且样本均值与初始样本值之间的差异显著；95% 置信区间为 [0.758，0.890]，偏差为 -0.003，偏差修正的 95% 置信区间为 [0.768，0.891]，置信区间较宽，初始样本值位于区间内，偏差较小，估计较为可靠。组织层面、环境层面同样数据分布集中，样本均值与初始样本值之间的差异显著,偏差较小。

表 8-2 描述性分析

路径	技术层面(T)→ 高等教育高质量发展	组织层面(O)→ 高等教育高质量发展	环境层面(E)→ 高等教育高质量发展
初始样本(O)	0.833	0.151	0.046
样本均值(M)	0.829	0.150	0.046
标准差(STDEV)	0.034	0.015	0.014
5.0%	0.758	0.123	0.020
95.0%	0.890	0.183	0.073
5.0%(偏差修正)	0.768	0.124	0.020
95.0%(偏差修正)	0.891	0.184	0.073

组合信度(CR)是结构方程模型中评估潜在变量内部一致性的重要指标,反映了测量工具在不同时间或情境下测量同一构念的稳定性。CR 值的范围为 0~1,值越高,表明测量结果的可靠性越强。通常,$CR \geq 0.700$ 表示可接受的信度水平,$CR \geq 0.800$ 则表明信度优秀,能够较好地支持后续分析。在本研究中,各潜在变量的 CR 值如下:技术层面为 0.741(>0.700,信度良好),组织层面为 0.784(接近 0.800,信度较高),环境层面为 0.766(>0.700,信度良好);高等教育高质量发展为 1.000。如图 8-2 所示。所有变量的 CR 值均超过 0.700 的最低标准,说明各维度的测量指标能够稳定地反映其对应的潜在变量,适合进行进一步的结构方程分析。平均变异抽取量(AVE)用于评估潜变量的收敛效度,即各测量指标能在多大程度上共同解释潜变量的变异。AVE 的阈值通常为 0.500,$AVE \geq 0.500$ 表示潜在变量的测量指标能够有效捕捉其代表的构念。本研究的 AVE 值如下:技术层面为 0.501(>0.500,收敛效度达标);组织层面为 0.511(>0.500,收敛效度达标);环境层面为 0.622(>0.500,收敛效度良好);高等教育高质量发展为 1.000。如图 8-3 所示。所有 AVE 值均超过 0.500 的阈值,表明各潜变量的测量指标能够较好地收敛于其对应的构念。综上所述,本章所使用的变量具有较好的信度与效度,在进一步的分析和模型构建中,可以放心地使用这些潜在变量。

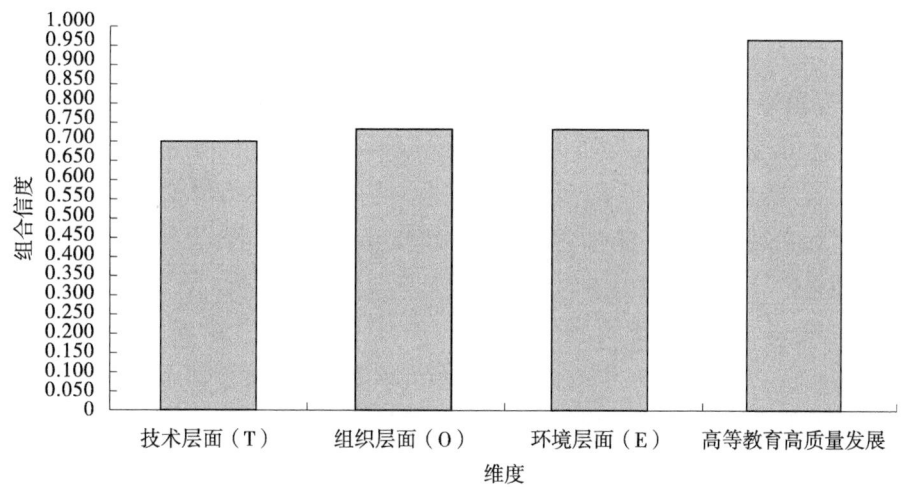

图 8-2　组合信度

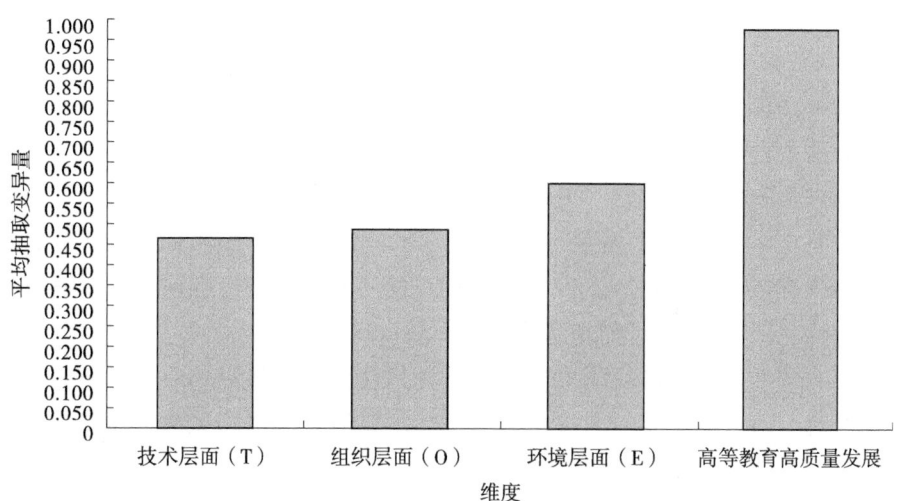

图 8-3　平均抽取变异量

8.4.3　结构模型评估

在结构方程模型的评估体系中，R^2、调整后的 R^2 与 Q^2 是衡量拟合优度的核心指标，它们从不同维度揭示模型对数据的解释能力与预测效能。其中，R^2 作为经典统计指标，能够直观地呈现因变量变异中可被自变量解释的比例，取值范围为 0~1，其数值越趋近于 1，表明模型对数据的拟合效果越好。一般而言，R^2 在 0.250 左右时，模型的解释力较弱；R^2 达到 0.500 及以上时，具备中等解释能力；若 R^2 接近 0.750，则意味着模型能够强有力地捕捉变量间的关联。例如，在社会科学研究中，若某模型的 R^2 达到 0.700，即表示 70% 的因变量波动可由纳入模型的自变量合理阐释。调整后的 R^2 是对 R^2 的优化版本，它在计算过程中引入自变量个数作为调节因子。当模型中新增自变量时，R^2 往往会单调递增，即便该变量实际对因变量无显著贡献；而调整后的 R^2 通过惩罚冗余变量，能够更真实地反映模型的解释效能。若调整后的 R^2 与 R^2 数值接近，则说明模型中的自变量均具有实际解释价值。Q^2 统计量专门用于评估结构方程模型的预测能力，基于偏最小二乘算法与盲化法（blindfolding）计算得出。该方法通过样本外预测的残差变异数来量化模型的预测关联强度：当 $Q^2>0$ 时，表明模型具备显著的预测能力，数值越大，意味着模型预测结果与实际观测值的契合度越高，在实践应用中具有越大的参考价值。

根据表 8-3 的统计结果，本研究模型在多项指标上展现出良好表现。模型的 R^2 值为 0.723，表明因变量约 72% 的变异可由自变量组合解释，这一数值接近 0.750 的强解释力标准，说明模型对数据具有较好的拟合效果。而调整后的 R^2 值为 0.722，与 R^2 极为接近，意味着在考虑自变量数量后，模型的解释力并未因变量冗余而削弱，反而保持在较高水平，这一结果佐证了模型中自变量选取的合理性与必要性。通过对比观测值总变异（SSO）与残差平方和（SSE）可知，SSE 显著小于 SSO，表明模型能够有效降低预测误差，显著提升预测精准度。此外，Q^2 值达到 0.718，不仅证实模型预测关联具有统计显著性，更说明该模型能够捕捉 72% 左右的观测值变异特征。结合 R^2 与 Q^2 的高度一致性，进一步验证了模型在解释力与预测效果上的双重优势，即模型既能充分揭示变量间的内在联系，又能可靠地预测因变量的变化趋势。本研究模型的 R^2、调整后的 R^2 及 Q^2 指标均呈现出较高水准，表明该模型在理论解释与实际预测方面均具备较强的有效性。

表 8-3 结构方程模型结果

变量	R^2	调整后的 R^2	Q^2
技术层面（T）	—	—	—
组织层面（O）	—	—	—
环境层面（E）	—	—	—
高等教育高质量发展	0.723	0.722	0.718

8.4.4 假设检验

为确保 PLS-SEM 模型路径系数的统计显著性,本研究采用基于自助法(Bootstrapping)的非参数重抽样方法。该技术通过从原始样本中进行有放回的重复抽样(本研究设定抽样次数为 500 次),生成大量模拟样本,进而构建路径系数的经验分布。相较于传统参数检验,自助法无须依赖数据服从特定分布的假设,特别适用于小样本或分布未知的研究场景,能够有效提升估计精度与检验效能。本研究严格遵循 p 值决策规则对路径系数的显著性进行分级判定。具体规则如下:极显著水平,当 $p \leqslant 0.010$ 时,以 99% 的置信度拒绝原假设,表明变量间关系具有极大的统计学意义,结果稳健性极强;高度显著水平,若 $0.010 < p \leqslant 0.050$,在 95% 的置信水平下拒绝原假设,意味着变量关联具备较强的可信度,是学术研究中常见的显著性标准;边际显著水平,当 $0.050 < p \leqslant 0.100$ 时,以 90% 的置信度拒绝原假设,说明变量关系存在一定的统计学意义,但需要谨慎解释;不显著水平,若 $p > 0.100$,则接受原假设,表明变量间关联缺乏统计学支持,结果不具备显著性。

在完成模型拟合度检验并确认其表现良好后,本研究运用 PLS 算法与自助法技术,系统计算各路径系数、t 值及 p 值,最终形成路径分析图(图 8-4)与检验结果表(表 8-4)。具体发现如下:技术层面→高等教育高质量发展的路径系数 $\beta = 0.833$,$p < 0.001$,远低于 0.010 的临界值,表明在 99% 的置信水平下,技术因素对高等教育高质量发展存在极显著的正向驱动作用。这一结果印证了数字化转型、教育技术创新等技术手段在提升教育质量中的核心地位。组织层面($\beta = 0.046$,$p < 0.010$)与环境层面($\beta = 0.151$,$p < 0.010$)的路径系数同样在 99% 置信水平下显著,说明组织管理优化与外部环境支持对高等教育发展具有不可忽视的促进作用。尽管路径系数数值相对技术层面较小,但因其高度显著性,仍在理论与实践层面具有重要价值。此外,所有路径的 t 检验值均高于 1.960(对应 95% 置信水平的临界值),且 p 值均小于 0.010,从统计量与显著性概率两个维度双重验证了研究假设 H4～H6 的合理性。这不仅表明各变量间关系具有统计学意义,更证实了模型在实际应用中的可靠性。

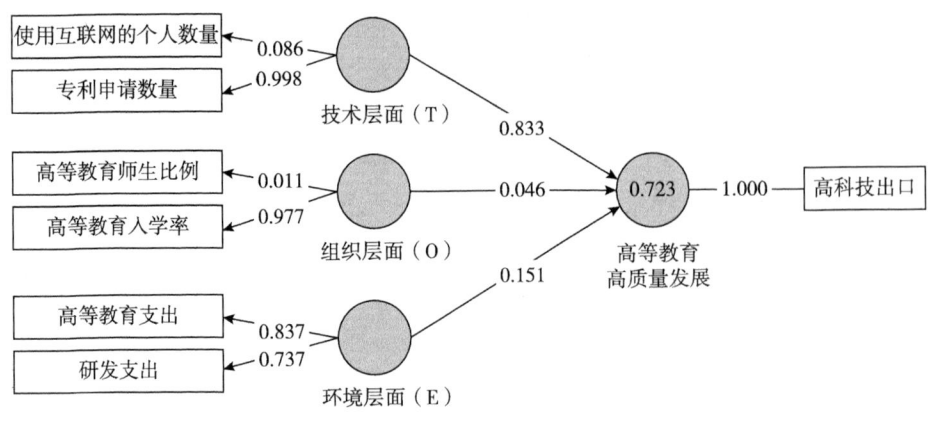

图 8-4 结构方程模型路径

表 8-4 模型显著性检验结果

变量	路径系数 β	统计值 t	显著性 p
技术层面（T）	0.833	24.853	0.000***
组织层面（O）	0.046	9.962	0.000***
环境层面（E）	0.151	3.331	0.001***

注：*** 表示 $p<0.010$。

8.5 假设检验结果

在完成对模型拟合度的全面检验以及路径系数的显著性分析后，本研究已获取充分的数据支撑。从组合信度来看，技术层面（0.741）、组织层面（0.784）、环境层面（0.766）及高等教育高质量发展（1.000）均超过 0.700 的可接受标准，表明各维度测量指标具备良好的稳定性与内部一致性；平均变异抽取量方面，各潜在变量的 AVE 值均大于 0.500，其中环境层面达到 0.622，显示出测量指标对潜在变量的有效代表性，模型收敛效度达标。

进一步通过基于自助法的重抽样程序检验路径系数显著性，结果显示技术层面（$\beta=0.833$，$p<0.010$）、组织层面（$\beta=0.046$，$p<0.010$）、环境层面（$\beta=0.151$，$p<0.010$）的路径系数均在 99% 的置信水平下显著，t 检验值均高于 1.960 的临界值。这意味着三个层面的因素与高等教育高质量发展之间存在统计学意义上的显著正向关联，且 R^2 值为 0.723、调整后的 R^2 为 0.722、Q^2 值为 0.718，表明模型对因变量变异的解释力较强，预测效能良好。综合

以上多维度的数据分析与验证,可以得到假设检验结果,见表8-5。

表8-5 假设检验结果

标号	研究假设	结果
H4	数字化技术层面对高等教育高质量发展具有正向的影响作用	支持
H5	数字化组织层面对高等教育高质量发展具有正向的影响作用	支持
H6	数字化环境层面对高等教育高质量发展具有正向的影响作用	支持

8.6 本章小结

本章围绕数字化对高等教育高质量发展的影响展开系统性研究,具体从数据预处理、理论构建、模型分析三个阶段逐步推进。在研究的初始阶段,为确保数据质量和模型的可靠性,首要任务是进行多重共线性检验。多重共线性可能导致变量间相互干扰,破坏数据的独立性,进而影响分析结果的准确性。通过严谨的统计检验流程,识别并排除存在高度相关性的指标,有效消除变量间的冗余信息和干扰效应,为后续研究筑牢数据基础。紧接着,基于TOE理论框架,结合丰富的文献梳理与深入的理论剖析,对高等教育数字化的关键影响因素进行深度解读。在技术层面(T),聚焦数字技术在教育领域的创新应用;在组织层面(O),关注高校内部结构与管理机制对数字化的适配性;在环境层面(E),探讨外部政策、经济等因素对高等教育数字化发展的支撑作用。在此基础上,提出研究假设:数字化技术层面(T)、组织层面(O)、环境层面(E)均对高等教育高质量发展具有正向的影响作用,为后续研究指明方向。在实证分析环节,采用结构方程模型进行深入探究。首先,依据研究目标与数据特征,科学合理地选择分析方法;其次,通过描述性统计分析,全面呈现数据的基本特征,并严格开展信效度检验,确保研究数据和测量工具的可靠性与有效性。在结构模型评估与假设检验过程中,系统验证了技术层面(T)、组织层面(O)、环境层面(E)与高等教育高质量发展之间的关系。研究结果表明,这三个层面均对高等教育高质量发展存在显著的正向影响,假设H4~H6均得到数据的有力支持。本章的研究结果不仅明确了数字化背景下高等教育高质量发展的关键影响因素及其作用机制,也为后续探索数字化推动高等教育高质量发展的具体路径提供了坚实的理论依据与实证支撑,具有重要的理论价值与实践指导意义。

第9章

国际视角下数字化对高等教育高质量发展的影响路径研究

9.1 数字化对高等教育高质量发展的组态模型构建

高等教育数字化转型作为推动教育高质量发展的核心引擎，其内在逻辑与实施路径应从系统性视角进行分析。TOE 框架认为，任何组织的技术变革均受技术特征、组织属性与外部环境三者的共同影响，三者通过动态交互形成创新落地的底层逻辑。[99] 本章基于 TOE 框架，高等教育数字化转型由技术驱动、组织变革与环境支撑三者的深度耦合所推动，共同构成高等教育高质量发展的动态生态系统。以下从技术基础、组织能力与环境支撑三个维度明确各要素的角色定位与作用机制，揭示其协同演进的内在规律。

第一，技术维度是高等教育数字化转型的引擎与基础。数字技术的应用与创新为高等教育体系变革提供核心驱动力，随着 5G、人工智能、大数据等新兴技术的迭代升级，教育场景得以重构，催生了个性化学习、精准管理等新型教学模式。《国家教育数字化转型战略行动 2024 年工作要点》强调，应通过数字技术精准赋能教与学，推动教育现代化进程。技术效能的发挥依赖两大关键指标：一是使用互联网的个人数量（占总人口的百分比）是衡量数字技术普及程度的关键指标，反映数字技术应用的广度，为在线教育提供用户基础，互联网的普及率越高，高等教育越能够利用数字化工具提升教学质量和科研效率，从而推动高等教育的高质量发展；二是专利申请数量，衡量数字教育技术的创新能力，决定技术渗透的深度。数字化转型通过促进技术创新，推动高等教育在科研领域取得更多突破，进而提升高等教育的整体质量。二者共同构成高等教育数字化转型的技术基底，通过数据要素的深度融合，驱动教育资源与服务模式的系统性变革。

第二，组织维度是高等教育数字化转型的实施主体与承载平台。高校作为转型的核心载体，其内部结构、资源配置与文化适应性直接影响转型成效。《世界高等教育数字化发展报告（2024）》等政策文件强调了高等教育数字化转型的全球趋势，倡导高校将数字化作为核心战略纳入发展蓝图。然而，传统科层制管理模式往往会导致部门壁垒，阻碍跨部门协作，而数字化可推动高校构建扁平化、敏捷化的组织架构，以适应快速变化的教育环境。组织层面主要体现在通过师生比例优化与入学率提升实现质量与规模的协调发展。高等教育师生比例反映了高等教育资源配置效率，直接影响教学精准度，合理的师生比例有助于实现个性化教学和精准化管理，从而推动高等教育的高质量发展。高等教育入学率则反映了组织规模扩张的需求，快速扩大的学生规模会倒逼高校采用在线教育等数字化手段来解决资源不足问题。这两个组织指标体现了高校在资源约束下，通过数字化手段实现质量与规模协调发展的能力。

第三，环境维度是高等教育数字化转型的边界条件与外部推力。其中，政策环境是高等教育数字化转型的重要影响因素之一，《中国教育现代化2035》强调要推动教育在数字化背景下的转型，积极推动"智慧校园"的建设工作。欧盟《数字教育行动计划（2021—2027）》则强调跨境数字教育协作，政策环境通过资金投入与制度引导塑造转型生态。同时，全球高等教育竞争加剧，如QS排名中"数字化教学"指标权重上升，这也倒逼高校加快转型。高等教育支出占比与研发支出占比是核心环境指标：前者体现政府对高等教育的资源保障力度，后者反映技术创新投入强度。此外，新冠疫情的暴发加速了外部环境的变化，疫情期间全球高校被迫全面转向在线教学，客观上推动了数字化进程。

基于上述分析，本章从组态视角出发，技术层面（使用互联网的个人数量、专利申请数量）、组织层面（高等教育师生比例、高等教育入学率）与环境层面（高等教育支出占比、研发支出占比）三大维度的六个核心指标，探究多要素协同作用下的组态效应，揭示高等教育高质量发展的差异化实现路径，构建了如图9-1所示的理论模型。

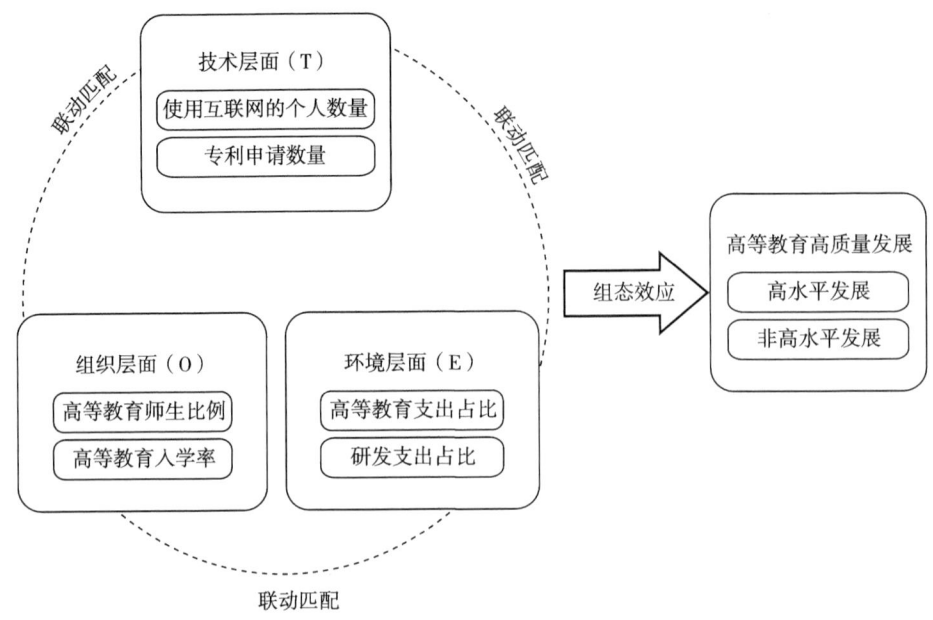

图 9-1　数字化转型赋能高等教育高质量发展的理论模型

9.2　变量测量与校准

9.2.1　前因变量测量

本研究基于世界银行数据库，从技术、组织和环境三个维度选取关键指标，以系统考察影响高等教育高质量发展的前因变量。

（1）技术层面的解释变量：①使用互联网的个人数量，统计在过去 3 个月内使用过互联网的个体占总人口的比例，反映信息技术的普及程度，是衡量一个国家或地区数字基础设施发展水平、居民信息获取能力以及数字经济潜力的重要指标。②专利申请数量，采用居民在某一国家提交的专利申请总量，衡量技术创新活跃度。较高的专利申请数量通常意味着该国家在技术研发、产品创新方面具有较高的活跃度，从而为高等教育质量提升提供技术动力。

（2）组织层面的解释变量：①高等教育师生比例是指高等教育中每名教师所教学生的平均人数，反映教育资源分配效率。合理的师生比例意味着充足的教育资源和个性化的教学指导。②高等教育入学率（毛入学率）是指不考虑年龄的高等教育总入学率与高等教育水平正式对应的年龄组人口的比率。较高的入学率表明更广泛的教育普及程度，有助于提升国民整体素质，为高等教育高质量发展提供规模基础。

（3）环境层面的解释变量：①高等教育支出，采用高等教育开支在政府一般教育开支总额中的占比来衡量，反映了国家对高等教育的财政支持力度。较高的高等教育支出比例通常意味着政府致力于提升高等教育质量、扩大高等教育规模以及促进教育公平。②研发支出，采用研发总投入占国内生产总值（GDP）的比重来表示，反映国家对创新体系的资金支持强度。较高的研发支出意味着更大的创新支持力度，能够促进高校科研能力建设、推动前沿技术突破，为高等教育的高质量发展创造良好的创新环境。

9.2.2 结果变量测量

本研究选取高科技出口作为衡量高等教育高质量发展水平的核心指标。高等教育高质量发展的本质在于培养创新型人才、促进知识价值转化以及服务经济社会发展需求。高科技出口作为技术密集型产业的产出成果，其国际竞争力水平直接体现了国家高等教育体系在知识创新、技术研发和成果转化等方面的综合效能。此外，高科技出口作为高等教育与经济社会的关键纽带，能有效衡量教育质量的外部贡献。最后，高科技出口数据具有国际可比性强、统计口径规范等优势，能够客观反映高等教育质量的外部有效性及其对国民经济发展的实质贡献。各条件变量和结果变量的描述性统计见表9-1。

表9-1 描述性统计

变量类型	维度	变量名	描述	均值	标准差	最小值	最大值
结果变量	—	高科技出口	研发强度高的产品出口	0.160	0.124	0	0.670
条件变量	技术	使用互联网的个人数量	过去3个月内使用过互联网的个体占总人口的比例	0.721	0.222	0.050	1.010
		专利申请数量	居民在某一国家提交的专利申请总量	29310.564	142447.590	1	1571052
	组织	高等教育师生比例	高等教育中每名教师所教学生的平均人数	16.509	7.658	4	49

续表

变量类型	维度	变量名	描述	均值	标准差	最小值	最大值
条件变量	组织	高等教育入学率	不考虑年龄的高等教育总入学率与高等教育水平正式对应的年龄组人口的比率	0.640	0.244	0.060	1.600
	环境	高等教育支出	高等教育开支在政府教育开支总额中的占比	0.228	0.062	0	0.380
		研发支出	研发总投入占国内生产总值的比重	0.043	0.240	0	3.190

9.2.3 变量校准

校准是指把数据转换为带有集合特点的数值，在模糊集定性比较分析中，使用直接校准法对数据进行校准。各条件变量和结果变量的完全隶属临界值选取样本分布的95%分位数，交叉隶属点对应50%分位数，完全不隶属则定位在5%分位数水平。具体校准点见表9-2。在校准过程中，为避免隶属度边界值争议，将校准之后数据中的0.500替换为0.499。

表9-2 变量校准

变量名称		校准		
		完全隶属	交叉隶属点	完全不隶属
结果变量	高等教育高质量发展	0.4205	0.1300	0.0100
条件变量	使用互联网的个人数量	0.9700	0.7900	0.2300
	专利申请数量	180765	999	25
	高等教育师生比例	32	15	7
	高等教育入学率	1.0205	0.6600	0.2300
	高等教育支出	0.3500	0.2200	0.1295
	研发支出	0.0305	0.0100	0

9.3 单个条件的必要性分析

必要性分析是要找结果变量存在的必要条件，判断标准为一致性达到90%以上。运用fsQCA 4.1软件进行必要性分析，结果见表9-3。对于高数字化转型和非高数字化转型，六个前因变量及其"非集"的一致性均小于0.900，说明这些前因变量并非高等教育高质量发展或非高等教育高质量发展的必要条件。

表9-3 单个条件的必要性分析结果

条件变量	高水平高等教育高质量发展		高水平高等教育高质量发展	
	一致性	覆盖度	一致性	覆盖度
使用互联网的个人数量	0.767	0.674	0.627	0.627
~使用互联网的个人数量	0.575	0.575	0.674	0.767
专利申请数量	0.603	0.770	0.480	0.698
~专利申请数量	0.764	0.564	0.842	0.707
高等教育师生比例	0.592	0.584	0.664	0.747
~高等教育师生比例	0.744	0.661	0.630	0.637
高等教育入学率	0.695	0.660	0.637	0.688
~高等教育入学率	0.671	0.619	0.685	0.719
高等教育支出	0.673	0.618	0.697	0.729
~高等教育支出	0.705	0.672	0.634	0.688
研发支出	0.786	0.648	0.649	0.609
~研发支出	0.526	0.568	0.624	0.768

注：符号"~"表示"非高"，即该条件变量的缺失状态或低水平状态。

9.4 条件组态的充分性分析

组态分析是QCA方法中的关键部分，在进行条件组态的充分性分析时，应合理设置一致性阈值、频数和PRI阈值。充分性的一致性阈值不应低于

0.750，结合既有研究与本研究的具体背景，在构建真值表时，设定一致性阈值为0.800。此次分析涵盖64个案例，小样本的频数阈值设置为1，大样本应提高，但应保留75%的比例，结合本研究的具体背景，在构建真值表时，设定频数阈值为3。对于 PRI 阈值，根据 Greckhamer 等[74]的观点，不应低于0.500，结合本研究的具体背景，在构建真值表时，设定 PRI 阈值为0.500。对反事实分析进行假设时，本研究假设单个条件出现与否均可能对高等数字化转型有贡献。fsQCA 软件组态分析会输出三种类型解：复杂解、简单解、中间解。考虑到结果的合理性与复杂度适中，选取中间解进行组态分析，将简单解作为辅助来区分核心条件和辅助条件。核心条件是指同时出现在中间解和简单解中的条件，辅助条件是只出现在中间解中的条件。

根据 Ragin[100]提出的 QCA 分析结果呈现形式，绘制条件组态充分性分析结果，见表9-4。该模型中导致高水平的高等教育高质量发展结果的组态有四个，其中，单个组态的一致性均高于0.800，且总体一致性为0.836，总体覆盖度为0.609，可解释大部分案例，四个组态可视为高水平的高等教育高质量发展产生的充分条件。组态1、组态2拥有相同的核心条件，即使用互联网的个人数量存在和专利申请数量存在。组态3拥有专利申请数量存在、高等教育师生比例存在、~高等教育入学率存在、研发支出存在四个核心条件。组态4拥有使用互联网的个人数量存在、~高等教育师生比例存在、高等教育支出存在、研发支出存在四个核心条件。根据每个组态核心条件所反映的TOE 理论框架的不同维度，可将其分为两类，分别称为技术驱动型、技术—组织—环境驱动型，四个组态分别命名为 S1a、S1b、S2a、S2b，结果见表9-4。

表9-4　高水平高等教育高质量发展的条件组态充分性分析

条件变量	高水平高等教育高质量发展			
	技术驱动型		技术—组织—环境驱动型	
	S1a	S1b	S2a	S2b
使用互联网的个人数量	●	●		●
专利申请数量	●	●	●	
高等教育师生比例		●	●	⊗
高等教育入学率	⊗		⊗	•
高等教育支出			⊗	●

续表

条件变量	高水平高等教育高质量发展			
	技术驱动型		技术—组织—环境驱动型	
	S1a	S1b	S2a	S2b
研发支出	•	•	●	●
一致性	0.913	0.869	0.877	0.874
原始覆盖度	0.340	0.335	0.277	0.491
唯一覆盖度	0.014	0.014	0.032	0.167
代表国家	德国、日本、加拿大、瑞士	英国、法国、土耳其、澳大利亚	中国、以色列、巴西、意大利	美国、奥地利、丹麦、挪威
总体覆盖度	0.609			
总体一致性	0.836			

注：●和•表示条件存在，⊗表示条件不存在；●表示核心条件，•表示辅助条件；空格表示存在或者不存在。下同。

9.4.1 技术驱动型发展路径

在技术驱动型发展路径中，路径 S1a 和路径 S1b 均以技术层面的使用互联网的个人数量与专利申请数量为核心驱动要素，其核心特征在于数字技术渗透与创新产出对高等教育的协同作用，但辅助条件的差异塑造了不同的创新模式。路径 S1a 以~高等教育入学率和高研发支出为辅助条件，代表国家为德国、日本、加拿大、瑞士，其共同特点是高度发达的数字化基础设施和强劲的研发投入，但高等教育体系相对精英化，入学率并未大幅提升。德国工业 4.0 战略下的高等教育体系就是典型案例，其研究型大学与企业的紧密合作有效促进了技术创新与人才培养的有机结合。路径 S1b 以高水平高等教育师生比例和高研发支出为辅助条件，代表国家如英国、法国、土耳其、澳大利亚，这些国家在保持较高师生比例和研发投入的同时，充分利用数字技术降低教育获取门槛，实现了教育规模扩张与质量提升的平衡发展。英国高校的科研实力与数字化教学实践相结合的模式，以及法国高等教育大众化进程中保持教育质量的经验，都充分展现了这一路径的特点。

9.4.2 技术—组织—环境协同型发展路径

在技术—组织—环境系统协同型发展路径中,路径 S2a 和 S2b 展现出更复杂的多要素互动模式。路径 S2a 以专利申请数量、高等教育师生比例、~高等教育入学率、研发支出为核心驱动要素,以~高等教育支出为辅助条件,表明在高等教育入学率较低时,通过集中资源加大科研投入和师资建设力度,促进高等教育高质量发展,代表国家包括中国、以色列、巴西、意大利。中国"双一流"建设战略下重点高校的发展轨迹就体现了这一特点,即在有限扩大规模的同时重点提升科研水平和教学质量。路径 S2b 以使用互联网的个人、~高等教育师生比例、高等教育支出、研发支出为核心驱动要素,以高等教育入学率为辅助条件,表明虽然面临师生比例相对不高的挑战,但通过大力发展数字教育和增加教育投入,成功实现了高等教育大众化背景下的质量保障,代表国家为美国、奥地利、丹麦、挪威。例如,美国公立大学体系在保持大规模招生的同时,利用在线教育等数字化手段缓解师资压力;北欧国家则通过高福利制度支持下的免费教育政策,实现了高等教育普及与质量提升的双重目标。

9.5 组态路径的动态演化分析

为深入分析不同条件组合在时间维度上对高等教育高质量发展的动态影响,本研究在模糊集定性比较分析方法的基础上,对样本国家进行跨时段动态 QCA 分析,以揭示条件组态在不同时期的贡献变化规律。基于我国国民经济发展的"五年规划"周期特征,将案例数据参照规划实施时序划分为三个分析阶段:2009—2013 年、2014—2018 年和 2019—2023 年,每 5 年作为一个独立分析单元,具体分析结果见表 9-5。

表 9-5 分时段的组态分析结果

变量	第一时段 (2009—2013 年)			第二时段 (2014—2018 年)				第三时段 (2019—2023 年)		
	组态 1	组态 2	组态 3	组态 1	组态 2	组态 3	组态 4	组态 1	组态 2	组态 3
使用互联网的个人数量		●	·	·	⊗	·	·	●	·	●

续表

变量	第一时段 (2009—2013年)			第二时段 (2014—2018年)				第三时段 (2019—2023年)		
	组态1	组态2	组态3	组态1	组态2	组态3	组态4	组态1	组态2	组态3
专利申请数量	●	•	⊗	●	●	●	●			●
高等教育师生比例	●	⊗	⊗	•	⊗	•	⊗	●	⊗	⊗
高等教育入学率	⊗		•	•	⊗	⊗	⊗		•	⊗
高等教育支出	⊗	•	⊗	⊗	•	•	•	⊗	●	•
研发支出	●	•	●	●	•	●	●	●	•	•
原始覆盖度	0.289	0.383	0.322	0.270	0.264	0.237	0.393	0.353	0.529	0.258
唯一覆盖度	0.068	0.138	0.076	0.011	0.047	0.006	0.148	0.062	0.216	0.027
一致性	0.899	0.952	0.899	0.923	0.861	0.922	0.911	0.895	0.840	0.885
总覆盖度	0.541			0.496				0.635		
总一致性	0.895			0.872				0.828		

9.5.1 单时段组态路径分析

如表9-5所示，第一时段（2009—2013年）组态表共出现三种组态。组态1以专利申请数量、高等教育师生比例、研发支出为核心条件，为技术—组织—环境协同型；组态2以使用互联网的个人数量为核心条件，为技术驱动型，反映了数字技术对高等教育高质量发展的基础性支撑作用。组态3以研发支出为核心条件，为环境支撑型，凸显了研发支出在高等教育高质量发展中的关键作用。该时段的组态呈现出多元要素驱动的特点，但整体侧重于技术创新和基础条件。该时段的组态呈现出"多点探索、初步支撑"的特点，这种模式反映了高等教育在数字化转型初期对不同要素的探索和尝试，但也可能存在资源配置不合理、发展重点不明确的问题。

第二时段（2014—2018年）组态表共出现四种组态，该时段的所有组态均以专利申请数量为核心，为技术驱动型，表明高等教育更加侧重于高校的科研产出，但也可能导致高校过于追求专利数量，而忽视了教学质量和人才培养。这种单一的驱动模式可能导致高等教育发展过于依赖科研产出，而忽视了组织和环境要素的作用，如师资队伍建设、教学质量提升和经费投入保障。长期来看，这种模式可能导致高等教育发展不平衡，甚至出现"重科研、轻教学"的现象。

第三时段（2019—2023 年）组态表共出现三种组态，该时段的组态呈现出多元化和差异化的特点，反映了高等教育发展进入内涵式发展阶段。组态 1 为技术—组织—环境协同型组态，组态 2 为组织—环境支撑型组态，组态 3 为典型的技术驱动型组态。相较于前两个时段以单一要素为主导的发展模式，第三时段的要素组合呈现出显著的系统性转变，各要素间形成有机联动，展现出"多要素协同共进、动态均衡"的新型发展模式。这种模式反映出高等教育逐步进入内涵提升、内生动力增强的成熟阶段，规避了前两阶段"重短期绩效、轻长期能力"的弊端。

9.5.2 多时段动态演化分析

为探究数字化对高等教育高质量发展的动态影响，本研究采用系统性视角，对 2009—2023 年三个时段的组态核心条件进行动态演化分析。通过显影处理，可观察到核心条件的演化特征呈现阶段性变化，如表 9-6 所示，在第一、第二时段，核心条件的影响模式主要表现为单核驱动，即少数关键因素发挥主导作用，发展趋势相对集中；到第三时段，核心条件的驱动模式逐渐转向多元均衡，影响因素呈现分散化趋势，表明高等教育高质量发展的动力机制趋于复杂化。整体而言，核心条件的演化轨迹呈现下行趋势，即从早期的集中驱动逐步过渡到后期的多因素协同作用。这一动态分析结果揭示了数字化背景下高等教育高质量发展的阶段性特征及其内在演变规律。

表 9-6　分时段核心条件组态分析显影结果

变量	第一时段（2009—2013 年）			第二时段（2014—2018 年）				第三时段（2019—2023 年）		
	技术—组织—环境协同型	技术驱动型	环境支撑型	技术驱动型	技术驱动型	技术驱动型	技术驱动型	技术—组织—环境协同型	组织—环境支撑型	技术驱动型
	组态1	组态2	组态3	组态1	组态2	组态3	组态4	组态1	组态2	组态3
使用互联网的个人数量		●	·	·	⊗	·	·	●	·	●

续表

变量	第一时段 (2009—2013年)			第二时段 (2014—2018年)				第三时段 (2019—2023年)		
	技术—组织—环境协同型	技术驱动型	环境支撑型	技术驱动型	技术驱动型	技术驱动型	技术驱动型	技术—组织—环境协同型	组织—环境支撑型	技术驱动型
	组态1	组态2	组态3	组态1	组态2	组态3	组态4	组态1	组态2	组态3
专利申请数量	●	•	⊗	●	●	●	●	•	•	●
高等教育师生比例	●	⊗	⊗	⊗	•	•	⊗	●	⊗	⊗
高等教育入学率	⊗	•	•	⊗	⊗	⊗	•	•	•	⊗
高等教育支出	⊗	•	•	•	•	•	•	●	•	•
研发支出	●	•	●	•	•	•	•	●	•	•

技术—组织—环境协同型组态在研究初期显现，其形成源于数字技术革新、高校组织架构调整与政策环境优化的三方联动。然而，在第二时段，该组态却意外消失。深入探究发现，此阶段可能受技术迭代瓶颈、组织变革滞后以及政策衔接不畅等因素影响，使原本协同的系统出现失衡，迫使发展路径进行重大调整。到第三时段，随着技术应用的深化、组织管理的优化以及政策体系的完善，该组态重新回归，展现出强大的韧性与适应性。这种先偏离后回归的演变轨迹，恰似系统在遭遇冲击时的"缓冲带"，通过阶段性调整重新校准发展方向，因此被定义为"缓冲主导轨迹"。技术驱动型组态在三个时段中持续稳定存在，从5G网络覆盖教学场景到人工智能辅助教学决策，数字技术始终以核心驱动力的姿态推动高等教育变革。其稳定性背后，是技术创新迭代与教育需求升级的双向互动：一方面，技术的持续突破为教育模式创新提供可能；另一方面，教育实践的反馈又促使技术向更贴合教学需求的方向发展。这种长期、稳定且连贯的演进特征，使其成为推动高等教育高质量发展的关键力量，为"整合主导轨迹"。技术—组织—环境协同型组态与技术驱动型组态在第一时段和第三时段反复出现，两种组态既可能共同发挥作用，也可能彼此交替地影响高等教育高质量发展水平。这种现象表明，发展轨迹并非单一模式，而是呈现出一种"混合主导轨迹"的特征，印证了高等

教育发展的多元路径与动态适应性。此外，组织—环境支撑型组态在第三时段首次出现，标志着高校组织管理优化与外部环境支持在高等教育发展后期形成合力。该组态的"涌现"或许得益于前期技术铺垫、政策体系完善以及组织转型经验积累，凸显其在高等教育发展新阶段的战略价值。

在技术维度，专利申请数量始终保持着对高等教育高质量发展的核心影响力，贯穿三个研究时段，呈现出典型的整合主导轨迹，凸显其作为持续性、基础性动力的长期价值。从智能教学系统专利的不断涌现，到教育数据挖掘技术的专利突破，其持续发挥作用的背后，是创新成果向教育实践的高效转化机制。与之形成对比的是使用互联网的个人数量在第一时段作用显著，在第二时段暂时减弱或消失，但在第三时段随着数字化深化而重新恢复其影响力，体现了数字基建的阶段适应性，遵循"缓冲主导轨迹"。该指标在第一时段凭借在线教育普及浪潮发挥显著作用；在第二时段，随着数字基建饱和、技术应用同质化等问题出现，其影响力暂时减弱；而在第三时段，随着元宇宙教育、虚拟教研室等新型数字化场景兴起，该指标又重新回归核心地位，展现出数字技术应用与教育需求动态适配的"缓冲"特性。环境维度的研发支出指标虽未在全时段保持主导地位，但其作用不可忽视。在技术转型攻坚期与教育模式创新关键期，研发投入的增加往往能加速新技术的教育场景落地，如当政策推动智慧校园建设时，研发资金的注入会促进校园智能管理系统、虚拟仿真实验室等项目的快速发展。这种在特定阶段发力、为高等教育变革提供支撑的特征，体现了研发支出在高等教育发展中的"适时助推"作用。

9.6 稳健性检验

为确保研究结论的可靠性，本研究通过调整一致性阈值对高等教育高质量发展的组态结果进行稳健性检验。具体而言，将 2009—2013 年、2014—2018 年、2019—2023 年三个时段的一致性阈值从原始标准提升至 0.850 后，重新进行组态分析。结果显示：其一，拟合参数展现出良好的稳定性，在这三个时段内，组态结果的一致性和覆盖度均未出现明显的波动或改变，始终维持在相对稳定的水平；其二，组态结构维持着较高的一致性，各时段的核心条件与辅助条件组合模式保持稳定，未出现新增或减少的组态路径。综上所述，调整阈值后的组态结果与原研究结论高度吻合，证实了研究结论的稳健性。

9.7 本章小结

探索数字化转型如何赋能高等教育高质量发展的多元路径及动态演化规律是提升高等教育高质量发展的关键突破口。本研究基于 TOE 框架，运用模糊集定性比较分析（fsQCA）与过程追踪法，对 2009—2023 年 64 个国家高等教育数字化转型的组态路径及动态演化特征展开实证分析。研究发现：存在技术驱动型、技术—组织—环境协同驱动型等多种组态路径，且呈现出显著的区域和发展水平差异；路径演化经历三个阶段，从技术创新和制度环境单一驱动，到技术驱动为主，再到技术引领、多元协同的多元化格局；多时段动态演化分析揭示了技术驱动型组态的整合主导轨迹、技术—组织—环境协同型组态的缓冲主导轨迹以及组织—环境支撑型组态的涌现轨迹，技术要素贯穿全程发挥基础性作用，而协同型组态通过阶段性调适实现路径优化。因此，需要根据区域情况构建差异化发展模式，在技术根植的基础上充分发挥高等教育数字化转型的组合效能，从而推动中国高等教育高质量发展。

第 10 章

中国高等教育高质量发展对策研究

10.1 基于省域和国际双重视角的中国高等教育高质量发展对策

10.1.1 省域视角下数字化对高等教育高质量发展的对策建议

依据前文关于省域视角下数字化对高等教育高质量发展的组态路径研究，总结出以下几点：

第一，除组态 7 外的 7 个组态的核心条件均包含事理层面（S）的科研投入，表明要重点关注科研投入以增强环境优势，即加强资金投入和财政支持。

第二，由组间分析可知，组态 1 不同于其他几个组态的一致性稳定状态，在 2017—2018 年骤降，主要原因为数字化人才培养方面的影响，高等教育机构应重视高等教育过程中的数字化人才培养。

第三，资源支持—环境友好型具有显著的地区差异性，且东北地区覆盖度远高于其他地区，因此，东北地区高等教育机构应优先考虑从教育环境和资源支持两方面推动高等教育高质量发展。

第四，环境友好—人理驱动型中的组态 1 在中部地区的覆盖度远高于该组态对其他地区的覆盖度，因此中部地区城市应该优先考虑该路径。

第五，东部和西部地区城市建议采用资源—环境—人理三元驱动型或环境友好—人理驱动型，结合高等教育高质量发展水平均值、增长率等分析来看，应该向东部地区具有代表性的北京、上海等地借鉴和学习。

据此，提出以下几点建议：

第一，中国各省域政府都应充分认识到数字化科研投入在高等教育高质量发展过程中的重要性，将其作为数字化发展战略的一部分，并在财政预算中予以优先保障。政府和高校可设立专项基金，用于支持教学资源开发、平台建设、技术研发等方面，确保用于支持数字化教学平台、课程资源、数字基础设施建设等关键领域的资金充足。建立多元化投资机制，可通过校企合作、社会捐赠、政府项目资助等方式，多渠道筹措高等教育发展资金，鼓励社会资本、企业、基金会等多元主体参与高等教育高质量发展建设。构建公共财政主导与多元主体协同的复合型投资格局，通过系统性制度创新实现：强化财税政策杠杆效应，制定差异化税收减免方案，形成长效激励效应，完善政策引导工具组合，建立包括专项补贴、风险补偿在内的多维支持体系，有效调动社会资本的参与意愿；创新资本配置模式，通过政府与社会资本合作等混合制模式拓展资金来源，形成多层次、多渠道的可持续发展资金保障体系。

第二，东北地区应优先考虑资源支持—环境友好型路径，从数字化教育环境和资源支持两方面推动高等教育高质量发展。高校应主动更新学习技术和工具，搭建开放科学平台，跟上技术和社会的发展步伐，并在不断变化的环境中保持竞争优势，完善校内资源设备设施，为积极的师生互动、生生互动创造条件；设备的完善可以增强创新型和综合型人才的培养，不再将电子资源作为教学过程中的一个组成部分，而是将其作为高等教育的基本要素之一，不断提高其在高等教育中的使用效率，有效缩短教育教学中教师和学生之间的交流距离。政府应优化高等教育结构，提高高等教育质量，制定和颁布推进人工智能、新兴技术、ChatGPT 等数字技术在高等教育中应用的长期战略规划；结合数字经济特征，改革高校学科分类，形成与之相适应的教育结构、专业结构和人才培养结构；推动跨学科教育项目，鼓励学生跨专业学习，以培养学生的多元化思维和创新能力，优化创新实验室、创客空间等平台。黑龙江省应持续推进"数字龙江"建设，深入执行《黑龙江省教育数字化战略三年攻坚行动实施方案（2024—2026 年）》，构建兼具开放与审慎特性的监管体系，深化教育专网布局，实现政务管理与教育资源云服务在全省范围内的广泛覆盖，并建立健全数字教育资源平台的协同共享机制；加强"数字龙江"网络安全服务平台的能力建设，提升威胁识别与态势感知水平，强化应对重大网络安全事件的能力，提升网络空间安全治理水平；持续深化省级顶尖学科培育与交叉学科发展项目，不断扩大进入 ESI 全球顶尖 1% 行列的学科数目。作为东北地区数据流通与利用基础设施建设的唯一国家试点，辽宁省应稳步加强数据基础设施建设，提升数据流通效率，扶持数据企业发展；全面推行《数字辽宁发展规划（2.0 版）》，促进数字化与智能化的深度融合，利用平台优势整合优质教育资源，实现基于大数据的教育动态监管、科学决策与精细化管理，打造以学习者为核心的智能化教育生态系统；合理整合新旧系统资源，构建一体化、先进、全面覆盖、深度应用、高效稳定且安全的数字校园体系，进而形成高速、智能、互动、开放、安全的智慧校园新貌。吉林省则应持续推动"数字吉林"战略，加速 IPv6 的广泛应用与部署，优化网络效能，有序推动算力设施的发展，确保全省特别是偏远区域的网络全面覆盖；扩大教育资源库，优化学科布局，加大研发投入力度，支持高校和科研院所开展前沿技术研究。

第三，中部地区城市应该优先考虑环境友好—人理驱动型路径，尤其是组态 1。高等教育机构应积极引进具有信息技术背景的专业人才，充实数字化教育管理和研发团队，将数字化教学能力纳入教师评价体系，鼓励教师在教学中应用数字化技术和资源；加强产学研合作强度，促进科研成果的转化和应用，提高创新产出水平，建立完善的创新激励机制，对取得创新成果的师生给予奖励和表彰；提高外部治理协同性，促进跨高校、跨地区信息共享、资源整合，聚焦重点学校和重点学科领域，培养一批满足数字化经济发展需求的人才；加强校企合作与社会参与，鼓励高校与企业、社会机构建立合作关系，共同推进高质量发展，解决人才培养和社会需求之间的信息不对称问题，构建一个成熟的就业生态系统。中部地区城市在组态 1 应用过程中，应额外重视数字化人才培养，依据《中国在线开放课程发展报告（2017）》，从课程建设、应用和管理等角度出发，立足各级各类高校，积极推进信息技术与教育教学的深度融合；加强学生数字素养的提升，强化数字思维，不断提高其创造性思维、解决问题的能力和知识应用水平，在课程设置中加入数字化技能相关的内容，提升学生的数字素养和创新实践能力。此外，各高校必须随着数字化发展改变其教学结构和战略，探索灵活多样的办学模式，如在线教育、远程教学、混合式教学等，重视网络教学，适应不同学生的学习需求和技术引入，为高等教育教学方式带来全新的转变；加强对网络办学的支持，持续推动网络学位的授予，该教学形式使得教育不再受地理位置的限制，扩大了教育的覆盖面，学生可以根据自己的时间安排和学习节奏进行网络课程的学习，使学习更加灵活和便捷，为在时间和地理距离等方面受限的学生提供接受高等教育的机会，促进高等教育均衡发展，提升高等教育高质量发展水平。

第四，东部和西部地区城市建议采用资源—环境—人理三元驱动型或环境友好—人理驱动型。政府应给予资金和政策支持，为高校提供良好的科研和教学条件，发挥地理位置和经济优势，为该地高校学生提供更多的实习、实践以及毕业就业机会，加强高等教育资源布局与经济发展水平的协同性。持续发挥东部地区的领先优势，优化资源配置，鼓励东部地区的高校与西部地区的高校建立合作关系，共享数字化教学资源、科研平台等，加大对西部地区高校数字化基础设施的投资力度，提升校园网络、数据中心的建设水平，缩小其与东部地区的数字鸿沟；实施东部、西部高校教师互派计划，促进人才的交流与合作，提升西部地区教师的教学和科研能力；鼓励东部地区的高校在中西部地区设立分校或联合办学，带动当地高等教育发展。总之，要充分发挥高等教育领域的数字化优势，降低教学成本，提升高校和省域竞争力，逐步形成省内、省外信息共享的新发展局面，政府应通过跨省比较充分认识到该地区高等教育高质量发展过程中的不足之处，并进行完善和改革，助推中国加快高等教育高质量发展步伐。另外，可以向东部地区代表性城市北京、上海等地借鉴和学习，推动高校、企业等联合培养创新人才，打造一批高阶创新课程，促进优质资源共享、学习数据回流、课程迭代更新，加强国际交流与合作；借鉴北京邮电大学与中国传媒大学等北京地区高校联合的帮扶工作数字化实施路径，成立符合地域特色的数字教育帮扶联盟，充分发挥各高校学科优势，实现学科交叉、科研教学，并注重打破科技创新成果与市场需求之间的壁垒，促进科技创新和教育改革的深度融合；学习上海市"两个先行先试"措施，深化人才培养模式、学科专业布局和高校科研体制改革。

本书提出的发展路径并非一成不变的模板，而是基于当前数据分析得出的可能性。地方政府应根据自身特点和可分配资源，选择合适的路径和有针对性的措施，提升数字化推动高等教育高质量发展的能力，不同地区在借鉴其他地区经验时，应因地制宜、结合自身实际情况进行调整。促进区域高等教育高质量发展水平提升，需要从物理、事理和人理等角度加强多要素之间的协同配合。通过整合系统中各要素之间的关系，加强资源、政府、就业市场、高等教育机构、教育者与受教育者等要素之间的联动。同时，构建跨部门、跨主体高效协作机制，不仅需要考虑短期教育成果社会效应，还应重视高等教育的长期影响及发展可持续性，以促进区域高等教育高质量发展水平可持续提升，构建并维持新常态下的区域竞争优势。

10.1.2 国际视角下数字化对高等教育高质量发展的对策建议

依据前文关于国际视角下数字化对高等教育高质量发展的影响机制与路

径研究，本文采用 fsQCA 方法研究 64 个国家数字化转型赋能高等教育高质量发展的多元组态路径，同时对高等教育数字化进行单时段路径分析，说明组态模式的整体演变轨迹，最后对高等教育数字化组态以及单变量进行多时段演化分析，说明不同组态和单变量在 2009—2023 年对高等教育高质量发展水平的不同影响。主要研究结论如下：

第一，通过对数字化转型赋能高等教育高质量发展的影响因素进行 QCA 分析，得到技术驱动型、技术—组织—环境协同驱动型两种组态类型，它们是由多个因素组成的，并且呈现出显著的区域和发展水平差异。例如，发达国家如德国、日本更偏向"技术引领、精英导向"的路径，强调科技创新的引领作用，结合完善的制度环境，推动高等教育高质量发展。而新兴经济体如中国、巴西则更多采用"系统融合、协调发展"的策略，寻求多要素的联动和融合，以弥补基础不足。这表明，不同国家应根据自身发展水平和资源禀赋选择合适的路径，以实现高等教育的高质量发展。

第二，通过对数字化转型赋能高等教育高质量发展的组态路径进行单时段分析，得出在第一阶段（2009—2013 年），出现技术驱动型、环境支撑型路径，强调以技术创新和制度环境单一驱动为主；在第二阶段（2014—2018 年），技术驱动型路径较为显著，突出专利申请数量的核心作用，反映出高校更注重科研产出和技术提升；而在第三阶段（2019—2023 年），发展路径呈现出明显的多元化态势，除技术驱动型路径依旧保持平稳发展外，技术—组织—环境协同型组态重新出现，并新增组织—环境支撑型组态，形成技术引领、多元协同的发展格局。这表明，路径经历了从探索、集聚、协同到均衡发展的动态变化，表现出明显的阶段特征。路径不断调整优化，体现出持续性与适应性。

第三，通过对高等教育高质量发展贡献组态和单变量的多时段动态演化轨迹分析，包括"缓冲主导""整合主导""混合轨迹""涌现轨迹"四种模式。技术驱动型组态贯穿全程的整合主导轨迹持续发挥稳定作用，印证了技术创新（如专利申请数量）作为核心动力的基础性作用。技术—组织—环境协同型组态的缓冲主导轨迹则反映了阶段性调整特征，表明外部环境变化可能倒逼高校暂时重构资源配置，但最终回归协同路径。例如，中国在"双一流"建设中期（2018—2021 年），部分高校因学科评估压力过度侧重短期指标，导致技术转化与组织管理脱节；而随着《深化新时代教育评价改革总体方案》的落实，第三时段（2022 年之后）逐步修复了这种偏离。组织—环境支撑型组态的涌现轨迹表明，随着高等教育进入内涵式发展阶段，单纯技术驱动已不足，须强化组织治理与环境支撑。德国的"卓越大学计划"展现了这一轨迹。2021年德国政府修订的《高等教育法》赋予高校更多人事和财务自主权，配合持续增加的研发投入，形成组织变革与环境支撑的协同涌现效应。北欧国家通过高福利政策支持免费教育，结合数字化手段缓解师资压力，实现高等教育普及与质量双提升。这反映出高等教育高质量发展路径具有"动态调适性"与"技术根植性"双重特征，既需要坚守技术创新内核，又需要灵活应对发展阶段需求。

据此，提出以下四点建议：

第一，强化技术根植性，夯实高等教育高质量发展的核心动力。首先，技术创新是高等教育数字化转型的核心引擎，需构建"研发—应用—反馈"全链条体系。在基础研究层面，设立国家级"高等教育数字化关键技术专项"，聚焦人工智能教育应用算法、教育大数据隐私计算、元宇宙教学场景构建等前沿领域，由教育部联合科技部遴选高校与科研机构组建攻关联盟，建立"揭榜挂帅"机制，确保关键技术自主可控。在应用推广方面，制定《高校数字基础设施建设标准2.0》，明确5G校园网络覆盖率、云计算资源弹性供给能力等量化指标，推动高校与通信运营商、科技企业共建"智慧教育联合实验室"，开展虚拟仿真实验教学、智能教学助手等场景化应用试点。其次，师资队伍的数字素养直接决定技术应用成效。应建立分层分类的教师数字技能培训体系：针对新入职教师，实施"数字教学入门认证计划"，将教育技术应用能力纳入教师资格考核；对骨干教师，开设"人工智能教育创新研修班"，联合微软、华为等企业开发实践课程；设立"数字教学创新基金"，鼓励教师开展混合式教学模式改革，对优秀案例给予教学成果奖加分、职称评审倾斜等激励。同时，在高校专业设置中增设"教育技术交叉学科"，培养兼具教育学理论与技术开发能力的复合型人才，为技术创新提供持续人才储备。此外，搭建国家级教育技术创新成果转化平台，建立技术需求发布、成果对接、应用评价全流程服务机制。推动高校与产业界共建"技术中试基地"，对通过中试验证的教育技术产品，优先纳入政府采购目录，形成"研发—转化—推广"的良性循环，真正实现技术与教育深度融合。

第二，立足国情，构建多元化的高等教育高质量发展模式。我国区域发展不平衡的现状决定了高等教育需要实施差异化战略。在东部发达地区，依托京津冀、长三角、粤港澳大湾区等城市群，打造"高等教育数字化创新高地"。支持上海、深圳等城市建设国际教育数字化示范区，允许高校在学分银行建设、在线学位授予、跨境教育合作等领域先行先试；鼓励东部高校联合科技企业设立"未来教育研究院"，开展教育元宇宙、生成式 AI 教学应用等前瞻性研究，形成可复制的数字化转型方案。在中部、西部地区，则以"补短板、强基础"为核心，中央财政设立"西部高校数字基建专项"，重点支持甘肃、新疆等省份建设区域性教育数据中心，实现优质教育资源云端存储与辐射共享；实施"数字教育资源普惠工程"，开发适配少数民族语言、乡村教育需求的特色课程资源包，通过卫星电视、移动终端等多渠道进行推送。同时，建立"东部—西部高校数字结对帮扶机制"，要求东部"双一流"建设高校对口支援中部、西部高校建设智慧教室、虚拟教研室等数字化教学平台，每年开展不少于 500 学时的远程师资培训。应针对不同产业发展需求，构建"学科—产业协同发展图谱"：在东北老工业基地，推动高校与装备制造企业共建智能制造产业学院，开设工业互联网、智能控制等专业；在海南自贸港，支持高校布局国际教育、数字贸易等特色学科，探索"学历教育—职业技能认证"双轨培养模式。通过建立产业需求动态监测机制，每季度发布学科专业调整预警，引导高校优化资源配置，实现教育供给与市场需求精准对接。这种多元化发展战略既能充分发挥各地区比较优势，又能促进全国高等教育高质量发展水平的整体提升。

第三，动态调适发展路径，灵活应对不同发展阶段的需求。高等教育发展是一个动态变化的过程，需要根据发展阶段的需求，灵活调整发展策略，构建持续适应的教育体系。一方面，建立动态评估与反馈机制，建立常态化的评估体系，定期评估高校数字化转型成效，及时了解高等教育发展的现状和趋势，根据实际情况及时优化调整资源配置和政策支持，确保高等教育高质量发展路径始终与时代发展同步。同时设计"路径转型缓冲带"与资源再配置机制，预判不同发展阶段（如从技术驱动向协同驱动过渡）可能产生的资源错配或组织惯性。设立专项转型支持基金，用于人员转岗培训、系统平滑升级、组织架构优化等，降低转型摩擦成本，确保路径切换的平稳性。另一方面，推行"政策沙盒"与"容错试错"机制，在特定区域或选定高校，允许在数据治理规则、在线学位认证标准、学分银行互认、混合所有制办学、新型质量评价体系等方面进行突破性探索和试点。明确试错边界，建立科学的评估和退出机制，将成功经验制度化推广。例如，可以借鉴德国"卓越大学计划"的经验，增强政策灵活性，赋予高校更多自主权，允许高校在数据治理、学分互认、在线学位认证等领域先行先试，鼓励高校进行组织变革和管理创新。同时建立容错机制，避免因短期考核压力导致路径偏离。

第四，加强国际合作与交流，借鉴先进经验提升发展水平。在合作机制构建上，政府应积极发挥引领作用，主动参与联合国教科文组织的教育数字化转型项目，牵头组建亚太地区高等教育数字化协作体，围绕数字教育政策、跨境教育质量等议题开展多边合作。同时，与美国、英国、德国等教育强国建立双边合作机制，定期开展高等教育数字化战略对话，设立专项合作基金，支持双方在人工智能教育应用、虚拟学术共同体建设等前沿领域开展联合研究。高校层面，鼓励"双一流"高校与世界顶尖大学建立长期合作关系，联合建设跨境虚拟教研室，共同开发具有国际视野和本土特色的在线课程，针对全球气候变化、公共卫生等重大议题开展跨学科联合教学。推动国内高校与国际教育机构开展学分互认、学生交换和联合学位培养项目，提升学生的全球胜任力。支持有条件的高校在"一带一路"共建国家设立数字教育中心，推广中文在线教育平台，传播中国教育理念。在国际标准对接方面，积极推动中国高等教育质量标准与欧洲高等教育区、美国高等教育认证委员会等国际权威体系互认，在学分转换、学位授予、专业认证等领域建立对接机制。鼓励高校参与国际专业认证，提升专业教育的国际认可度。同时，在在线课程评价、教育元宇宙技术等新兴领域，积极主导国际标准制定，增强中国在全球教育数字化领域的话语权。积极向国际社会分享中国高等教育数字化转型的实践成果和经验，为全球高等教育发展贡献中国智慧和中国方案。

高等教育高质量发展不是数字技术的简单堆砌，也不是传统教育的"线上平移"，更不是教育资源的重复投入。实现高质量发展需要在把握数字化转型发展趋势的基础上，立足中国实际条件和需求特征，使技术创新、模式创新和制度创新协同发力，形成发展合力，共同激发高等教育内生动力，推动我国高等教育体系实现质量提升、效率优化和公平发展的有机统一。

10.2 对于适合环境友好—人理驱动型发展地区的对策建议

10.2.1 福建省数字化赋能高等教育高质量发展的对策建议

通过条件组态充分性分析可知，福建省适合以环境友好—人理驱动为核心条件的多元支撑型发展模型，生态资源禀赋、以人为本的教育理念成为推动福建省高等教育高质量发展的关键要素，故福建省可以深化生态教育融合为核心，以优化人文教育服务体系为辅，从而更快实现数字化赋能高等教育高质量发展。

福建省森林覆盖率连续多年位居全国首位，其拥有武夷山国家公园、福建土楼等世界级生态与文化资源，且在教育发展中始终践行以学生为中心的理念。在数字化赋能高等教育进程中，福建应充分发挥生态资源优势，构建特色生态教育体系。在课程建设方面，除鼓励厦门大学、福建农林大学等高校开设"闽江流域生态治理""东南沿海生态修复"等特色课程外，还应推动课程体系的纵向延伸与横向拓展。纵向延伸上，针对不同学科专业，开发从基础认知到深度研究的系列课程。对于环境科学专业低年级学生，设置"生态环境基础认知"课程，借助3D动画、高清影像等数字化手段，生动展示生态系统的构成与运行机制；面向高年级学生，开设"生态系统服务功能评估与价值核算"高阶课程，引入地理信息系统（GIS）、遥感技术等数字化工具，让学生掌握生态环境评估的前沿方法与技术。横向拓展上，打破学科壁垒，设置跨学科课程模块，如"生态—文化—旅游融合发展"课程，该课程整合生态学、历史学、旅游管理学等多学科知识，邀请不同学科的专家联合授课，并组织学生开展实地考察项目。例如，对福建土楼周边生态与文化旅游资源进行调研与规划设计，培养学生的跨学科思维与综合实践能力。利用VR/AR技术打造"虚拟武夷山生态实验室"，不仅要实现生物多样性保护与生态系统平衡知识的沉浸式学习，还可模拟森林火灾、水土流失等生态灾害场景，让学生在虚拟环境中演练生态修复方案，培养应急处理能力。同时，实验室配备专业的虚拟导师，能实时为学生提供指导与反馈，提升学习效果。

在资源整合方面，搭建全省生态教育资源共享平台，除整合高校、科研院所的优质课程、科研成果及生态监测数据外，还应引入企业资源，如福建金森等林业企业的实践案例、技术方案，丰富教学资源类型。平台设立课程资源库、科研成果库、案例库、生态监测数据库等多个子库，并运用人工智能技术实现资源的智能分类与精准检索。建立资源动态更新机制，定期收集最新的生态研究成果、政策法规，确保资源的时效性。同时，鼓励高校教师、科研人员、企业技术人员上传优质资源，并设立奖励机制，对优秀资源提供者给予表彰与奖励。平台设置互动交流板块，鼓励师生、专家学者在线研讨，形成学术交流社区。该社区可开展线上学术讲座、主题研讨活动，还可建立师生互动答疑专区，方便学生随时解决学习过程中遇到的问题。

在优化人文教育服务体系上，福建可依托"数字福建"建设成果，打造省级学生发展大数据平台。该平台不仅能通过分析学生学习行为、心理状态等数据，为学生提供个性化学习规划、职业发展指导和心理健康干预，还可建立学生成长档案，记录学生从入学到毕业的全过程发展数据，为教师教学调整和学校管理决策提供依据。平台利用大数据分析技术，对学生的学习成绩、课程参与度、社团活动表现等数据进行综合分析，预测学生的学习趋势与发展潜力，为学生推送个性化的学习资源与发展建议。推动高校创新教学模式，推广"线上理论学习+线下实践探究"混合式教学，同时引入翻转课堂、小组合作学习等模式，满足学生的多样化学习需求。此外，加强教师培训，定期组织教师参加数字化教学能力提升培训课程，内容涵盖数字化教学工具的使用、在线课程设计、数据分析与应用等方面，提升教师运用数字化工具开展人文关怀教育的能力。还可建立教师教学交流平台，促进教师之间分享教学经验与心得，共同营造充满人文关怀的教育环境。

10.2.2　云南省数字化赋能高等教育高质量发展的对策建议

通过条件组态充分性分析可知，云南省适合以环境友好—人理驱动为核心条件的多元支撑型发展模型，独特的高原生态系统、丰富的民族文化资源以及人本教育理念，成为推动云南省高等教育高质量发展的关键要素，故云南省可以挖掘生态文化教育价值为基础，以完善教育公平保障机制为支撑，从而更快实现数字化赋能高等教育高质量发展。

云南拥有"动植物王国"的美誉，同时是多民族聚居地，生态与文化资源极具特色。在高等教育数字化转型中，云南应深度融合生态与文化教育。在课程开发上，高校联合中科院昆明植物研究所等机构，开发"滇西北生物多样性保护""茶马古道文化传承"等数字化课程时，可采用项目式学习（PBL）模式，围绕具体项目，如"濒危物种保护计划""民族文化遗产数字化保护"，组织学生开展研究与实践。以"濒危物种保护计划"项目为例，学生分组对滇金丝猴、绿孔雀等濒危物种的栖息地进行线上调研，利用卫星遥感数据、无人机航拍影像分析栖息地变化情况，然后制定保护方案，并通过虚拟仿真技术模拟方案实施效果。在项目实施过程中，邀请生态专家、野生动物保护工作者进行线上指导，培养学生的实践能力与科研精神。建设民族文化数字博物馆、生态环境虚拟仿真中心，除展示文化与生态资源外，还可利用人工智能技术实现智能导览、个性化推荐，提升参观体验。数字博物馆采用虚拟现实技术，还原少数民族传统村落的生活场景，游客可通过VR设备身临其境地感受民族文化魅力；虚拟仿真中心利用大数据技术整合云南各地的生态环境数据，构建虚拟生态环境，学生可在其中进行生态实验与研究。通过短视频、直播等新媒体开展"云游云南生态"线上科普活动，可与抖音、快手等平台合作，邀请生态专家、文化传承人进行直播讲解，提升活动影响力。同时，设置线上互动环节，如问答抽奖、线上投票等，提高观众参与度。建立生态文化教育研究中心，组织高校、科研机构、企业联合开展研究，将研究成果及时转化为教学资源。研究中心可设立专项课题，鼓励师生参与研究，定期举办学术研讨会与成果发布会，促进研究成果的交流与应用。

针对云南地域广、教育资源分布不均的现状，需要完善教育公平保障机制。通过"国家智慧教育公共服务平台"云南分平台，向偏远地区输送优质课程资源时，应根据不同地区的教育需求和学生特点，进行资源精准推送。利用大数据分析技术，了解偏远地区学校的学科建设需求、学生知识水平，为其定制个性化的课程套餐。利用5G技术开展"名校网络课堂""专递课堂"，除实现城乡教育资源共享外，还应建立互动反馈机制，让偏远地区学生能实时与授课教师交流。可采用在线视频互动、即时通讯工具等方式，确保师生之间的沟通顺畅。建立教育公平监测大数据系统，实时评估教育资源分配、学生学习成效等情况，同时监测教师教学质量、学校管理水平，为教育决策提供全面数据支持。该系统可对学校的师资配备、教学设备、课程开设等情况进行监测与评估，及时发现教育资源分配中的问题，并生成分析报告，为教育部门调整政策提供依据。此外，设立教育公平专项基金，用于改善偏远地区学校的信息化基础设施，培训教师的数字化教学能力，缩小城乡教育差距。专项基金可用于为偏远地区学校建设多媒体教室、配备智能教学设备，组织教师参加数字化教学技能培训课程，提高教师运用信息技术开展教学的能力。

10.2.3 湖北省数字化赋能高等教育高质量发展的对策建议

通过条件组态充分性分析可知，湖北省适合以环境友好—人理驱动为核心条件的多元支撑型发展模型，长江经济带生态保护战略机遇、科教资源富集优势以及以人为本的教育导向，成为推动湖北省高等教育高质量发展的关键要素，故湖北省可以强化长江生态教育实践为重点，以创新人才培养模式为突破口，从而更快实现数字化赋能高等教育高质量发展。

湖北坐拥长江干线最长岸线，且拥有武汉大学、华中科技大学等众多高校，在生态教育与人才培养上潜力巨大。在数字化赋能高等教育中，湖北应围绕长江大保护战略，推动高校与水利部长江水利委员会、中国科学研究院水生生物研究所等单位合作，开设"长江流域生态修复""汉江流域环境治理"等课程，构建理论教学、实践教学、科研训练相结合的课程体系。理论教学引入最新的生态修复理论、环境治理技术，采用线上线下混合教学模式，线上通过慕课平台提供丰富的课程视频、文献资料，线下组织专家讲座、课堂讨论，加深学生对理论知识的理解。实践教学安排学生到长江沿岸、汉江流域进行实地调研、采样分析，同时利用数字化设备，如便携式水质检测仪、环境监测无人机等，实时采集数据并上传至云端，方便学生进行数据分析与处理。科研训练鼓励学生参与教师的科研项目，开展小型研究课题，例如，对长江湖北段的鱼类资源变化进行研究，利用大数据分析技术分析鱼类种群数量、分布变化与生态环境之间的关系。建设长江生态虚拟监测实验室，利用大数据、物联网技术实时展示长江生态数据的同时，开发数据分析工具，让学生能自主进行数据处理与分析，挖掘数据背后的生态变化规律。实验室还可模拟不同生态修复方案的实施效果，为学生提供实践演练平台。建立长江生态教育联盟，组织高校、科研机构、政府部门、企业定期开展交流活动，共同推动生态教育发展。联盟可举办长江生态教育论坛、实践技能竞赛等活动，促进各方之间的合作与交流。

在人才培养模式创新方面，构建"政产学研用"协同育人机制，依托武汉东湖科学城、襄阳国家高新技术产业开发区等创新平台，推动高校与企业共建产业学院，开展项目式、案例式教学。产业学院根据企业实际需求制定人才培养方案，课程内容涵盖企业的技术标准、工艺流程。例如，与环保企业合作开设环境工程专业课程，将企业的污水处理技术、废气治理工艺等融入教学内容，并安排学生到企业进行实习实训，参与实际项目的设计与实施。利用人工智能技术开发个性化学习系统，根据学生兴趣、能力定制学习路径的同时，建立学习效果评估与反馈机制，及时调整学习计划。系统可通过分析学生的学习数据，判断学生的学习进度与掌握程度，为学生推荐合适的学习资源与学习方法。建立跨校学分互认与课程共享联盟，打破高校间资源壁垒，实现优质教育资源的高效流通。联盟成员高校共同制定课程标准与学分认定规则，学生可在联盟内各高校选修课程，并获得相应学分。此外，加强国际合作与交流，与长江经济带沿线国家的高校、科研机构开展联合培养项目，引进国外先进的生态教育理念与技术，提升人才培养的国际化水平。可邀请国外专家来校授课、开展学术讲座，选派学生到国外高校进行交流学习，培养兼具生态责任与创新能力的高素质人才。同时，建立国际化的人才培养评价体系，将国际视野、跨文化交流能力等纳入评价指标，全面提升人才培养质量。

10.3 对于适合资源—环境—人理三元驱动型发展地区的对策建议

10.3.1 陕西省数字化赋能高等教育高质量发展的对策建议

条件组态充分性分析表明，陕西省适配以资源—环境—人理三元驱动为核心的多元支撑型发展模型。丰富的科教资源与深厚的历史文化资源整合、良好的教育创新环境打造、以人为本的教育理念践行以及数字化技术的全面渗透，成为推动陕西省高等教育高质量发展的核心动力。因此，陕西省可将整合多元资源作为首要任务，同时积极营造创新环境、革新教育理念并深化数字化应用，以此加速实现数字化赋能高等教育高质量发展的目标。

陕西省高校云集，如西安交通大学、西北工业大学等，拥有雄厚的科研实力与丰富的教育资源，且历史文化底蕴深厚。在数字化赋能进程中，应全力整合这些资源。一方面，整合高校学科资源，围绕航空航天、能源化工等优势产业，促进高校间联合科研与人才共育。搭建跨校课程共享平台，实现课程资源数字化互通，比如将西安交通大学的能源动力课程、西北工业大学的航空航天课程数字化后，供全省高校学生选修。借助西安高新技术产业开发区等平台，深化产教融合，吸引企业参与高校课程设计与实践教学，共建数字化产业学院，让产业需求深度融入人才培养体系。另一方面，充分挖掘历史文化资源，利用数字化技术开发具有陕西特色的文化课程，如通过虚拟现实技术重现兵马俑、古城墙等历史场景，打造沉浸式文化教学资源，传承和弘扬地域文化。在创新环境营造上，陕西应加大政策扶持力度，设立高等教育数字化专项资金，对积极开展数字化教学改革的高校给予资金支持。完善知识产权保护制度，激励高校师生投身教育数字化创新项目，营造浓厚的创新氛围。在人理驱动的教育理念革新方面，坚持以学生为中心，运用数字化技术实现个性化学习规划，通过大数据分析学生学习行为，精准推送学习建议与资源。推广探究式、合作式学习模式，激发学生的自主学习与创新思维能力。

为深化数字化应用，陕西应全面推进智慧校园建设。在教学领域，引入虚拟现实、增强现实技术，针对物理、化学等实验学科，建设虚拟仿真实验教学中心，为学生提供沉浸式实验环境。开发智能教学辅助系统，实现课堂实时互动、作业智能批改，提升教学效率。在科研方面，构建全省高校科研大数据平台，整合科研数据，利用人工智能算法辅助科研选题与成果分析，推动科研创新。在管理层面，推行数字化校务管理系统，实现招生、学籍、财务等业务线上办理与智能化管理，提高管理效能。通过资源整合、环境营造、理念革新与数字化深化，陕西将构建起特色鲜明的高等教育数字化发展体系，为区域经济社会发展提供坚实的人才与智力保障。

10.3.2 河北省数字化赋能高等教育高质量发展的对策建议

通过条件组态充分性分析可知，河北省适合以资源—环境—人理三元驱动为核心条件的多元支撑型发展模型。庞大的人口资源转化、良好的京津冀协同教育环境构建、以人为本的教育公平推进以及数字化的广泛覆盖，成为推动河北省高等教育高质量发展的关键要素。故而，河北省可将转化人口资源作为重点，同时积极构建协同环境、推进教育公平并实现数字化广泛覆盖，以此加速实现数字化赋能高等教育高质量发展。

河北省人口众多，为高等教育提供了丰富的生源。在数字化赋能高等教育进程中，应注重将人口资源转化为人才资源。一方面，加大对高校的投入，扩大招生规模，优化专业设置，围绕钢铁、装备制造、生物医药等河北支柱产业，培养应用型人才。利用数字化技术打破地域限制，开展远程教育与在线学习，让更多学生能够获取优质教育资源。例如，建设省级在线开放课程平台，汇聚全省高校优质课程，为偏远地区学生提供学习渠道。另一方面，借助京津冀协同发展战略，加强与北京、天津高校的合作，建立教育资源共享机制，实现课程互选、学分互认，引进京津优质教育资源，提升本省高等教育水平。在教育协同环境构建上，河北应强化政府、高校、企业间的协同合作，建立教育联席会议制度，共同谋划高等教育数字化发展规划。鼓励企业与高校共建实习实训基地，为学生提供实践机会，形成产学研用协同发展的良好局面。在推进教育公平方面，利用数字化手段缩小城乡、区域教育差距，通过建设乡村智慧学校，为农村地区学校配备数字化教学设备，开展远程教学帮扶，推动优质教育资源向农村地区辐射。

为实现数字化广泛覆盖,河北应加快教育信息化基础设施建设。加快对高校网络带宽的升级,实现校园 5G 网络全覆盖,建设数据中心和云计算平台,为数字化教学与科研提供强大的算力支持。在教学中,推广智慧教室建设,配备智能教学终端、交互大屏等设备,支持多样化教学模式。开发适用于不同学科的数字化教学资源,如针对历史学科开发河北地方史虚拟教学资源库,增强教学的趣味性与吸引力。在教师队伍建设上,开展大规模教师数字化教学能力培训,建立教师数字化教学考核机制,鼓励教师积极运用数字化技术开展教学。通过资源转化、环境构建、公平推进和数字化覆盖,河北将推动高等教育从规模发展向高质量发展转变,提升全省高等教育的整体水平。

10.3.3 江西省数字化赋能高等教育高质量发展的对策建议

经条件组态充分性分析,江西省适配以资源—环境—人理三元驱动为核心的多元支撑型发展模型。丰富的自然资源与红色文化资源挖掘利用、良好的区域教育环境优化、以人为本的教育创新发展以及数字化的深度融合,成为推动江西省高等教育高质量发展的关键因素。因此,江西省可将挖掘特色资源作为主要着力点,同时优化区域环境、推进教育创新并实现数字化深度融合,从而加速达成数字化赋能高等教育高质量发展的目标。

江西省自然资源丰富,拥有庐山、井冈山等自然景观,且红色文化底蕴深厚。在数字化赋能高等教育过程中,应充分挖掘和利用这些特色资源。一方面,围绕有色金属、绿色农业等自然资源相关产业,加强高校学科建设,推动高校与企业合作开展科研项目,将科研成果转化为教学资源,培养相关领域专业人才。利用数字化技术对红色文化进行传承与创新,开发具有江西特色的数字化文化课程,如通过虚拟现实技术重现井冈山革命斗争场景、八一南昌起义等历史事件,打造沉浸式红色文化教学资源。在区域教育环境优化上,江西应加强与周边省份高校的合作,特别是在长江中游城市群建设背景下,建立区域高校联盟,共建数字化教育资源共享平台,实现课程互选、学分互认。加大对教育信息化的政策支持,吸引社会资本投入高等教育数字化建设中,营造良好的发展环境。在教育创新发展方面,坚持以人为本,鼓励高校开展教育教学创新实践,利用数字化技术推进教育模式改革,如开展项目式学习、跨学科学习等,培养学生的综合能力和创新思维。

为实现数字化深度融合,江西应推动信息技术与教育教学全方位融合。

在教学上,建设智慧教育示范区,推广智能教学系统,实现教学过程智能化管理与个性化服务;利用区块链技术建立学生学习成果认证平台,确保学习数据真实可追溯。在科研领域,构建科研协同创新平台,利用大数据分析技术为科研人员提供选题参考和合作匹配,促进科研资源高效利用。在社会服务方面,利用数字化技术开展继续教育和职业培训,满足社会多样化学习需求。同时,加强与"一带一路"共建国家高校的交流合作,共建数字化教育合作项目,推广江西高等教育的特色与优势。通过特色资源利用、区域环境优化、教育创新发展和数字化深度融合,江西将推动高等教育高质量发展,提升其在中部地区的教育影响力。

10.4 对于适合资源支持—环境友好驱动型发展地区的对策建议

10.4.1 黑龙江省数字化赋能高等教育高质量发展的对策建议

通过条件组态充分性分析可知,黑龙江省适配以资源支持—环境友好驱动为核心条件的多元支撑型发展模型。丰富的自然资源开发利用、良好的教育生态环境营造、数字化教育资源均衡配置,成为推动黑龙江省高等教育高质量发展的关键要素。故而,黑龙江省可以开发自然资源为主导,同时积极营造教育生态环境并均衡配置数字化资源,以此加速实现数字化赋能高等教育高质量发展。

黑龙江省拥有丰富的森林、矿产、农业等自然资源,在数字化赋能高等教育进程中,应充分发挥资源优势。在学科专业建设与人才培养方面,围绕林业、能源、农业等特色产业,加强高校相关学科建设,如在东北林业大学、黑龙江农业大学等高校进一步强化森林工程、能源与动力工程、农学等专业。推动高校与企业建立联系紧密的产学研基地,例如,黑龙江省森工集团与东北林业大学共建的林业产业创新基地,将森林培育、木材加工等产业实际需求融入人才培养方案,通过订单式培养、企业导师进课堂等方式,培养适应地方经济发展的应用型人才。利用数字化技术对黑龙江的冰雪文化、北大荒文化等进行深度保护和传承,开发"冰雪雕塑艺术数字化创作""北大荒精神数字展馆"等数字化文化课程和虚拟博物馆,借助 VR、AR 技术,生动展示地域文化魅力,让学生深入了解家乡文化,增强文化自信。

在教育生态环境营造上,黑龙江应加大对教育的投入,改善高校办学条件，特别是加强偏远地区高校的基础设施建设。设立专项教育资金，用于建设现代化教学楼、实验室、图书馆等设施，为学生提供良好的学习环境。完善教育政策法规，出台鼓励社会力量参与高等教育办学的政策，如税收优惠、土地划拨等，吸引企业、社会组织投资兴办教育，营造多元参与的教育生态。加强校园文化建设，鼓励高校结合地域特色，培育具有黑龙江特色的校园精神，如以北大荒精神为核心的艰苦奋斗、勇于开拓的校园文化，通过校园文化节、主题讲座等活动，促进学生全面发展。同时，加强高校之间的交流合作，建立区域教育联盟，实现资源共享、师资互聘，提升整体教育水平。

为实现数字化教育资源均衡配置，黑龙江应建设覆盖全省的教育信息化网络。加大对农村地区学校数字化设备的配备力度，不仅要实现宽带网络校校通、优质资源班班通、网络学习空间人人通，还要进一步提升网络带宽和稳定性，确保在线教学、资源下载等流畅进行。开发具有地域特色和民族特色的数字化教育资源，如赫哲族文化相关的在线课程，包含赫哲族语言、鱼皮画制作工艺等内容；寒地农业虚拟实验，模拟黑龙江寒地水稻种植、黑土保护等农业生产过程，满足不同地区、不同民族学生的学习需求。建设省级教育资源公共服务平台，整合全省高校和中小学的优质教育资源，运用大数据分析技术，实现资源的共建共享和精准推送。针对不同地区、不同学科的教学需求，推送适合的课程、课件、试题等资源。在教师队伍建设上，开展针对数字化教学的专项培训，采用线上线下相结合的方式，提高教师运用信息技术开展教学的能力，特别是加强对偏远地区教师的培训支持，定期组织专家送教下乡，开展面对面的教学指导和技术培训，提升教师的数字化教学水平。通过自然资源开发、环境营造和资源均衡配置，黑龙江将推动高等教育高质量发展，提升边疆地区教育水平。

10.4.2 贵州省数字化赋能高等教育高质量发展的对策建议

条件组态充分性分析表明，贵州省适配以资源支持—环境友好驱动为核心条件的多元支撑型发展模型。丰富的自然资源与民族文化资源挖掘、良好的教育开放环境打造、数字化教育区域协同发展，成为推动贵州省高等教育高质量发展的关键要素。因此，贵州省可以挖掘特色资源为重点，同时积极打造教育开放环境并促进区域协同发展，以此加速实现数字化赋能高等教育高质量发展。

贵州省自然资源独特，拥有丰富的矿产资源、优美的自然风光以及多彩的民族文化。在数字化赋能高等教育进程中，应充分利用这些特色资源。在学科专业与产业融合方面，围绕磷化工、大数据产业、特色农业等产业，加强高校学科专业建设。例如，贵州大学在磷化工领域与瓮福集团等企业深度合作，共建磷化工产业学院，开展人才培养和科研攻关；在大数据产业方面，推动贵州理工学院等高校与华为、腾讯等企业合作，建立大数据科研创新平台，培养大数据分析、云计算等领域专业人才。利用数字化技术对民族文化进行保护和创新，开发苗族刺绣、侗族大歌等民族工艺和艺术的数字化教学资源。通过3D建模技术，对苗族银饰制作工艺进行三维展示；运用音频处理技术，对侗族大歌进行数字化采集和分析，传承和弘扬民族文化。同时，将民族文化元素融入课程设计，如开设"贵州民族文化数字化创意"课程，培养学生的文化创新能力。

在教育开放环境打造上，贵州应依托大数据产业优势，加强与国内外高校的教育交流合作。举办大数据与教育创新国际论坛，邀请全球知名教育专家、学者和企业代表参会，分享前沿教育理念和技术，吸引国内外优质教育资源入驻。优化教育营商环境，出台优惠政策，如对投资教育的企业给予财政补贴、简化审批流程等，鼓励社会力量参与高等教育办学。支持高校与国外高校开展联合办学项目，引进国外先进的教育理念和课程体系，提升贵州高等教育的国际化水平。同时，加强与国内发达地区高校的合作，通过建立对口支援关系，引进先进的教学管理经验和优质教育资源。

为促进数字化教育区域协同发展，贵州应加强与周边省份高校的合作，建立数字化教育资源共享机制。与云南、四川等省份的高校签订资源共享协议，引进周边省份高校的优质在线课程和教学资源，同时将贵州特色课程推向周边地区。推动省内高校之间的协同合作，建设区域性教育信息化联盟，共同开发数字化教学资源，如联合开发"西南地区生态环境保护"系列课程。联盟成员高校联合开展教师培训和科研项目，定期举办教学研讨会和学术交流会，促进教师专业成长和科研水平提升。建设贵州教育大数据中心，整合全省教育数据资源，涵盖学生学籍、教师信息、教学质量等数据，利用大数据分析技术为教育决策提供支持，促进教育资源的优化配置。在教学中，推广智慧教育应用，建设智慧教室和虚拟仿真实验教学中心，利用人工智能技术实现教学过程的智能化管理和个性化服务，如通过智能考勤系统、学习行为分析系统，实时掌握学生学习状态，为教学调整提供依据。通过特色资源挖掘、开放环境打造和区域协同发展，贵州将推动高等教育高质量发展，提升在西南地区的教育影响力。

10.4.3 海南省数字化赋能高等教育高质量发展的对策建议

通过条件组态充分性分析可知，海南省适配以资源支持—环境友好驱动为核心条件的多元支撑型发展模型。独特的海洋资源利用、良好的生态教育环境营造、精准的数字化教育资源供给，成为推动海南省高等教育高质量发展的关键要素。故而，海南省可以利用海洋资源为主，同时积极营造生态教育环境并实现精准资源供给，以此加速实现数字化赋能高等教育高质量发展。

海南省拥有丰富的海洋资源，在数字化赋能高等教育过程中，应充分发挥海洋资源优势。在学科建设与科研转化方面，围绕海洋渔业、海洋旅游、海洋能源等产业，加强高校学科建设。海南大学作为省内重点高校，在海洋科学、水产养殖等学科上加大投入，推动高校与科研机构合作开展海洋资源开发与保护等科研项目。与中国科学院南海海洋研究所合作，开展深海生物研究、海洋生态修复等项目，并将科研成果转化为教学内容，编写特色教材，开设前沿课程，培养专业人才。利用数字化技术开展海洋生态环境监测与研究，建设虚拟海洋生态实验室，通过实时采集海洋温度、盐度、生物多样性等数据，构建虚拟海洋生态系统，为学生提供实践学习平台。学生可在虚拟环境中模拟海洋污染治理、海洋牧场建设等场景，提升实践操作和解决问题的能力。

在生态教育环境营造上，海南应加强生态保护理念的宣传教育，将生态保护纳入高校教育教学体系，开设生态环境类公共课程，如"海南海洋生态保护""热带生态系统"等，普及生态保护知识。加大对高校生态教育基础设施建设的投入，建设生态教育实践基地，如三亚珊瑚礁生态保护实践基地，组织学生参与珊瑚礁种植、海洋垃圾清理等实践活动，培养学生的生态保护意识和责任感。完善教育政策，设立生态研究专项基金，鼓励高校开展生态相关领域的研究和创新，对在生态保护研究中取得突出成果的团队和个人给予奖励，营造良好的生态教育氛围。同时，通过举办生态文化节、环保主题演讲比赛等活动，增强学生的生态保护意识。

为实现数字化教育资源精准供给，海南应建立教育资源需求分析机制，利用大数据技术分析不同地区、不同专业学生的学习需求。对沿海地区和内陆地区学生的学习需求进行差异化分析，针对海洋专业学生和其他专业学生的需求特点，精准推送教育资源。建设省级数字化教育资源平台，整合高校优质课程、教学案例等资源，开发具有海南特色的数字化教学资源，如海洋文化课程，介绍海南的海洋历史、航海文化；热带农业课程，讲解海南热带水果种植、橡胶产业发展等内容。针对偏远地区学校教育资源短缺问题，通过远程教育、在线直播课程等方式，实现优质教育资源的全覆盖。建立在线答疑平台，安排优秀教师实时解答学生疑问。在教师队伍建设上，开展数字化教学能力培训，特别是针对海洋生态教育相关专业教师，邀请国内外专家进行线上线下授课，提升其运用数字化技术开展教学和科研的能力。同时，加强与国内外高校的合作，引进先进的教育理念和数字化教育资源，如与新加坡国立大学开展海洋科学联合培养项目，促进海南省高等教育高质量发展，为海洋经济发展和生态环境保护提供人才支持。

10.5 对于适合技术驱动的多元支撑型发展地区的对策建议

10.5.1 北京市数字化赋能高等教育高质量发展的对策建议

通过条件组态充分性分析可知，北京市适配以技术驱动为核心条件的多元支撑型发展模型，顶尖的科研实力、丰富的科技创新资源、领先的信息技术水平成为推动北京市高等教育高质量发展的关键要素。因此，北京市可以强化前沿技术创新为核心，以深化产教融合、优化创新生态为辅，从而加速实现数字化赋能高等教育高质量发展。

作为全国科技创新中心，北京汇聚了清华大学、北京大学等顶尖高校以及中国科学院等众多国家级科研机构，在人工智能、生物医药、量子信息等前沿技术领域处于国内领先地位。在数字化赋能高等教育进程中，北京应充分发挥科研资源优势，聚焦前沿技术创新。依托中关村国家自主创新示范区和"三城一区"主平台，支持高校与科研院所联合开展关键技术攻关，如在人工智能领域，推动清华大学、北京大学与百度、字节跳动等企业共建联合实验室，围绕大模型研发、智能算法创新等方向开展研究，并将科研成果及时转化为教学内容，开设"人工智能前沿技术""机器学习应用实践"等课程。同时，建设前沿技术虚拟实验室，利用虚拟现实、增强现实技术，为学生提供沉浸式科研体验，例如，在量子信息领域，学生可通过虚拟实验室模拟量子计算过程，深入理解量子力学原理在计算技术中的应用。

在深化产教融合方面，北京应创新机制，推动高校与企业深度合作。支持京东、美团等龙头企业与高校共建现代产业学院，围绕智慧物流、电子商务等领域，共同制定人才培养方案，开发课程体系和实训项目。产业学院实行"双导师制"，由高校教师和企业技术骨干共同指导学生，将企业实际项目引入教学，培养既懂技术原理又具备实践能力的复合型人才。例如，在智慧物流产业学院中，学生可参与企业的智能仓储系统优化、无人配送路径规划等项目，提升解决实际问题的能力。此外，利用北京国际交往中心的区位优势，吸引国际知名高校和企业来京合作办学或设立研发中心，促进国内外高端人才交流合作，引进国际先进的教育理念和技术，提升高等教育的国际化水平。

为优化创新生态，北京应加大政策支持与资金投入力度。政府设立高等教育数字化创新专项基金，用于支持高校开展数字化教学改革、前沿技术研究等项目。完善知识产权保护制度，鼓励高校师生进行技术创新和成果转化，对成功转化的项目给予奖励。搭建科技创新服务平台，整合高校、科研机构、企业的创新资源，提供技术咨询、成果展示、项目对接等一站式服务，促进创新要素的高效流动与协同创新。同时，加强对创新型人才的培养和引进，制定优惠政策吸引全球顶尖科技人才来京工作，为高等教育高质量发展提供人才支撑。通过强化前沿技术创新、深化产教融合和优化创新生态，北京将进一步巩固全国科技创新中心地位，为高等教育数字化发展提供强大动力，打造具有全球影响力的高等教育创新高地。

10.5.2 广东省数字化赋能高等教育高质量发展的对策建议

通过条件组态充分性分析可知，广东省适配以技术驱动为核心条件的多元支撑型发展模型，强大的高新技术产业基础、活跃的科技创新氛围、领先的数字经济发展水平成为推动广东省高等教育高质量发展的关键要素。因此，广东省可以加速技术成果转化为重点，以推进产业技术教育、完善创新服务体系为辅，从而实现数字化赋能高等教育高质量发展。

广东省作为我国的经济与科技强省，在电子信息、人工智能、新能源等高新技术产业领域成果丰硕，拥有华为、腾讯等众多科技龙头企业。在高等教育数字化转型中，广东应充分发挥产业优势，加速技术成果转化。推动高校与企业建立产学研深度融合的创新联合体，围绕5G通信、区块链、智能制造等战略性新兴产业，共同开展技术研发和产品创新。例如，在深圳，高校与华为合作开展5G技术研发，将研发成果转化为教学资源，开设"5G通信原理与应用"课程，并建设5G技术实训基地，让学生参与实际项目开发，提升实践能力。同时，建立高校科技成果转化服务平台，为科研团队和企业搭建沟通桥梁，提供成果评估、专利申请、技术转让等服务，加速科技成果向现实生产力转化。

在推进产业技术教育方面，广东应引导高校加强与产业需求相匹配的学科专业建设。支持华南理工大学、深圳大学等高校在计算机科学与技术、数据科学与大数据技术等专业加大投入，与企业合作开发数字化课程，共建产业学院。产业学院根据企业实际需求制定培养方案，课程内容涵盖企业的技术标准、工艺流程和前沿技术动态。例如，在人工智能产业学院中，引入企业的图像识别、自然语言处理等项目案例进行教学，培养符合产业需求的专业人才。此外，开展"订单式"人才培养，企业提前与高校签订人才培养协议，参与课程设计和教学过程，确保学生毕业后能够快速适应企业工作。

为完善创新服务体系，广东应加强政策引导和资金支持。政府出台鼓励企业参与高等教育的政策，对与高校合作开展技术研发和人才培养的企业给予税收优惠、财政补贴等支持。设立高等教育创新发展基金，用于支持高校的数字化教学设施建设、教师培训和科研项目。同时，加强知识产权保护和技术市场建设，规范技术交易行为，保障创新主体的合法权益。此外，推动粤港澳大湾区高等教育协同创新，加强广东与香港、澳门高校的合作交流，共建联合实验室、共享科研资源、开展学生交换项目，提升高等教育的整体实力和国际竞争力。通过加速技术成果转化、推进产业技术教育和完善创新服务体系，广东省将实现高等教育与产业发展的深度融合，为经济社会发展提供强有力的人才和技术支撑，推动高等教育高质量发展走在全国前列。

10.5.3 浙江省数字化赋能高等教育高质量发展的对策建议

通过条件组态充分性分析可知，浙江省适配以技术驱动为核心条件的多元支撑型发展模型，发达的数字经济、活跃的民营科技企业、完善的创新创业生态成为推动浙江省高等教育高质量发展的关键要素。因此，浙江省可以深化数字技术应用为核心，以强化创新创业教育、优化技术服务体系为辅，从而加快实现数字化赋能高等教育高质量发展。

作为数字经济先发省份，浙江在电子商务、云计算、大数据等领域优势明显，拥有阿里巴巴、网易等知名企业。在高等教育数字化发展中，浙江应深化数字技术在教育教学中的应用。推动高校建设智慧校园，利用物联网、大数据、人工智能等技术，实现校园管理、教学服务的智能化。例如，通过智能安防系统保障校园安全，利用大数据分析学生学习行为，为教师教学调整和学生个性化学习提供依据。在教学方面，推广线上线下混合式教学模式，开发高质量的在线课程和虚拟仿真实验项目。依托之江实验室、西湖大学等新型研发机构的创新力量，在人工智能教育应用、教育元宇宙等前沿领域开展研究和实践，打造具有浙江特色的数字化教学品牌。

在强化创新创业教育上，浙江应充分发挥民营经济活跃的优势，构建"政产学研用金"协同创新的育人机制。引导高校与企业合作建立创新创业学院，开设创新创业课程，邀请企业家、投资人等担任创业导师，为学生提供创业指导和实践机会。例如，在杭州城西科创大走廊，高校与当地科技企业合作，为学生提供创业项目孵化场地和资金支持，鼓励学生开展基于数字技术的创新创业活动。同时，举办创新创业大赛、创业训练营等活动，激发学生的创新思维和创业热情，培养学生的创新精神和实践能力。此外，将创新创业教育融入专业教育，在课程设置中增加创新创业相关内容，培养学生在专业领域的创新能力和创业意识。

为优化技术服务体系，浙江应加强政策保障和平台建设。政府出台支持高等教育数字化发展的政策，加大对高校数字化建设的资金投入，鼓励高校与企业开展技术合作和成果转化。建设省级技术服务平台，整合高校、科研机构和企业的技术资源，提供技术研发、技术咨询、技术转移等服务。例如，建立数字经济技术服务平台，为企业解决技术难题，促进高校科研成果与企业需求的精准对接。同时，加强知识产权保护和运营，建立知识产权交易中心，推动知识产权的流通和转化。此外，加强与国内外高校和科研机构的合作交流，引进先进的技术和理念，提升浙江高等教育的国际化水平和创新能力。通过深化数字技术应用、强化创新创业教育和优化技术服务体系，浙江省将进一步提升高等教育的质量和水平，为数字经济发展和创新型省份建设提供坚实的人才和技术保障，打造具有全球影响力的高等教育创新发展高地。

10.6 对于适合技术—组织—环境协同驱动型发展地区的对策建议

10.6.1 上海市数字化赋能高等教育高质量发展的对策建议

通过条件组态充分性分析可知，上海市适配以技术—组织—环境协同驱动为核心条件的多元支撑型发展模型。领先的信息技术水平、完善的教育管理体制、国际化的开放环境,成为推动上海市高等教育高质量发展的关键要素。因此,上海市可以强化技术创新应用为核心,以优化组织管理机制、营造良好发展环境为辅,从而加速实现数字化赋能高等教育高质量发展。

上海作为国际化大都市和科技创新前沿阵地,在金融科技、人工智能、生物医药等领域技术实力强劲。在高等教育数字化进程中,上海应深化技术创新应用。在人工智能领域,复旦大学、上海交通大学等高校可与商汤科技共建"AI+教育"联合实验室,共同开发"智能教学系统设计""教育大数据分析与应用"等创新课程。实验室不仅承担课程研发,还将开展前沿技术研究,如探索生成式 AI 在个性化学习路径规划中的应用,研究成果可直接融入教学内容,使学生接触到最先进的 AI 教育技术。在生物医药领域,同济大学与联影医疗合作,利用数字孪生技术打造虚拟仿真实验室,模拟从药物靶点发现到临床试验的全流程。学生可在虚拟环境中操作高端医疗设备,进行分子对接实验、手术模拟等,大幅提升实践操作能力,解决传统实验中设备稀缺、实验风险高的问题。此外,上海应积极探索元宇宙教育应用,推动高校联合打造"上海高校元宇宙联盟",构建统一的虚拟教育平台。该平台可实现虚拟校园漫游、跨校虚拟学术会议、沉浸式历史文化课程体验等功能,学生佩戴 VR 设备就能参加全球顶尖学者的讲座,与不同高校的学生共同完成虚拟实验项目,打破时空限制,提升教学互动性与沉浸感。

在组织管理机制优化方面,上海应建立市级高等教育数字化发展统筹协调机制。由市政府牵头,教育、科技、财政、经信等多部门联合成立领导小组,定期召开联席会议,统筹规划高校数字化建设。领导小组负责制定全市高等教育数字化发展战略,明确各部门职责分工,避免重复建设与资源浪费。在高校内部,推动组织架构变革,设立专门的教育信息化办公室。该办公室不仅负责网络维护、系统开发等技术工作,还需统筹教学、科研、管理等数字化资源,制定统一的数据标准与技术规范。例如,建立全市高校统一的学生信息数据库,实现学籍管理、成绩查询、就业服务等数据的互通共享。同时,建立跨校协作联盟,以复旦大学、上海交通大学为核心,联合其他高校开展课程互选、学分互认。开发"上海高校课程共享平台",整合各高校的优质数字化课程,学生可自由选择不同高校的特色课程,如上海财经大学的金融科技课程、东华大学的时尚数字化设计课程等。此外,完善数字化教育评估体系,将技术应用成效、师生满意度、教学质量提升等指标纳入高校考核,设立专项奖励基金,对数字化建设成效显著的高校给予资金支持和政策倾斜。

良好的发展环境是数字化赋能高等教育的重要保障。上海应依托自贸区建设,扩大教育对外开放。制定优惠政策吸引国际知名高校和教育机构合作办学,如允许外资企业在上海设立独资教育科技公司,参与高校数字化建设。推动上海纽约大学等现有合作办学机构在数字化教育领域的创新,引入国际先进教育理念与课程体系。举办世界教育数字化大会,邀请全球教育专家、科技企业代表、高校管理者参会,搭建全球教育技术交流平台。大会可设置技术展览、主题演讲、项目对接等环节,吸引顶尖人才与创新项目汇聚上海。优化政策支持体系,鼓励企业参与高校数字化建设。对提供技术支持、资金投入的企业给予税收减免,对高校与企业联合申报的数字化项目给予财政补贴。设立教育数字化发展基金,重点支持前沿技术研发、创新教学模式探索等项目。同时,加强网络安全保障,建设教育数据安全防护体系。建立市级教育网络安全监测中心,对高校网络进行实时监控,定期开展网络安全培训与应急演练,确保教学、科研数据安全,为高等教育数字化营造安全、开放、创新的发展环境。

10.6.2 四川省数字化赋能高等教育高质量发展的对策建议

通过条件组态充分性分析可知,四川省适配以技术—组织—环境协同驱动为核心条件的多元支撑型发展模型。丰富的科教资源、不断完善的科技创新组织体系、西部大开发战略机遇下的发展环境,成为推动四川省高等教育高质量发展的关键要素。因此,四川省可以提升科技创新能力为核心,以优化教育组织管理、改善发展环境为支撑,从而实现数字化赋能高等教育高质量发展。

四川拥有电子科技大学、四川大学等多所高校,在电子信息、航空航天等领域科研实力突出。在数字化赋能高等教育过程中,四川应聚焦科技创新。在电子信息领域,电子科技大学与中国电科共建联合实验室,围绕5G通信、集成电路等关键技术开展攻关。联合实验室设立多个研发小组,分别针对5G网络优化、芯片设计等方向进行研究,研发成果可转化为"通信网络优化实践""芯片设计与仿真"等课程资源。学生不仅能学习理论知识,还可参与实际项目开发,如参与5G基站信号增强算法的研究。在航空航天领域,四川大学与中航工业合作,利用虚拟现实技术开发飞行器设计虚拟实验项目。该项目模拟飞机从概念设计到风洞试验的全过程,学生可在虚拟环境中进行气动布局设计、结构强度分析等操作，有效解决航空航天实验设备昂贵、实验条件苛刻的问题。同时，依托天府实验室等创新平台，布局人工智能、量子信息等前沿领域研究。天府实验室设立高等教育专项研究课题，鼓励高校教师和学生参与，研究成果优先在省内高校推广应用，抢占科技教育制高点，打造特色学科集群。

优化教育组织管理是推动高等教育数字化的重要抓手。四川需建立省级教育数字化建设协调小组，由省政府分管领导担任组长，教育厅、科技厅、财政厅等部门负责人为成员。协调小组负责制定全省高等教育数字化发展规划，统筹推进高校信息化基础设施建设、资源整合与共享。在高校层面，推动院系间建立跨学科协作机制。例如，在人工智能教育领域，组织计算机学院、数学学院、教育学院等成立跨学科研究团队，共同开发"人工智能教育应用"课程，实现学科交叉融合。完善教育质量监测与评估体系，利用大数据技术对教学过程、科研成果、学生发展等进行动态监测。建立"四川省高等教育质量监测大数据平台"，平台可实时采集高校的课程开设情况、教师授课质量、学生学习成绩等数据，通过数据分析生成质量报告，为教育决策提供数据支撑。此外，加强校际合作，推动成都理工大学、西南石油大学等高校成立数字化教育联盟。联盟可共同开发课程资源，如联合打造"四川特色资源数字化"系列课程，涵盖四川地质地貌、油气开发等内容；共享师资，通过线上授课、教师互聘等方式实现优质师资的区域流动，提升区域高等教育整体水平。

为改善发展环境，四川应抢抓西部大开发、成渝地区双城经济圈建设机遇。设立教育科技融合发展基金，基金规模每年不低于 10 亿元，重点支持高校与企业开展产学研合作项目。对数字化转型成效显著的高校给予财政补贴与用地优惠，如对新建智慧校园的高校提供土地划拨优惠政策。加强与东部发达地区高校、科研机构的合作交流，推动四川大学与清华大学共建"西部教育数字化创新中心"，通过共建分校、联合培养等方式，引进优质教育资源。中心可开展联合科研项目，共享数字化教学资源，举办高水平学术会议。同时，优化人才政策，对从事高等教育数字化研究的高端人才给予住房、子女教育等配套支持。设立"天府学者"高等教育数字化专项岗位，提供高额年薪和科研启动经费，吸引国内外优秀人才来川发展。此外，加强网络基础设施建设，实施"四川高校网络提升工程"，投入专项资金用于提升偏远地区高校网络覆盖与带宽。在甘孜、阿坝等地区建设 5G+教育示范基地，确保偏远地区学生也能享受到优质的数字化教育资源，缩小区域教育数字化差距，为高等教育高质量发展营造良好环境。

10.6.3　江苏省数字化赋能高等教育高质量发展的对策建议

通过条件组态充分性分析可知，江苏省适配以技术—组织—环境协同驱动为核心条件的多元支撑型发展模型。雄厚的经济实力、完善的科技创新组织体系、良好的教育发展环境，成为推动江苏省高等教育高质量发展的关键要素。因此，江苏省可以推动技术与产业融合创新为重点，以优化教育组织管理体系、营造创新发展环境为保障，从而加快实现数字化赋能高等教育高质量发展。

江苏作为经济强省，在智能制造、电子信息、新材料等产业领域优势明显。在高等教育数字化进程中，江苏应深化技术与产业融合创新。在智能制造领域，东南大学、南京航空航天大学等高校与徐工集团共建产业学院。产业学院制定"3+1"人才培养模式，即3年在校学习理论知识，1年在企业参与项目实践。共同开发"工业互联网应用""智能装备设计"等课程，将徐工集团的智能化生产线、工程机械远程运维等实际案例融入教学。学生在企业实践期间，可参与智能挖掘机控制系统升级、起重机远程监控平台开发等项目，毕业后能直接胜任企业技术岗位。在电子信息领域，南京邮电大学与南瑞集团共建5G通信实训基地。基地配备先进的5G通信设备，学生可参与5G基站建设、网络优化、物联网应用开发等项目实践。同时，鼓励高校与企业联合开展核心技术攻关，如在新能源汽车领域，江苏大学与比亚迪合作，共同研发电池管理系统、自动驾驶技术。研发过程中，高校教师和学生深度参与，研究成果不仅应用于企业产品，还转化为"新能源汽车电池技术""智能驾驶算法"等课程资源，培养产业急需的高素质人才。

优化教育组织管理体系是实现高等教育数字化的重要路径。江苏需建立省级高等教育数字化发展联席会议制度，由省政府主要领导召集，教育、工信、财政、人社等部门参加，定期研究解决高等教育数字化发展中的重大问题。联席会议负责制定全省高等教育数字化发展战略规划，协调各方资源，推动政策落实。在高校内部，推动管理流程再造，利用数字化技术实现教学管理、科研管理、后勤服务等业务的线上化、智能化。开发"江苏高校智慧管理平台"，整合教务管理、科研项目申报、财务报销、校园一卡通等功能，实现"一网通办"。教师可在线提交科研项目申请，学生可通过平台选课、查询成绩、缴纳费用，大幅提高管理效率。建立全省高等教育资源共享平台，整合高校课程、师资、实验室等资源。平台设立课程超市、师资共享库、虚拟实验室等板块，高校间可实现跨校共享与调配。例如，苏州大学的丝绸文化课程、江南大学的食品科学课程可面向全省高校开放选课。完善高校考核评价机制，将数字化转型成效纳入高校绩效考核，设立数字化建设专项指标，如课程数字化率、师生数字化素养提升情况等，引导高校加大数字化建设投入。此外，加强职业教育与普通高等教育的衔接，构建数字化人才贯通培养体系。制定统一的数字化人才培养标准，打通中职、高职、本科、研究生的培养通道，满足产业多样化人才需求。

营造创新发展环境能够为高等教育数字化提供动力支撑。江苏应依托南京江北新区、苏州工业园区等创新载体，建设教育科技产业园。产业园出台优惠政策，吸引教育科技企业入驻，如提供租金减免、税收优惠、研发补贴等。园内设立产学研合作服务中心，为高校和企业提供项目对接、技术转移、成果转化等一站式服务，形成"产学研用"一体化创新生态。加大财政投入，设立高等教育数字化创新专项，每年安排专项资金20亿元，支持高校开展教学模式改革、智慧校园建设等项目。对参与高校数字化建设的企业给予税收优惠与项目补贴，如对开发优质教育软件的企业，按其研发投入的30%给予补贴。加强知识产权保护，建立教育科技知识产权交易平台，平台提供专利检索、评估、交易等服务，促进科技成果转化。同时，举办国际教育科技博览会，博览会设置展览展示、论坛会议、项目路演等环节，吸引国内外优质教育资源与创新项目。邀请全球知名教育科技企业展示最新产品和技术，举办高端论坛邀请专家学者探讨教育数字化前沿趋势，为高校、企业、科研机构搭建交流合作平台。此外，加强舆论宣传，通过电视、报纸、网络等媒体，推广高校数字化建设优秀案例，如东南大学的智慧教室建设经验、南京理工大学的虚拟仿真实验教学成果等，营造全社会关注、支持高等教育数字化发展的良好氛围，助力江苏高等教育高质量发展走在全国前列。

10.7 本章小节

本章基于省域实践与国际经验双重视角，系统提出中国高等教育高质量发展的对策建议。研究发现，省域层面数字化发展呈现显著的区域分异特征。

科研投入作为共性核心驱动力,应构建公共财政主导、多元资本协同的保障机制;东北地区应立足资源支持—环境友好型路径,强化数字基建与产业转型对接;中部地区应侧重环境友好—人理驱动路径,重点补齐数字化人才培养短板;东部地区应发挥资源—环境—人理三元驱动优势引领创新,通过东西部高校结对帮扶机制带动西部发展,同步缩小数字鸿沟。各地须因地制宜地选择路径,强化物理、事理、人理要素协同,建立长效发展机制。国际比较进一步揭示了三大核心规律:技术根植性是转型内核,将人工智能、大数据等深度融入教学、评价与管理全流程;发展路径应适配国情差异,东部发达地区可探索技术—组织—环境协同模式建设国际示范区,中部、西部地区则以普惠性工程提升基础资源可及性;动态调适机制至关重要,应建立常态化监测体系与转型缓冲基金应对路径切换风险,通过政策沙盒机制在学分银行、在线学位认证等领域开展制度创新。这些对策表明高等教育高质量发展的关键在于技术创新、制度突破与区域协同的深度耦合。无论是省域层面的差异化路径设计,还是国际经验的本土化转化,均应立足中国现实需求,避免技术堆砌与模式照搬,注重物理—事理—人理的系统联动。未来,应进一步完善跨区域、跨部门的长效协作机制,将数字化转型纳入高等教育评价体系,以创新驱动与开放合作,推动我国高等教育从规模扩张向内涵式发展跃迁,实现质量、效率与公平的有机统一。

参考文献

[1] OECD. Going digital: shaping policies, improving lives [R]. Paris: OECD Publishing, 2019.

[2] OECD. Supporting the digital transformation of higher education in hungary [R]. Paris: OECD Publishing, 2021.

[3] 杜岩岩, 唐晓彤. 面向2030的俄罗斯高等教育数字化转型现实图景与战略规划 [J]. 比较教育研究, 2022, 44 (3): 3-9, 44.

[4] UNESCO. Reimagining our futures together: a new social contract for education [C] // Proceedings of the 41st Session of the UNESCO General Conference, Paris, 2021.

[5] 习近平. 高举中国特色社会主义伟大旗帜, 为全面建设社会主义现代化国家而团结奋斗 [M] // 习近平著作选读: 第一卷. 北京: 人民出版社, 2023: 1-58.

[6] 本刊编辑部. 教育部2022年工作要点部署实施教育数字化战略行动 [J]. 中国教育信息化, 2022, 28 (2): F0002.

[7] 肖广德, 王者鹤. 高等教育数字化转型的关键领域、内容结构及实践路径 [J]. 中国高教研究, 2022 (11): 45-52.

[8] 徐晓飞, 张策. 我国高等教育数字化改革的要素与途径 [J]. 中国高教研究, 2022 (7): 41-45.

[9] 吴砥, 李玲, 吴龙凯, 等. 高等教育数字化转型的国际比较研究 [J]. 国家教育行政学院学报, 2023 (4): 27-36.

[10] 黄方方, 孙清忠. 粤港澳大湾区高等教育数字化: 基于国际大湾区比较视角 [J]. 深圳大学学报 (人文社会科学版), 2023, 40 (1): 17-28.

[11] 张强, 吴易林. 以评促"转": OECD高等教育数字化转型的顶层架构与实践举措 [J]. 中国高教研究, 2022 (7): 23-30, 39-40.

[12] BYGSTAD B, ØVRELID E, LUDVIGSEN S, et al. From dual digitalization to digital learning space: exploring the digital transformation of higher education [J]. Computers & education, 2022, 182: 104463.

[13] CATTANEO A A P, ANTONIETTI C, RAUSEO M. How digitalised are vocational teachers? Assessing digital competence in vocational education and looking at its underlying factors [J]. Computers & education, 2022, 176: 104358.

[14] ORJI I J, OJADI F, OKWARA U K. Assessing the pre-conditions for the pedagogical use of digital tools in the Nigerian higher education sector [J]. The international journal of management education, 2022, 20 (2): 100626.

[15] NUNEZ-CANAL M, OBESSO M, PEREZ-RIVERO C A. New challenges in higher education: a study of the digital competence of educators in Covid times [J]. Technological forecasting social change, 2022, 174: 121270.

[16] 陈正权. 中国式现代化背景下西部高校高质量发展路向 [J]. 国家教育行政学院学报, 2022 (12): 22-27.

[17] 郑文龙, 欧阳光华. 高等教育高质量发展: 内涵、挑战与路径 [J]. 现代教育管理, 2022 (6): 46-53.

[18] 朱德全, 彭洪莉. 中国职业教育高质量发展指数与水平测度 [J]. 西南大学学报 (社会科学版), 2023, 49 (1): 138-152.

[19] 崔奎勇, 蔡云, 史娟. 职业本科教育质量指数构建研究 [J]. 中国高教研究, 2022 (3): 94-98.

[20] 龚金花, 刘素兰. 基于TOPSIS法和熵值法的我国高等教育高质量发展水平测度与评析 [J]. 科技与经济, 2022, 35 (4): 106-110.

[21] 任少波. 以数字化改革推进高等教育高质量发展 [J]. 中国高等教育, 2023 (2): 47-51.

[22] 裴长洪. 建设更高水平开放型经济新体制的新目标: 学习《中共中央关于制定国民经济和社会发展第十四个五年规划和二〇三五年远景目标的建议》的一点体会 [J]. 经济研究参考, 2020 (24): 89-93.

[23] MANRIQUE J C, LOPEZ-PASTOR V M, PALACIOS-PICOS A. External constraints on the development of quality assessment of students' learning in higher education [J]. Education sciences, 2024, 15 (1): 20.

[24] PENG D. Comprehensive analysis using probabilistic linguistic group decision-making and MEREC technique with sustainable development evaluation in higher education [J]. International journal of decision support system technology (IJDSST), 2024, 16 (1): 1-24.

[25] LIU K, AN L I. The Path to continuous development in higher education: interplay between quality service, student satisfaction, and performance evaluation [J]. World journal of educational research, 2024, 11 (2): 43-51.

[26] 于妍, 蔺跟荣. 数字技术赋能研究生教育高质量发展: 何以可能与何以可为

[J]. 中国高教研究, 2022 (11): 53-60.

[27] 陈林. 数字化转型赋能高等教育高质量发展：价值机理与推进策略 [J]. 教育学术月刊, 2023 (8): 95-103.

[28] 陈亮, 叶明裕. 数字赋能高等教育现代化的内在逻辑与高质量立德树人路径 [J]. 中国远程教育, 2024, 44 (7): 83-96.

[29] 祁占勇, 穆航. 数字化赋能西部高等教育高质量发展的内在机理与路径建构 [J]. 西北工业大学学报 (社会科学版), 2024 (4): 55-65.

[30] 王兴宇. 数字化转型与高等教育高质量发展：耦合逻辑与实现路径 [J]. 社会科学战线, 2023 (1): 236-244.

[31] 黄荣怀. 加快教育数字化转型 推动学校高质量发展 [J]. 人民教育, 2022 (15-16): 28-32.

[32] 孙典, 王莉, 商立媛. 人工智能赋能我国高等教育高质量发展的内涵、困境及路径 [J]. 现代教育管理, 2024 (16): 34-42.

[33] 张敏, 姜强, 赵蔚. 数字化转型赋能高等教育高质量发展：基于TOE框架的组态路径分析 [J]. 电化教育研究, 2024, 45 (3): 54-61.

[34] SHENKOYA T, KIM E. Sustainability in higher education: digital transformation of the fourth industrial revolution and its impact on open knowledge [J]. Sustainability, 2023, 15 (3): 2473.

[35] CHIYAO. S, JI' AN. L, LIANA. R, et al. Higher education to support sustainable development: the influence of information literacy and online learning process on Chinese postgraduates' innovation performance [J]. Sustainability, 2022, 14 (13): 7789.

[36] LINDE I, SARVA E, DANIELA L. The impact of an online professional development course on teachers' comprehension and self-efficacy in developing students' self-regulated learning skills [J]. Sustainability, 2023, 15 (12): 9408.

[37] MAKHYNIA N, KICHUK Y, PTASHCHENKO O, et al. Innovations in the educational process and pedagogical technologies under the influence of crisis phenomena and global digitalization [J]. Studies of applied economics, 2021, 39 (5): 10.

[38] 杨慧芳. 《大国基石》对推进高等教育高质量发展的启示 [J]. 中国广播电视学刊, 2023 (4): 44-45, 75.

[39] 杨宗凯. 高等教育数字化转型的路径探析 [J]. 中国高教研究, 2023 (3): 1-4.

[40] 李铭, 韩锡斌, 李梦, 等. 高等教育教学数字化转型的愿景、挑战与对策 [J]. 中国电化教育, 2022 (7): 23-30.

[41] 程建钢, 崔依冉, 李梅, 等. 高等教育教学数字化转型的核心要素分析：基于学校、专业与课程的视角 [J]. 中国电化教育, 2022 (7): 31-36.

[42] 彭拥军,巩雪. 高等教育高质量发展的逻辑[J]. 江苏高教,2022(10):9-16.

[43] 郑勤华,于玻. 教育模型支持高质量教育体系建设的架构研究[J]. 中国远程教育,2022(3):10-16,41.

[44] 张炜. 高等教育现代化的高质量特征与要求[J]. 中国高教研究,2018(11):5-10.

[45] 赵岩,谭向阳. 中国高等教育高质量发展的动力机制研究[J]. 中国高等教育,2018,15(16):35-37.

[46] BOULDING K E. General systems theory-The skeleton of science[J]. Management science,1956,2(3):197-208.

[47] RAGIN C C. Redesigning social inquiry:fuzzy sets and beyond[M]. Chicago:University of Chicago Press,2009.

[48] RIHOUX B,RAGIN C C. Configurational comparative methods:qualitative comparative analysis(QCA)and related techniques[M]. Thousands Oaks:Sage Publications,2008.

[49] 胡海青,秦欣悦,刘方南. 数字生态下创业质量多元驱动机制研究:基于省域面板数据的动态QCA分析[J]. 科技进步与对策,2024:1-12.

[50] WITT M A,FAINSHMIDT S,AGUILERA R V. Our board,our rules:nonconformity to global corporate governance norms[J]. Administrative science quarterly,2022,67(1):131-166.

[51] DOUGLAS J E,SHEPHERD A D,PRENTICE C. Using fuzzy-set qualitative comparative analysis for a finer-grained understanding of entrepreneurship[J]. Journal of business venturing,2020,35(1):105970.

[52] HINO A. Time-series QCA studying temporal change through boolean analysis[J]. Sociological theory and methods,2009(2):247-265.

[53] 邓胜利,付少雄. 定性比较分析(QCA)在图书情报学中的应用:以网络社区健康信息搜寻影响因素研究为例[J]. 情报理论与实践,2017,40(12):23-28,11.

[54] 段尧清,朱永迪,蔡启宾,等. 突发公共卫生事件下公众持续使用政府信息行为影响因素研究:基于QCA的触发路径及演化分析[J]. 信息资源管理学报,2022,12(3):89-99.

[55] 范哲. 不同求职情境下信息搜寻行为影响因素研究[J]. 现代情报,2021,41(11):80-90.

[56] 陈晓宇,付少雄,邓胜利. 社会化问答用户信息搜寻的影响因素研究:一种混合方法的视角[J]. 图书情报工作,2018,62(20):102-111.

[57] 世界慕课与在线教育联盟秘书处. 世界高等教育数字化发展指数构建:《无限的可能:世界高等教育数字化发展报告》节选六 [J]. 中国教育信息化, 2023, 29 (1): 61-72.

[58] 赵文杰. 中国省域数字经济对经济高质量发展的影响研究 [D]. 昆明: 云南民族大学, 2023.

[59] 祝智庭, 金志杰, 戴岭, 等. 数智赋能高等教育新质发展: GAI 技术时代的教师新作为 [J]. 电化教育研究, 2024, 45 (6): 5-13.

[60] 苏靖丹. 基础设施 REITs 原始权益人战略配售比例决策模型研究 [D]. 北京: 清华大学, 2021.

[61] 翟洪江, 蔡云飞, 陈平. 基于熵权-TOPSIS 法的中国高等教育高质量发展水平测度研究 [J]. 黑龙江高教研究, 2024, 42 (5): 27-33.

[62] 苟兴朝. 重庆市高等教育高质量发展: 水平测度、影响因素及其提升路径 [J]. 教育与教学研究, 2025, 39 (1): 92-110.

[63] 祝丽云, 赵慧峰, 赵君彦. 我国高等教育高质量发展水平评价及障碍因子诊断研究 [J]. 中国农业教育, 2023, 24 (3): 82-95.

[64] 黄榕, 丁晓昌. 中国高等教育高质量发展水平的测度研究 [J]. 华东师范大学学报 (教育科学版), 2022, 40 (7): 100-113.

[65] 杨浩昌, 葛辉, 张发明. 高等教育高质量发展评价指标体系构建的探讨 [J]. 教育导刊, 2020 (10): 83-90.

[66] 王姗姗, 邱均平. 以新发展理念引领专业学位研究生教育高质量发展 [J]. 研究生教育研究, 2022 (3): 75-82.

[67] 顾基发, 唐锡晋, 朱正祥. 物理-事理-人理系统方法论综述 [J]. 交通运输系统工程与信息, 2007, 7 (6): 51-60.

[68] MARKO T. Education and technology: key issues and debates [J]. International review of education, 2022, 68 (4): 635-636.

[69] WELLER M, JORDAN K, DEVRIES I, et al. Mapping the open education landscape: citation network analysis of historical open and distance education research [J]. Open praxis, 2018, 10 (2): 109.

[70] DWIVEDI K Y, RANA N P, JEYARAJ A, et al. Re-examining the unified theory of acceptance and use of technology (UTAUT): towards a revised theoretical model [J]. Information systems frontiers, 2019, 21 (3): 719-734.

[71] 张鹏, 杨聚鹏, 秦莉红. 数字化转型赋能高职教学高质量发展的意涵、逻辑与进路 [J]. 教育与职业, 2024 (9): 82-89.

[72] 迟铭. 企业虚拟品牌社区治理机制及其对顾客参与价值共创行为影响研究 [D]. 长春: 吉林大学, 2021.

[73] 杜运周,李佳馨,刘秋辰,等. 复杂动态视角下的组态理论与QCA方法：研究进展与未来方向[J]. 管理世界, 2021, 37（3）：180-197.

[74] GRECKHAMER T, FURNARI S, FISS P C, et al. Studying configurations with qualitative comparative analysis: best practices in strategy and organization research[J]. Strategic organization, 2018, 16（4）：482-495.

[75] SCHNEIDER C Q, WAGEMANN C. Set-theoretic methods for the social sciences: a guide to qualitative comparative analysis[M]. Cambridge: Cambridge University Press, 2012.

[76] PAPPAS I O, WOODSIDE A G. Fuzzy-set qualitative comparative analysis (fsQCA): guidelines for research practice in information systems and marketing[J]. International journal of information management, 2021, 58: 102310.

[77] GUNASEKARAN A, SUBRAMANIAN N, RAHMAN S. Supply chain resilience: role of complexities and strategies[J]. International journal of production research, 2015, 53（22）：6809-6819.

[78] 王颖,刘艺扬. 什么样的制度产生高人力资本经济增长效应?：一个基于动态QCA方法的研究[J]. 科学学研究, 2024, 42（2）：289-299, 334.

[79] 王世权,王向淑. 科技人才集聚的区域治理归因：基于多时段QCA的组态分析[J]. 科学学研究, 2024, 42（3）：492-502, 540.

[80] LITRICO J B, DAVID R J. The evolution of issue interpretation within organizational fields: actor positions, framing trajectories, and field settlement[J]. Academy of management journal, 2017, 60（3）：986-1015.

[81] 李乐帆. 省域高等教育发展水平评价研究[D]. 兰州：兰州大学, 2023.

[82] 刘志林. 博洛尼亚进程下欧洲高等教育质量保障体系的研究与反思[J]. 现代教育管理, 2018（9）：113-117.

[83] 王战军,刘静,杨旭婷,等. 省域"双一流"建设推进策略研究[J]. 江苏高教, 2019（10）：20-27.

[84] 江登英,康灿华. 高等教育投资结构合理性评价指标体系的构建[J]. 湖北社会科学, 2015（11）：176-180.

[85] 侯纯光,杜德斌,刘承良,等. 全球人才流动网络复杂性的时空演化：基于全球高校留学生流动数据[J]. 地理研究, 2019, 38（8）：1862-1876.

[86] 罗梦云. 依附理论视角下外部援助与非洲高等教育发展关系的研究[D]. 金华：浙江师范大学, 2016.

[87] 李宝艳,彭陈. 美国现代高等教育体系与我国高校"双一流"建设[J]. 沈阳师范大学学报（社会科学版）, 2018, 42（4）：95-100.

[88] 董海燕. 我国大学本科教学质量评价指标与保障体系的国际化研究[D]. 南京：

南京理工大学，2004.

[89] 李煜华，向子威，胡瑶瑛，等. 路径依赖视角下先进制造业数字化转型组态路径研究［J］. 科技进步与对策，2022，39（11）：74-83.

[90] 孙瑜康，吕爽，崔丹. 区域知识基础理论及其对中国区域创新的启示［J］. 科学学研究，2022，40（2）：366-375.

[91] Chen J, Yang S T, Li H W, et al. Research on geographical environment unit division based on the method of natural breaks (Jenks)［J］. The international archives of the photogrammetry remote sensing and spatial information sciences，2013，40：47-50.

[92] 魏艳艳，马雪. 中部六省数字经济发展水平测度与分析［J］. 产业创新研究，2022（23）：18-20.

[93] 世界高等教育数字化发展报告课题组，王烽，王繁. 无限的可能：世界高等教育数字化发展报告（2023）［J］. 中国高等教育，2024（Z1）：13-18.

[94] 龚涵涛. 中部地区数字经济发展水平的测度评价：基于中部地区6省会的实证分析［J］. 内蒙古科技与经济，2023（21）：87-89.

[95] 杨梦洁. 中部地区数字产业化与产业数字化发展水平及耦合协调度评价分析［J］. 区域经济评论，2023（2）：79-88.

[96] SIDOROV A, SENCHENKO P. Regional digital economy：assessment of development levels［J］. Mathematics，2020，8（12）：2143.

[97] LIU Y, JIANG Y, PEI Z, et al. Evolution of the coupling coordination between the marine economy and digital economy［J］. Sustainability，2023，15（6）：5600.

[98] 许乐乐，彭泽平. 数字技术赋能高等教育可持续发展：要义指向与推进方略［J］. 高教探索，2025（1）：38-47.

[99] 张强. 论高等教育数字化转型的研究框架：基于基本内涵、影响因素、实施效果研究的文献回顾与展望［J］. 高教发展与评估，2025，41（2）：34-46，130.

[100] RAGIN C C. The comparative method：moving beyond qualitative and quantitative strategies［M］. California：University of California Press，1987.

后　记

在本书交付印刷之际,内心非常激动,本书为河北科技大学刘紫玉等承担的河北省教育厅人文社科重大项目"数字化转型赋能河北省高等教育高质量发展策略与实施路径研究"的研究成果(项目编号:ZD202307),在此对河北省教育厅的资助表示感谢,同时也对在本书写作过程中给予过帮助的同事和研究生们表示感谢!本书也受到了河北科技大学学术著作出版基金资助,在此一并表示感谢。

全球范围内,各国政府高度重视数字化发展,并将其视为推动产业升级和社会进步的重要战略,中国政府亦出台《数字中国建设整体布局规划》等政策文件,明确提出加快数字化发展、发挥数字经济新优势的战略目标。教育领域,尤其是高等教育,作为数字化应用的前沿阵地,正经历着深刻的变革。基于此,本书对中国省域和国际高等教育数字化及高质量发展进行研究,探究数字化对高等教育高质量发展的影响机制及实现路径,为高等教育高质量发展提供参考性建议。一方面,完善数字化赋能高等教育高质量发展的影响机制、实现路径,构建基于省域与国际双重视角的理论框架,为中国情境下数字化赋能高等教育高质量发展的实践提供理论支撑;另一方面,选取中国31个省(自治区、直辖市)与全球64个国家数字化赋能高等教育高质量发展进行实证研究,从时间纵轴(跨时段动态QCA)和空间维度(省域差异+国际梯度)探索数字化转型对高等教育高质量发展的组态效应及其路径动态演化趋势,为教育部门制定相关政策提供参考。

由于时间关系,本书还有些不足之处,比如对生成式人工智能、大数据分析等新兴数字技术与高等教育各环节深度融合的深层机制分析尚不够深入,未能充分揭示技术赋能的内在逻辑和潜在风险,这也正是我们下一步研究的动力和方向。